JN097675

子どもに「問い」と「気付き」がうまれる「？型板書」の国語授業

槙原宏樹
［著］

全国国語授業研究会
［企画］

東洋館出版社

はじめに

国語科の授業づくりが難しいと感じている先生方はたくさんいます。教材研究の仕方、付けたい力の明確化、単元のつくり方など、その悩みは多岐にわたります。

そして、それらの中には、

「『主体的・対話的で深い学び』といっても、結局、教師主導になっている気がする…」

「子どもたちの多様な考えをどう生かしていけばよいか分からない…」

といったような、教師の授業の進め方に関する悩みがあります。

本書は、そのような悩みを乗り越えて、「国語科の授業において『子どもたちとともに学びを創る』ことにチャレンジしよう！」という内容です。その中で着目したものが「板書」です。国語の授業の中では、子どもたちの思考の結果としての言葉が飛び交います。しかし、それらの多くは目で見ることはできず、子どもたちの前を駆けぬけていってしまいます。しかし、板書が効果的に働けば、それらを見せることができます。そして、それらに疑問をもち、再考することもできます。よって、板書を活かすことができれば、いったん「立ち止まって」自分や自分たちの言葉を見つめることができるのです。「言葉による見方・考え方」を働かせる国語科の授業に、この「立ち止まり」は欠かせません。よって、もちろんどの教科でも板書は大切なのですが、国語科においては板書の在り方が、そのまま授業の質に直結するといえます。

また、実際に板書の計画を立てようとすると、おのずと「子どもたちがどう表現するか、それはどのような思考が働いているからか」ということについて深く思いを馳せなくてはならなくなります。この過程が、「子どもたちとともに学びを創る」上では重要です。板書がきっかけとなって、子どもの「内側」に目を向けた授業づくりができていくのではないでしょうか。

これまでにもたくさんの板書の本がありました。それらはどちらかというと「このようにまとめるとよい」「このように整理すれば分かりやすくなる」というような〔見本〕を示すものが多かったように思います。しかし、本書の目的は「子ども自身が学びを創り上げていく過程において教師にできることは何なのか」という〔授業づくりの考え方〕を、板書にクローズアップして紹介することです。よって、本書の中で示した実践例通りの板書ができることよりも、それらがたたき台となって、それぞれの教室の中で、そのクラスらしい学びの成果として板書が創られていくきっかけになれば本望です。

なお、私は現在、縁あって母校である私学の中学校に勤務しています。しかし、本書の内容は広島県の公立小学校に勤務していたころに実践してきたものばかりです。その公立教員時代の十一年間の中で出会ったあの子、この子の姿を思い描きながら執筆しました。私と授業をし、たくさんのことを教えてくれた子どもたちに、感謝の思いでいっぱいです。

また、本書は、東洋館出版社創業七十周年記念として出版の機会をいただきました。そして発刊にあたっては、東洋館出版社の西田亜希子様、大岩有理奈様に、私が思うように執筆が進まないため、多大なるご心配とご迷惑をおかけ致しました。そして、たくさんの温かな激励をいただき、完成することができました。お詫びとともに、心からの感謝を申し上げます。

本書が、手に取ってくださった先生方の国語科授業づくりを深め、子どもたちとともに国語の授業を楽しむきっかけに少しでも貢献できることを願っています。

二〇二一年二月

創価中学校　槙原宏樹

目次

第2章 「?型板書」実践編

完成目前型板書

広がり型板書

第1章

子どもに「問い」と「気付き」がうまれる「？型板書」とは？

1 国語科における「深い学び」と、これまでの国語科の授業づくりの課題とは？

まずは、「？型板書」について考えていく前に、なぜ「？型板書」を行う必要があるのかについて、国語科における「深い学び」を視点に考えていきたい。

「深い学び」については、『小学校学習指導要領（平成二十九年告示）解説　総則編』において次のように示されている。

> 習得・活用・探究という学びの過程の中で、各教科等の特質に応じた「見方・考え方」を働かせながら、知識を相互に関連付けてより深く理解したり、情報を精査して考えを形成したり、問題を見いだして解決策を考えたり、思いや考えを基に創造したりすることに向かう「深い学び」が実現できているか（p77）

つまり、深い学びの具体的な姿として、各教科等の特質に応じた「見方・考え方」が学びの中で働いていることが重要であると示されている。

ここで重要なのは、「働かせながら」という言葉の主語である。働かせるのは誰か。もちろん、学習者である子どもたちである。つまり、子どもたちの内側にある「見方・考え方」が働く、言い換えれば「動き出す」ことなくして「深い学び」は生まれない。

では、具体的に国語科において「見方・考え方」が動き出すにはどのような授業を行う必要があるのか。

『小学校学習指導要領（平成二十九年告示）解説　国語編』では、「言葉による見方・考え方」を次のように定義している。

言葉による見方・考え方を働かせるとは、児童が学習の中で、対象と言葉、言葉と言葉との関係を、言葉の意味、働き、使い方等に着目して捉えたり問い直したりして、言葉への自覚を高めること（p12）

そして、「対象と言葉、言葉と言葉との関係を、言葉の意味、働き、使い方等に着目して捉えたり問い直したり」することについては、

言葉で表される話や文章を、意味や働き、使い方などの言葉の様々な側面から総合的に思考・判断し、理解したり表現したりすること、また、その理解や表現について、改めて言葉に着目して吟味することを示したもの（p154）（傍線は筆者による）

と説明している。

さらに、この「言葉による見方・考え方」が働いている授業の具体像へ迫るため、中央教育審議会「次期学習指導要領等に向けたこれまでの審議のまとめ」に着目してみたい。そこでは、国語科の深い学びについて、

「深い学び」の実現に向けて、「言葉による見方・考え方」を働かせ、言葉で理解したり表現したりしながら自分の思いや考えを広げ深める学習活動を設けることなどが考えられる。その際、子供自身が自分の思考の過程をたどり、自分が理解したり表現したりした言葉を、創造的・論理的思考の側面、感性・情緒の側面、他者とのコミュニケーションの側面からどのように捉えたのか問い直して、理解し直したり表現し直したりしながら思いや考えを深めることが重要であり、特に、思考を深めたり活性化させたりしていくための語彙を豊かにすることなどが重要である。（p121）（傍線は筆者による）

と説明されている。

これらの下線に着目すると、子どもたちの「言葉による見方・考え方」が働くことによって、国語科の「深い学び」が実現するためのキーワードが見えてくるのではないだろうか。それは、授業の中で**自分や自分たちの言葉のとらえ方、使い方などについて『見つめ直す』場**があるかどうかということである。具体的には、自分や自分たちの言葉のとらえ方や使い方について一度立ち止まって俯瞰（メタ認知）し、よりよい言葉のとらえ方や使い方を自覚する学習場面が大切である。さらに、「何ができるようになるか」という学習指導要領のキーワードを踏まえると、そのような自覚した言葉の働きや使い方などを実際に活用できる（表現に活かす）ところまでが視野に入っているととらえるべきであろう。

では、これまでの国語科の授業づくりにはどのような問題があったのだろうか。読みの授業をもとに考察してみると、次の2つのような偏りが強い授業づくりが見られていた。

① 教師偏重型授業

教師偏重型の授業とは、教材や教師の読みを強く重視する授業である。このような授業を作る教師の子どもの見方として次のような課題がある。

・子どもの読みは「どれも未熟」なものである。
（教師である私以上には読めない）
・深い読みに出合いさえすれば、読む力が付く。

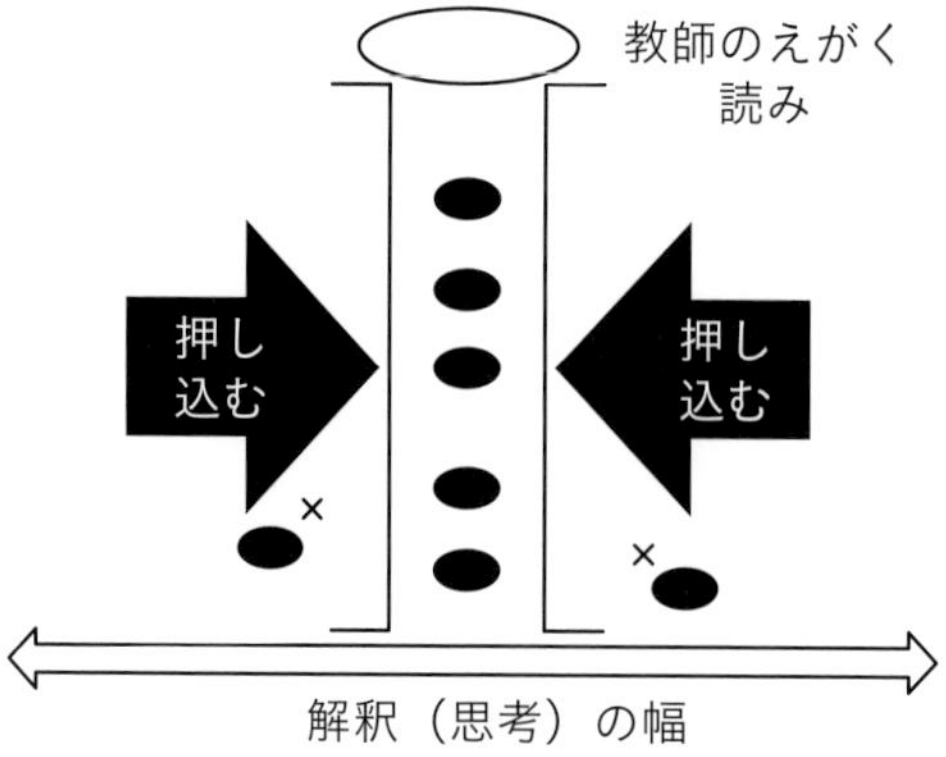

このような子どもの見方で授業を行うと、上の図のようなイメージで授業が作られていくことになる。

まず、子どもたちの解釈（思考）の幅を教師の描く読みに沿って押し込んでいく。そして、子どもたちはその教師の考える「細いレールの上」を、すなわち教師の求める答えを予想してたどっていくことで授業が進んでいく。図のようにそのレールの上を歩んでいける子どもはいるが、このような細いレールの上をたどっていくことが難しい子どもは、実際クラスの中に多くいる。授業のスタートから学習に関われない子が生まれたり、途中から参加が困難になり、学習をあきらめたりする子が出てくることもあるだろう。その結果、授業の終末では読む力の高い数名の子どもたちの発表をもって、授業が終わってしまう。そして、教師は「私の読みにみんなが出合えた」と満足してしまうのである。

私は、このような教師偏重型授業の流れを「綱渡り的展開」と呼んでいる。このような「綱渡り的展開」によって、実際にどのような授業の様相が表れてくるのか。それは次のようなものである。

・一問一答のような細かな発問が乱立する。
・過剰な手立て（「押し込む」ための手立て）が見られる。
・「ほかには？」と問い続け、先生の意図した発言だけを価値付ける。
・学習者である子どもたちは、はじめは生き生きと取り組んでいたように見えても、実際にそのように取り組めている子は一部だけであり、授業が進むごとに多くの子どもたちの顔が下がってくる。

子どもたちが生き生きと学びを創り上げていくこととは、程遠い授業がイメージされるのではないだろうか。

さらに、「深い学び」のキーワードである**自分や自分たちの言葉のとらえ方、使い方などについて『見つめ直す』**という視点から見てみると、学びの対象としているものは終始、「教師」であることが分かる。自分自身を見つめる機会は与えられておらず、言葉に対する自覚を促すことは難しい。成長していくのは、一部の「言葉に対する見方・考え方」が鋭く働く子どものみである。

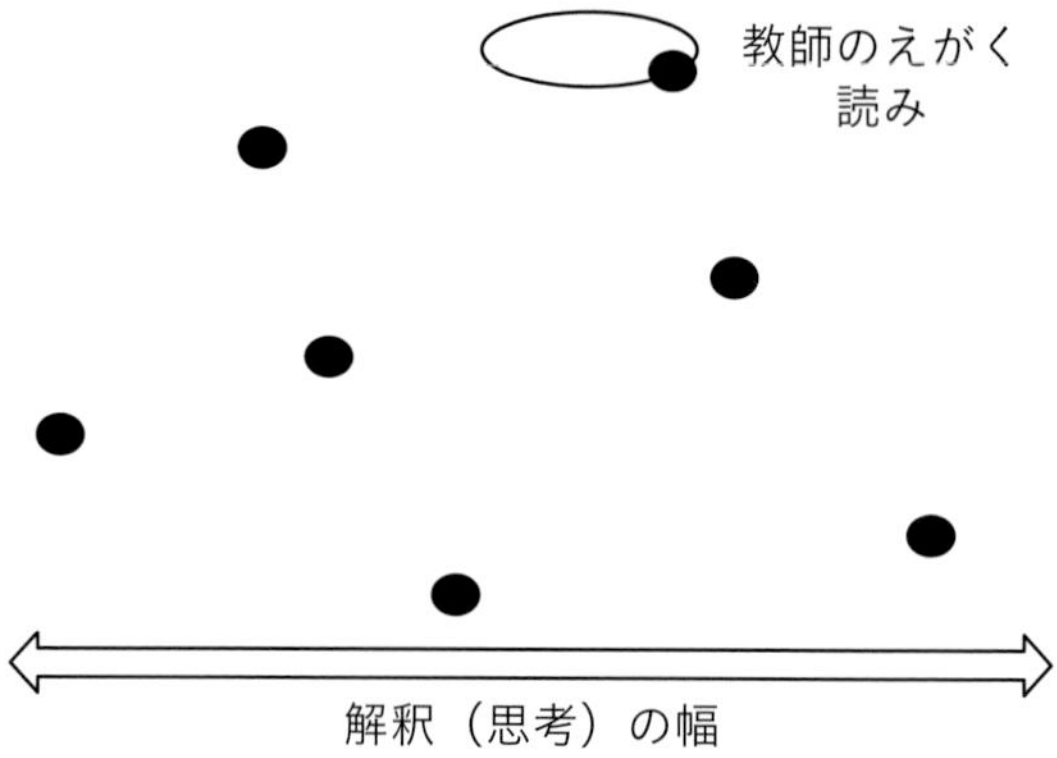

教師のえがく読み

解釈（思考）の幅

②学習者偏重型授業

学習者偏重型の授業は、子どもの活動や交流を強く重視する授業である。このような授業を作る教師の子どもの見方として次のような課題がある。

・子どもの読みは「どれもすばらしい」ものである。（私は私、あなたはあなた）
・読む経験さえしていれば、読む力は付く。

このような子どもの見方で授業を行うと、上の図のようなイメージで授業が作られていくことになる。

子どもそれぞれの読みは生まれるが、そこから他者に関わり合うことはない。子どももそれぞれが好きな方向に広がったまま、「ぼくは〇〇と考えました」「わたしは△△と思います」といった発表が続いていく。もちろん、子どもが自分のはじめの思考を変化させていくことはない。ともすれば、活気のある授業に見えるが、授業の中で子どもの満足感が表れているのは、挙手して当てられたとき、または発表し終わって着席したときだけである。そして、教師も「子どもたちも生き生きと学習していた」と、その雰囲気に満足してしまうのである。

私はこのような学習者偏重型授業の流れを「噴火的展開」と呼んでいる。このような「噴火型展開」では、実際にどのような授業の様相が表れてくるのか。それは次のようなものである。

・発言の多さのみが目立つ。

・教師が授業の中で役割を果たしているように見えない。
・すべての発言を「すばらしい」と褒めた結果、本当の意味で価値付けられていない。
・学習者である子どもたちは、一見生き生きと取り組んでいるように見えるが、学習終了後、「どんなことを学んだのか」と聞くと答えられない。

いわゆる「活動あって学びなし」。深い学びを達成したとは言い難い授業になってしまっているのではないだろうか。

さらに、「深い学び」のキーワードである**自分や自分たちの言葉のとらえ方、使い方などについて『見つめ直す』**という視点から見てみると、他者の考えにも出合わず、自分を見直すこともない独りよがりな学習になっているといえる。これでは、①の教師偏重型授業と同じように言葉に対する自覚を促すことは難しいであろう。

今こそ、このような二極化された国語科の授業づくりを「深い学び」、特に「見方・考え方」を視点に融合し、子どもの学びが中心になる国語科授業を創造していくときである。

まとめ

①「言葉による見方・考え方」が働き、「深い学び」が実現する授業づくりのキーワードは、**自分や自分たちの言葉のとらえ方、使い方などについて『見つめ直す』**場を作ることだ！

②自分の授業が教師・子どものどちらかに偏りすぎた授業になっていなかったか見つめ直してみよう！

2 チェンジ！ 子どもが「深く学ぶ」授業モデルへ

国語科における「深い学び」を実現する上で、重要となるのが「見方・考え方」であることは先に述べた通りである。それは、国語科の目標にも表れている。

> 言葉による見方・考え方を働かせ、言語活動を通して、国語で正確に理解し適切に表現する資質・能力を次のとおり育成することを目指す。
>
> (1) 日常生活に必要な国語について、その特質を理解し適切に使うことができるようにする。
>
> (2) 日常生活における人との関わりの中で伝え合う力を高め、思考力や想像力を養う。
>
> (3) 言葉がもつよさを認識するとともに、言語感覚を養い、国語の大切さを自覚し、国語を尊重してその能力の向上を図る態度を養う。（p11）

このように「言葉による見方・考え方」を学習者である子どもたち自身が「働かせ」、目標とする国語科の資質・能力である(1)から(3)を育成していくことが明示されている。

そのような子どもたちの「見方・考え方」が働き出し、「深い学び」を実現させる授業を作るために、まず教師自身の授業観を見つめ直すことから始めたい。すなわち、「どう教えるか」という教師が与える授業観から、子どもたちが「どう学ぶのか」という、子ども自身が学びを創り上げる授業観へと自分自身をチェンジしていく必要がある。

そこで、大切にしたいキーワードが子どもの「問い」と「気付き」である。

まず、「問い」について考えていきたい。子どもたちが学びを生み出す上で、「問い」は大変重要な要素である。学習における「問い」の重要性は数多く指摘されている。例えば、認知心理学の視点から Daniel T. Willingham (2019)

は以下のように考察している。

> 子どもに学んでほしい事柄は、実は「問いに対する答え」である。答えは、それ自体、興味深いものではない。しかし、問いを知ると、答えがとても興味深いものになることがある。だからこそ、問いを明確にすることが非常に重要なのだ。（ｐ138）
>
> 子どもに学んでほしい事柄は問いに対する答えであり、問いは衝突である。衝突が明確になっていれば、テーマを自然に推し進められる。映画では、衝突を解決することで新たな障害が現れる。これが学校の課題にもしばしば当てはまる。最初に子どもに学ばせたい事柄からはじめ、そこに含まれる知的な問いに戻って考えるのだ。（ｐ154）

また、他教科においても「問い」は学習の核として示されている。例えば、社会科において澤井陽介（二〇一七）は、「見方・考え方」を働かせる授業づくりの第一要件として、「問い」の構成の工夫を挙げ、次のように述べている。

> 学習問題（課題）と毎時の問題（課題）における問いはどのようにつながり、どのように特色や意味に迫っているか、あるいはどのように社会への関わり方の選択・判断につながっているかなど、単元を通した問いの構成を工夫して、子供が社会的事象の見方・考え方を働かせるように授業設計することが大切です。（中略）「見方・考え方」は、子供の中にQuestionとして残り、子供が自在に用いるものとして、その後の学習における問いや予想などに生かしたり、社会生活に問いかけたりできるようにすることを目指しているのです。（ｐ20）

この中の社会科的な言葉を、国語科的な言葉に変換しても全く違和感なく受け止められることに気付かれただろうか。このように「問い」は、言葉による見方・考え方を働かせ、深い学びを創り出す上で欠かすことのできない要素である。「問い」なくして子どもの思考は動き出さないのであり、その質がそのまま学習の質を大きく左右するともいえるだろう。

では、国語科ではどのような「問い」が生まれる必要があるのだろうか。読むことの学習をもとに整理してみたい。

私は、読みの授業で生まれる「問い」について、大きく分けて次のように、「言葉に対する問い」と、「自分自身に対する問い」の2つに整理している。

Ⅰ 言葉に対する「問い」	①文章への「問い」	・言葉がどう使われているか、どのように感じるか ・対象と言葉、言葉と言葉がどうつながっているのか
	②他者への「問い」	・他者の読みは、自分とどう共通・相違しているのか ・私たちの読みとしてどこまでが認められるか
Ⅱ 自分自身に対する「問い」	③	・自分がどの言葉に反応して読みをもったのか ・自分の読みはどう変化したのか、なぜ変化したのか

これらの「問い」のもとは、「言葉による見方・考え方」である。つまり、①は「対象と言葉、言葉と言葉との関係を、言葉の意味、働き、使い方等に着目して」、②は「捉えたり問い直したりして」、③は「言葉への自覚を高める」を具体的な「問い」として変化させたものである。さらに、②は「深い学び」に至るまでの過程である「主体的・対話的」な学びにする上で必要となる「問い」でもある。これらの「問い」が、子どもたちが実際の教材と出合った際、どのように生まれてくるかを想定し、授業を創っていくことが、子どもが「深く学ぶ」授業を実現する第一のポイントとなる。

これまでの授業づくりにおいて、教師は「○○を教えたいから、△△をしよう（△△と発問しよう）」と構想しがちであった。しかし、これからは、子どもたちの「内面」に視点を置き、子どもたちにどうやってこれら三つの「問い」をもたせていけるかを構想していくことが大切となる。つまり、「□□という問いを抱いてもらいたいので、△△しよう（△△と発問しよう）」というようなアプローチになっていくであろう。

そして、そのような問いをもち、他者と学び合うことによって、子どもたち自身が学びの「気付き」を生み出していくことになる。

青木伸生（二〇一七）は、「子どもの気付きから授業をつくる」ことについて、次のように具体的な姿を示している。

> 子どもは、小学校に入る前にすでに物語の展開に関する知識を持ち合わせている。（中略）しかし、子どもが初期の段階でもつ読みは、個々の生活経験に基づくため個別的である。（中略）個々の読みを摺り合わせ、教師の働きかけで焦点化して、つけたい言葉の力を付けていくことが小学校段階での読むことの授業である。（p112）

ここで、大切にしたいことは、「子どもの見方」である。子どもは読みの知識や技能（読み方）を無意識の中にもっている。ゆえに、差はあれど、いわゆる「いい線までいっている」多様な読みが内面には生まれる存在ととらえる。だからこそ、主体的な「直観的気付き」（仮説）をスタートに、対話的な学びを通して「論理的気付き」（発見）が生まれ、その過程を振り返ることで「本質的気付き」（構築）に出合う授業にしていく必要がある。

具体的に、それぞれの気付きについては、次のように整理した。

直観的気付き	自分自身の無意識的な読み方や個別的なものの見方や感じ方によって生まれた気付き
論理的気付き	「直観的気付き」の違いについて、他者と比較・検討したり、再度文章を読み直したりする中で、対象と言葉、言葉と言葉の関係性を発見する気付き
本質的気付き	「論理的気付き」に至ることのできた過程を俯瞰（メタ認知）する中で、汎用化された読み方を構築したり、自分自身の変化を自覚したり、新たなものの創造へと向かったりする気付き

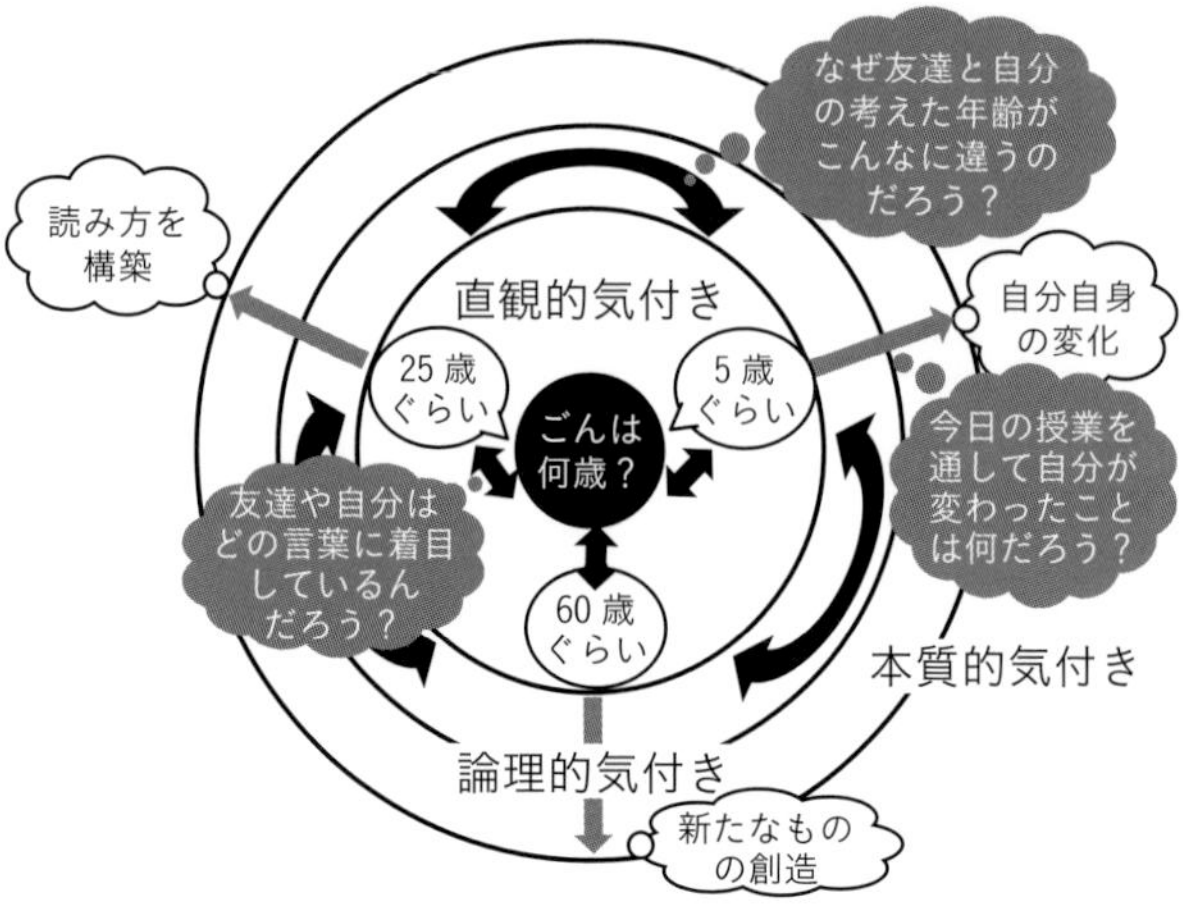

「気付き」は他者から与えられた答えではない。自分自身がつかみ取った「学び」であり、「学び」は気付くからこそ、自覚できるともいえる。この3つの気付きと問いが子どもの内面で連続することが、「言葉による見方・考え方」が働いている状態といえるだろう。

では、そのような「問い」と「気付き」が生まれる授業の具体例を『ごんぎつね』の授業を通して考えてみたい。

教師は、ごんの人物像を読んでいくため、「ごんは何歳だろう?」と子どもにしかけていく。すると子どもは、それぞれが読み取ったことを踏まえて、直観的気付きをもとに判断していくことになる。

そして、その直観的気付きの違いによって言葉に対する「問い」が生まれ、他者と比較・検討したり、再度文章を読み返したりしながら、どこまでが「私たちの読み」として認められるのか改めて叙述の関係性について考え直していく。その中で、論理的気付きは生まれてくる。例えば、「小ぎつね」や「いたずら」という言葉に反応し、五歳と判断していた子どもは、他者の読みに出合う中で、こぎつねの「こ」は子どもの「子」ではなく小さいの「小」であることや、「幼いからいたずらする」のではなく、それが独りぼっちのごんにとって唯一の人との関わり方なのだととらえ直していくだろう。

さらに、自分への「問い」をもちながら、論理的気付きが生まれた過程を俯瞰することで、「人物像を考えるときは、行動や会話、その人物の境遇などを関連付けて読む必要がある」と読み方を構築したり、「自分は文章の細かなところだけを読んで考えていたから、これからはもっと他の多くの言葉をつなげて読んでいきたい」と自分自身の変化について自覚したりしていく。また、「だったらごんは、毎日しだの茂った森の穴でこんなことをしたり、こんなことを考えていたのだろうな」と新たなものの創造へ向かうこともあるだろう。これが、本質的気付きが引き出された姿である。

また、学習過程での子どもたちの内面にある問いについて具体的に考えてみると、直観的気付きから論理的気付きへと変化する過程では、「なぜ友達と自分の考えた年齢がこんなに違うのだろう」「友達や自分はどの言葉に着目しているのだろう」という「言葉に対する問い」が引き出されているだろう。また、論理的気付きから本質的気付きへと高まっていく過程では、「今日の授業を通して自分が変わったことは何だろう」などといった「自分自身に対する問い」が生まれていると考えられる。

このような「問い」と「気付き」が連続しながら働いている授業が、「言葉による見方・考え方」が働いている具体的な授業像であり、「深い学び」を生み出す過程なのである。

これらのことからも分かる通り、子どもが「深く学ぶ」授業へチェンジしていくためには、これまで以上に、子どもたちの内面的な変化を授業づくりの中心として意識して、教師が学習の場をコーディネートしていく必要があるといえる。どこまでいっても、授業改善のスタートラインは教師の『自己変革』である。

まとめ

①子どもたちが「深く学ぶ」授業を創っていくために、子どもの内面の動きに着目しながら学習をイメージしていこう！

②まずは、子どもたちを「直観的気付き」ができる存在ととらえよう。その「気付き」をスタートに、「問い」と「気付き」が連続していくことが、「言葉による見方・考え方」が働いている具体的な姿である！

3 「言葉による見方・考え方」が働き出す！ 教師の4つの役割

子どもへの見方や授業観をチェンジすると、次は教師の授業における役割についても見直す必要が生まれる。これまで多かったチョークアンドトークが主体の授業では、教師のもっている知識をできる限り分かりやすく伝えることが主な教師の役割であった。しかし、子どもたちから学びを引き出すという視点に立つならば、これからは気付きが引き出されていくように「働きかけていく」ことが教師の主な役割となる。

では、具体的にどのような働きかけを行っていく必要があるのだろうか。そこで着目したいのが、教育ファシリテーションのアプローチである。

ファシリテーターについて、中野民夫（二〇〇三）は次のように定義している。

> ファシリテーターは教えない。『先生』ではないし、上に立って命令する『教師』でもない。その代わりにファシリテーターは、支援し、促進する。場をつくり、つなぎ、取り持つ。そそのかし、引き出し、待つ。共に在り、問いかけ、まとめる。（中略）ファシリテーターは、『支援者』であり、新しい誕生を助ける『助産師』の役割を担うのだ。（p５）

これは、大槻和夫（二〇一〇）が、

> 国語科の役割は、子どもたちの無意識的な言語活動を意識的な言語活動にいったん転化させ、メタ認知させたうえで再度無意識的な活動に戻していくことにあるのではないかと考えている。（p１５９）

と主張していることとも関連付く。すなわち、国語科の教師の大きな役割は、子どもの無意識的な言葉の力を引き出し、思考を伴うことで意識化し、最後には子どもの無意識へと返していく支援をすることが重要となる。その過程は、教えたり、命令したりすることによっては成り立たない。よって、国語科の授業において、ファシリテーション的なアプローチは必ず必要となる。

教育ファシリテーターの役割として石川一喜（二〇一五）は、

・学習プログラムのデザイン　・場をつくる　・問いかけ　・見える化
・場を見る　・マネジメントする　・評価する

などを挙げている。では、特に国語科においてはどのようなファシリテーションを教師が果たしていくことが大切なのだろうか。

桂聖（二〇一七）は、国語授業のファシリテーション力として、

①授業のストーリーづくりのスキル　②教室の空気づくりのスキル
③多様な意見を拡散的に引き出すスキル　④異なる意見を収束的に整理するスキル
⑤アセスメントと対応の即時的なスキル（p30）

の5つに整理している。

また、香月正登（二〇一七）は、授業展開のスキルとして、

①ひろう技術　②つなぐ技術　③動かす技術　④ほめる技術（p30）

と整理し、教師がファシリテーターとしての役割を果たしていくことの重要性を示している。

他にも、土居正博（二〇一九）は、より具体的な教師の国語授業スキルとして「国語科指導ことば」を提案し、教師がどのような声をかければ子どもたちの学びを促進させることができるかをまとめている。

様々な整理の仕方があるにせよ、その多くの部分に重なりが見られることは確かである。また、大切なのは、これらの実践者の提案を受け、授業者それぞれが自らを振り返り、ファシリテーターとしてどのような力を磨いていくのかを見いだしていくことだろう。

今回はこれらの先行実践の重なりも踏まえながら、特に、子どもの「問い」と「気付き」をもとに「深い学び」が生まれる授業を展開していく上で重要となる教師の役割を整理したい。

それは、**①質のよいきっかけ（場づくり）　②刺激　③整理　④価値付け**の四点である。

①質のよいきっかけ（場づくり）

授業の導入の在り方が子どもたちの学習意欲に大きな影響を与えることは授業を行った経験のある人ならば共通して感じていることではないだろうか。反対に、導入で子どもたちの心が学習から離れてしまった場合、それを取り戻すことはとても難しい。学習の導入は授業の成否を左右する大きな条件であろう。

そして、最近では「めあて」と「まとめ」・「ふりかえり」を重視するという考え方が広まったこともあり、授業の導入時で教師が「めあて」を唐突に示す実践が増えている。もちろん、「めあて」を示すこと自体はとても大切である。しかし、ともすれば教師が掲げた目標を、そのまま「めあて」として安直に示していることも多い。例えば、物語の人物関係を読み取る授業であれば、「○○（作品名）の人物関係をまとめよう」となる。果たして、それは子どもたちの「学びたい・学ぶ必要がある」、またそこまでは達せなくとも「気になる」というレベルになっているのだろうか。多くの子どもたちが、その時点から学習に参加することができず、第一節で指摘したような教師偏重型授業になってしまっている状況が想像に難くない。

そこで、大切にしたいのが「質のよいきっかけ」（場づくり）である。長谷川康男（二〇一七）は、社会科の学習を例に、学びへの誘い方として、次のように主張している。

教材のはしっこのものやことから導入してもよい。いずれ、単元の本質（中心概念）につながればよいのである。単元のはしっこの社会的事象であっても、子どもたちが真に学ぶ必要を感じているものやことは本物である。その子にとって意味があるものだから。子どもたちが先生から与えられた学習課題のような学ぶ必要性を感じていない単元の本質にいきなり迫る社会的事象、問題よりはるかにいい。（p83）

つまり、学ぶ側の視点に立ち、「深い学び」を見据えた上での学びのきっかけとして導入を設定することが教師の大切な役割となる。まずはやりがい（切実性）があり、おもしろみがあり、全員が関われる。そんな質のよいきっかけを与えることで、子どもの内面に「気付き」そして「問い」が生まれ、学びが動き出すといえるだろう。

②刺激

授業、特に国語科の授業における教師の役割で最も重要なものは何かと問われたら、多くの教師が「発問」と答えるのではないだろうか。事実、基本的に授業は教師の準備された発問を中心に展開されていくことが多い。

John Hattie (2018) は、様々な先行研究のデータをもとに、質問することはその質問の種類によって学習効果がばらつく、そして高次の思考を促す質問は、効果的な指導方略であるとまとめている。(p182 - 183)

また、佐伯胖（二〇〇三）は、発問の本質について、次のように述べている。

> 本来の発問は、触発的な発問だと思う。答えを言わせる発問ではなく、教師の発問が刺激となって子供の探究がはじまる発問こそが真の発問である。(p57)

つまり「よい発問」とは、高次の思考を促し、「深い学び」へ誘うものであることはもちろん、主体性が引き出されるような、子どもたちの内面に目を向けたものでなくてはならない。

だが実際の授業では発問が教師の都合で作られ、学び手へ一方的に行われることが多い。宇佐美寛（二〇一八）が、

> 発問は教師の論理で作られている。子どもの読み手としての独立した世界の可能性は無視されている。(p121)

と指摘している通りである。

そこで、私はこれらを踏まえ、学習が展開される中での教師の役割を子どもたちへの「刺激」として大きくとらえている。具体的には次のような「刺激」が考えられる。

・問いかけ…いわゆる発問とほぼ同義である。気を付けたいのは、子どもの学びの文脈を無視した教師主体のものではなく、「だったら…／ということは…／だとすると…」となるような、子どもの思考の過程に寄り添った問いかけにすることである。学習を深化させていくときに行うと効果的である。

・ゆさぶる…「本当に？」などと自分の考えを再考させていく。
・とぼける…「どういうこと？／あぁ、○○ということね」と、子どもの考えを理解できないふりや、とらえ間違えたふりをして、子どもの理由付けを洗練させていく。
・あえて共感する…「なるほど！　○○ということなんだね」とあえて考えを断定したり、誤った解釈に強く納得したふりをしたりすることで反論を引き出していく。
・あえて反論する…「いや、○○だと思うよ」とあえて正論に反論することで、多面的に思考させていく。
・友達の考えの理由を推測する…全員で考える価値の高い意見が生まれたときや少数派の貴重な意見、また友達がうまく表現できないときなどに、「○○さんが言いたいことはどのようなことかな？」「○○さんの気持ち、分かる？」などと、子ども自身を教材にして考えを深めさせていく。
・つぶやきを取り上げる…「友達の考えの理由を推測する」場合における、つぶやきを拾うパターンである。つぶやきには子どもの素直で感性の光る意見が多い。聞き逃さず、活かせる教師でありたい。

これら以外にも、多様な「刺激」の方法は考えられるし、それは指導をする教師のパーソナリティにも関わってくるだろう。ともあれ新たな読みの視点や考え方に触れ、子ども自身で気付くことのできる「刺激」を提供していくことが大切である。

③整理

国語科の学習では、授業が進んでいく中で、多様な読みや考え方が表出されてくる。これらを分類し、子どもたちの状況を「見える化」させることが重要となる。よって、ここでは板書が大きな役割を発揮することになる（この「整理」の重要性と板書の果たす役割については次節で詳しく述べる）。

④価値付け

子どもたちが自分自身で気付き、表現したものの多くは、子ども自身は無自覚的である。よって、教師はそのような子どもたちの姿を価値付けることで、それらを意識化（顕在化）させることがとても重要である。特に、言葉という見えない世界を扱う国語科において、この教師の役目はそのまま学力に直結するともいえる。価値付けるべきことはさまざまあるが、特に、次の視点を大切にしていきたい。

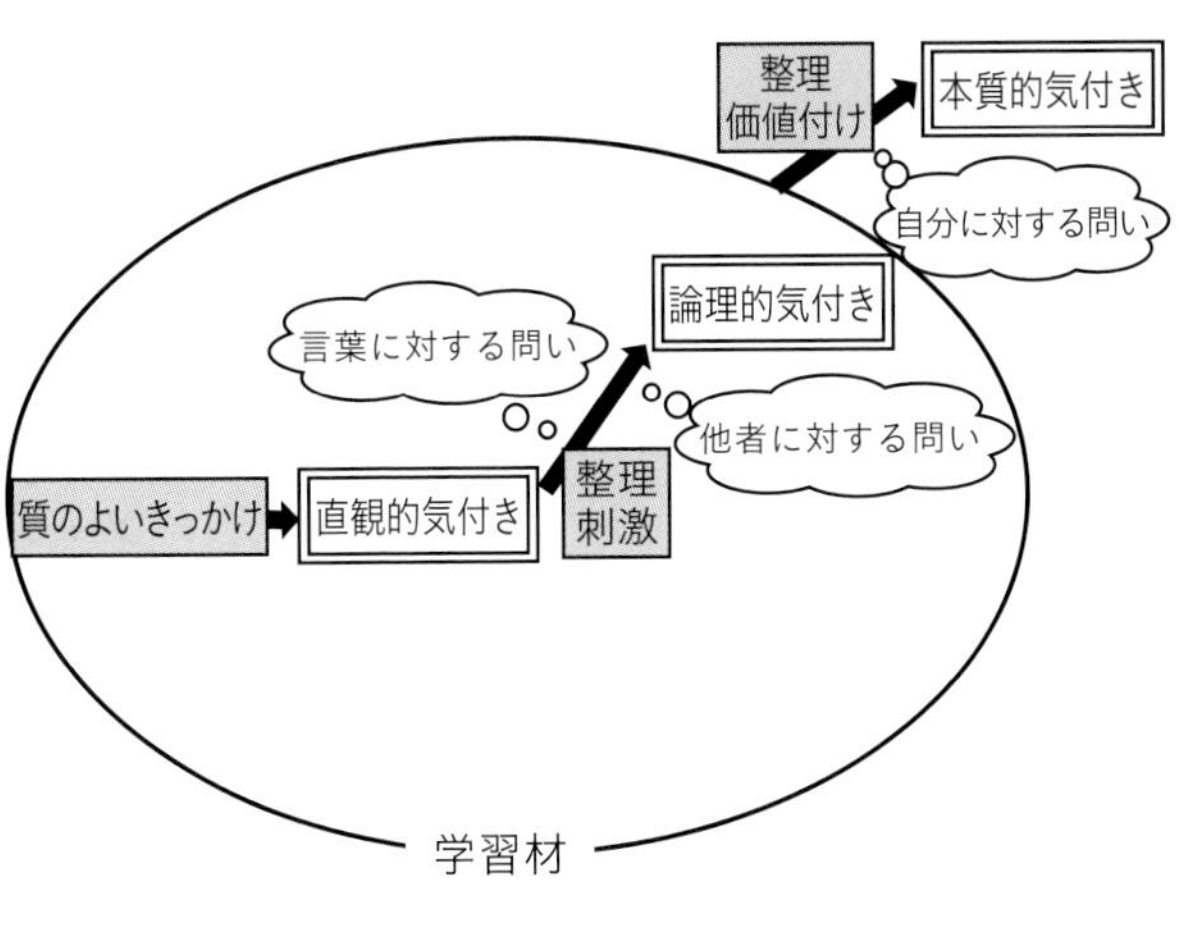

○読み方のよさ…「なるほど！　人物の行動に目を付けたんだね」「段落のつながりをもとに考えたんだね」など、子どもが重要な読み方をしている姿を見いだし、価値付けていくことで、読み方の共有と深化を促していく。

○思考の仕方のよさ…「上手に比較して考えているね」「前の学習とつなげて（関連付けて）考えられたんだね」など、子どもの比較する・関連付ける・多面的に見るなどの思考の方法を見いだして価値付け、様々な場面で活用できるよう促していく。

○個性的な見方・考え方…「○○さんらしい素敵な考え方だね」など、一人一人の個性的な読みや思考を認め、共有することで、子ども一人一人の読みや思考の幅やものの見方・考え方を広げていく。

これらの、4つの教師の役割を「問い」と「気付き」の関係と関連させ、授業展開として整理したものが前頁の図である（しかし、これはいつでも図のように授業が展開するということでない。いわゆる「型」ではなく、ベーシックなイメージとしてとらえてほしい）。これらを単元レベル・一時間当たりの授業レベルで展開していくことで「深い学び」が実現されていくといえるだろう。

まとめ

①国語科の授業において、教師は「ファシリテーター」的な役割を担っている！
②「質のよいきっかけ（場づくり）」「刺激」「整理」「価値付け」で「深い学び」へ誘おう！

4 板書の重要性と「?型板書」の作り方 ～5つの型×2タイプの板書アイデア～

前節では教師の役割を4つに整理したが、その中でも「整理」、特にそのためのツールである板書の果たす役割について考えたい。

板書の重要性はこれまでにも多く主張されている。例えば、「見える化」することとの効果や、理解を深めるツールとして、さらにはノート指導との連動などにおいてである。すべてがその通りであり、大変重要な視点である。だが、板書を行う意味は本当に理解や確認だけなのであろうか。

私は、板書は発問と並んで、教師の「授業観」が強く表れるものであると考えている。例えば、第1節で述べた教師偏重型授業では、構造型の名のもとに、教師の考える理想の板書を目指して、黒板が形成されていく。子どもたちは黒板によって、さらに解釈が押し込まれていく結果になる。反対に、学習者偏重型授業では、たくさんの子どもたちの考えが列挙されるだけで、板書は記録するためにしか使われない。両者の共通点は、板書が子どもに関わっていない、すなわち教師だけのものになってしまっていることである。

それに対して、長崎伸仁(二〇一四)は、板書の役割について次のように述べている。

発問には「広げる発問」と「深める発問」があるように、板書にも「広げる板書」と「深める板書」とがある。(中略)教師からの発問に対して出てきた子どもの発言を黒板で、類別・整理し、価値づけていくことによって、子どもの思考はさらに進化していくのである。(p10)

そして、「広げる板書」を「平面的な板書」、「深める板書」を「立体的な板書」とし、その具体例として次の9点を示している。

①類別型板書 ②対比型板書 ③循環型板書 ④包括型板書 ⑤問答型板書 ⑥穴埋め型板書
⑦移動型板書 ⑧スケーリング型板書 ⑨割合型板書(円グラフ等)(p11)

これらの板書を用いた授業を想像すると、子どもが板書を通して思考する姿が想像される。教師が整理した板書を、そのまま学習の「仕掛け」として、子どもたちに「返していく」イメージが生まれるのでないだろうか。

私は、これらのような板書の考え方を受けながら、さらに「?型」、つまり、**板書によって「?」が生まれ、それを解決することで子ども自身が学びに気付く板書**を提案したい。つまり、「理解」や「仕掛け」が中心であった板書に対し、子どもの内面に「?」を生みだすことを中心にした板書づくりともいえる。

このような板書が実現すれば、第1節で述べた「深い学び」のキーワードである、自分や自分たちの言葉のとらえ方、使い方などについて「見つめ直す」ことを、板書から生まれた「?」をきっかけにして行っていくことになる。板書によって子どもの中に「問い」が生まれ、それがさらなる「気付き」を生み出すきっかけになり、最終的には「深い学び」が実現していくだろう。また、このような授業をすることで、子どもたちは「自ら得た学びだ」という実感をもつことができる。Daniel T. Willingham（2019）は、

何を考えるにせよ、考えたことが記憶に残る。「記憶は思考の残渣」なのである。（中略）教師の目標はほぼいつでも子どもに意味を考えさえることでなければならない。（p114‐115）

と述べている。よって、読み方についても自分たちで考え気付いたものにしてこそ、自分の読み方、自分なりのコツとして子どもの中に残っていくのである。子どもたちにとって「使える力」となることが期待できるのである。

では、ここからは、そのような「?型板書」を作る具体的なアイディアとして、「5つの型×2タイプ」を紹介していく。是非、その後に紹介されている実践編と関連付けながら、それぞれの考え方を参考にしていただければ幸いである。

まとめ

①板書の役割に「子どもに『?』をもたせること」を加えてみよう！
②板書を通して、子ども自身が「自分たちで気付けた」と思える授業を演出していこう！

①あなあき型板書

きれいにまとまっているものに『あな』があると、無意識に埋めたくなってしまう。そんな経験はないだろうか（心理学では「ゲシュタルトの穴」と言われるそうである）。例えば、カードを縦・横にきれいに並べてみると、一カ所に空所ができたとする。そうすると、そこに何のカードが入るのか考えたり、入れられるカードを探し出そうとしたりしてしまうのではないだろうか。

このあなあき型板書はそのような心理的な働きを活かし、子どもたちの思考を動き出させる板書である。板書の中に書かれていない『あな』ができ「その『あな』のところには何が入るのだろう？」「『あな』を埋めるにはどうしたらよいのだろう？」という「？」が生まれる板書である。よって、教師は教材研究や授業構想の段階で、子どもの視点になって読みの偏りを見通し、板書に生かしていくことが大切である。ただ『あな』を埋めて学習が終わるのではなく、その活動を通して、より明確になった読み方を振り返ることが大切である。

具体的には次の2タイプが考えられる。

①－Ⅰ（修正タイプ）

子どもの考えや叙述を整理した結果として『あな』ができ、「自分たちが気付いていない読みがあるのではないか？」という「？」が生まれ、不足を修正し、新たな読みに気付いていく板書のタイプである。

①－Ⅱ（創造タイプ）

子どもの考えや叙述を整理した結果として『あな』ができ、「自分たちで『あな』に入ることを考え出せるのではないか？」という「？」が生まれ、文脈等に沿って創造し、子ども自身が自分の言葉で表現していく板書のタイプである。

板書のイメージ図

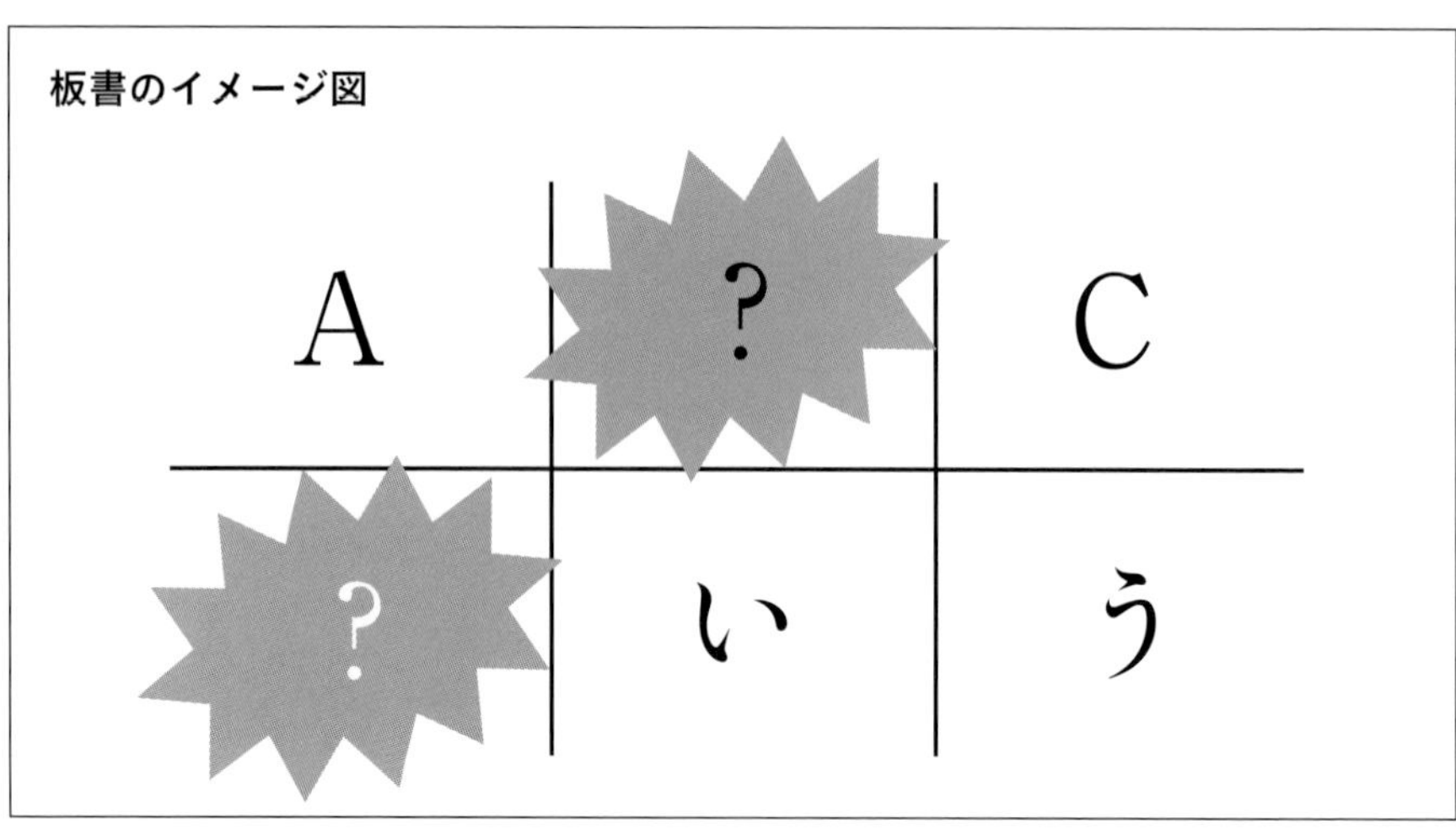

あなあき型板書をもとにした授業の学習展開は、概ね次のようになる。

①入口の「問い」(きっかけ)に対する子どもたちの素朴な考えを表出させる。
②教師が①を意図的に板書に整理する。
③板書を観察させ、「?」(「その『あな』のところには何が入るのだろう?」)を見いださせる。
④『あな』に入るものを文章に立ち返りながら再思考する。
⑤『あな』を埋めるために、自分の読みを修正したり、創造したりした過程を振り返り、本時で学んだ読み方を確かめる。

ポイントとなるのは、②において意図的に整理するときに、いかに子どもたちにとって違和感なく自然に整理するかである。教師の読みを押し付けるのではなく、〝教室の状況〟を整理しているイメージで板書を作っていきたい。

また、①において表出された子どもの考えが、教師の想像とは違ったものとなり、当初の計画とは違うところに『あな』が生まれるといったことも起こりうるだろう。その場合でも、基本的には子どもたちに寄り添い、予想外の板書の状態を受け入れ、学習を展開できる教師でありたい。

あなあき型板書が有効な学習場面

・文章の内容や表現を比較し、それぞれの共通点を見付けたり、書かれていない『空所』を補ったりするとき

例：㊊時間や場所が大きく変化したところに想像を広げる

㊪筆者の述べ方のよさについて文章の共通点から探る

◆具体的な教材

・ごんぎつね（全社・四年）　・あなのやくわり（東京書籍・二年）など

②誤読提示型板書

授業をしていると、明らかな誤読、いわゆる飛躍した読みやとらえ間違いといった読みが子どもから発言されることがある。そのような場合、教師が「それは違うね」と否定する指導や、「なるほど…。ほかにありますか」と言って流してしまう指導が見受けられる。どちらにも共通する問題点は、「なぜ誤読といえるのか」を、学習者である子ども自身が思考していないことである。

そこであえて誤読も板書し、「おかしいな？」「その読み方や考え方はよいのだろうか？」という「？」を引き出していくパターンが、この誤読提示型である。構造的な板書を目指す場合、このような誤読は必要のない情報となってしまい、板書に残さないことも多い。しかし、積極的に誤読を板書することで、子どもたちの思考にゆさぶりをかけていくことができる。他教科、例えば算数科などでは誤答を板書し、正答と比較させるなどしながら「なぜそれが違うのか」と思考を深めさせていくことは、よく取り入れられる手法である。国語科でもそのような方法を取り入れていくことは大切だと考える。

具体的には次の2タイプが考えられる。

板書のイメージ図

考えA	考えAに似た考え	考えB	飛躍した考えC	考えD	考えDに似た考え

②-Ⅰ〔とらえ違い検討タイプ〕

言葉の意味をとらえ違えている誤読について、正しくとらえている読みと比較しながら、文章において「どのような意味でその言葉が使われているのか」という「？」が生まれ、再検討する中で読みの深化を図るタイプである。

②-Ⅱ〔文脈検討タイプ〕

文脈に沿っていない誤読について、文脈に沿っている読みと比較しながら、文章において「どの解釈のほうが妥当であるか、納得できるか」という「？」が生まれ、再検討する中で読みの深化を図るタイプである。

誤読提示型板書をもとにした授業の学習展開は、概ね次のようになる。

①入口の「問い」（きっかけ）に対する子どもたちの素朴な考えを表出させる。
②教師が①を板書に整理する。その際、誤答も板書する。
③板書を観察させ、「？」（「おかしいな？」「その読み方や考え方はよいのだろうか？」）を見いださせる。
④なぜ誤答といえるのか再考したり、誤答をもとに考えを深めたりする。
⑤読みとして認められるものと誤読とを確かめながら学習の過程を振り返り、本時で学んだ読み方を確かめる。

ポイントとなるのは、②の段階では、誤答を子どもたちに指摘させないことである。もちろん「えっ…」などとつぶやく子もいるであろう。しかし、ここで一つ一つの誤答について確認していくと、収拾が付かなくなってしまう。まずは、意見を出させきってから検討するようにしたい。

また、誤答を発言した子どもの気持ちにも配慮し、「このような考えが出たから学習がうんと深まったね」というような価値付けを授業の終末で丁寧に行いたい。多様な意見を出すことの大切さを子どもたちが実感し、学級の風土としていくことが大切である。

誤読提示型板書が有効な学習場面

・文章の内容、表現の細かな点（語や文）に着目したり、文章全体の構造や文脈を意識したりして読むとき

例：㊫登場人物の行動の理由を多角的に考える　㊟本論部がいくつに分けられるか理由を踏まえて検討する

◆具体的な教材

・やくそく（光村図書・一年）　・言葉の意味が分かること（光村図書・五年）など

③バラバラ型板書

部屋に荷物があふれてしまった様子を見て、整理したくなった経験はあるだろうか。また、棚に適当に入れておいた本の背表紙を見て、ジャンルごとに分けたくなったこともあるかもしれない。

このような、バラバラとなっている状態をあえて作り、子どもの思考を動き出させるのがバラバラ型板書である。雑然と板書することで子ども自ら整理したい思いが生まれ、「共通点や相違点をもとに整理できないだろうか？」「様々な読みや根拠としている叙述のつながりは何だろうか？」という「？」を引き出していくことをねらっている。

気を付けたいのは、指導の目的を整理すること自体にしないことである。整理することによって、読み方や子ども自身の考えが形成されていくことが重要である。よって、教師が想定した整理の仕方ではなかったとしても、子ども

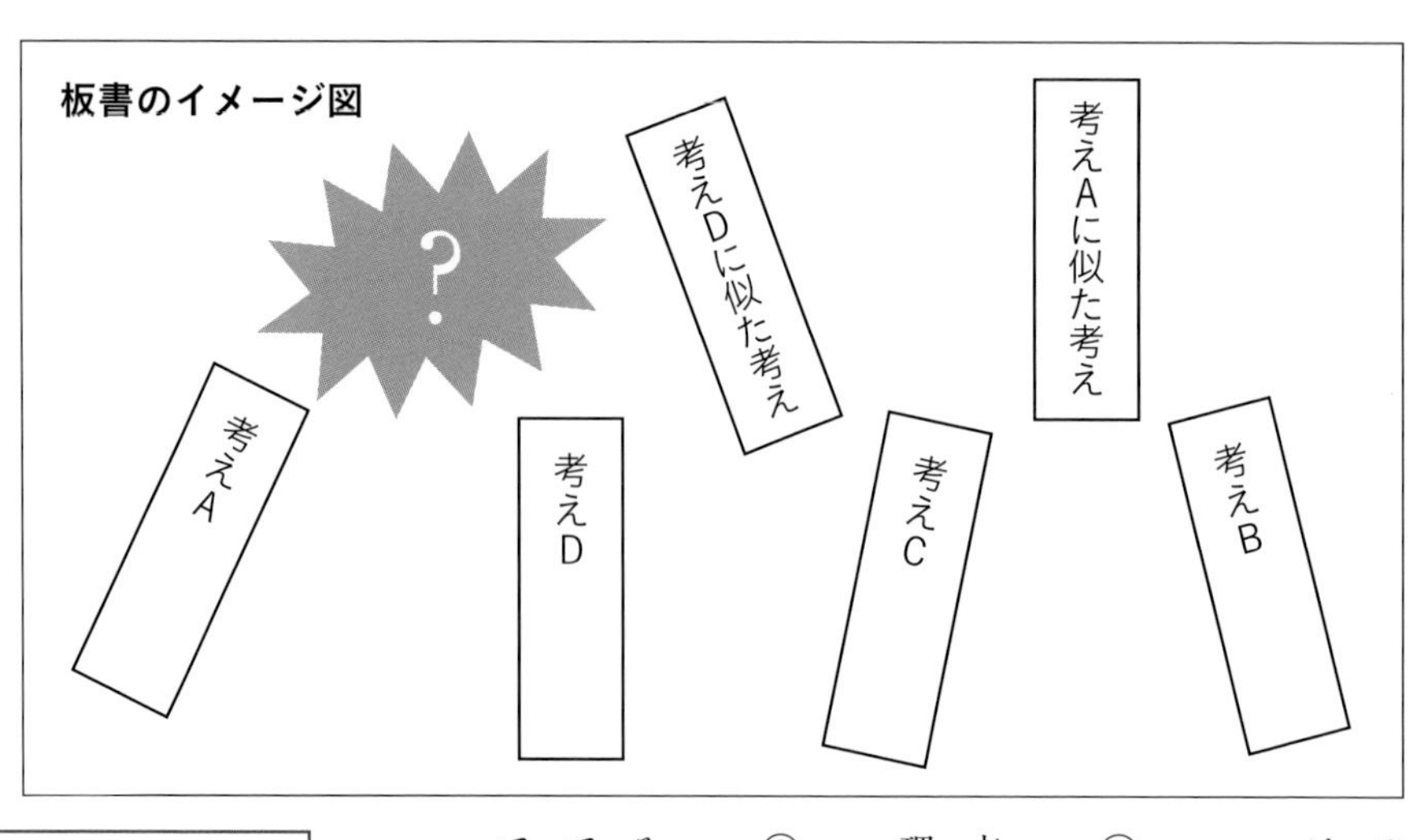

板書のイメージ図

の思考やまとめ方からよさを見いだして授業を展開していくことを心がけたい。

具体的には次の2タイプが考えられる。

③－Ⅰ〔整理タイプ〕

バラバラになっている子どもの考えや叙述について、「共通点・相違点に着目すれば整理できるのではないか?」という「?」が生まれ、整理する中で表に変化し、読みの関連性に気付いていくタイプである。

③－Ⅱ〔構造化タイプ〕

バラバラになっている子どもの考えや叙述について、「どの考えや読みが重要（中心）なのか?」「それぞれの考えや読み方はどうつながっているのか?」という「?」が生まれ、それらを線でつなげて構造化していくことで、読みの関連性に気付いていくタイプである。

バラバラ型板書をもとにした授業の学習展開は、概ね次のようになる。

①入口の「問い」（きっかけ）に対する子どもたちの素朴な考えを表出させる。
②①の考えをバラバラにして板書する。
③板書を観察させ、違和感を共有しながら「?」（「整理することはでき

ないだろうか？」）を見いださせる。
④子ども自身が考えを分析・整理していき、表やマインドマップのように変化させていく。
⑤整理の過程で用いた読み方や、整理することで深まった自分の考えを振り返る。

④の学習活動を行う上で、①で表出された考えを黒板の上で移動させることができると便利である。よって②のときのために、画用紙などを切った短冊、またはそれに準ずるものを用意しておくと、操作的に④の活動ができ、より思考が深まっていくだろう。

また、この学習のポイントは、④において、はじめから「表・マインドマップにしてみよう」と指示しないことである。その指示の瞬間から、学習は作業へと変わってしまう。整理していく中で、自然と表やマインドマップに変わり、自分たちの考えが整理できた実感をもたせられるようにしたい。

バラバラ型板書が有効な学習場面

・文章の内容、表現を関連付け、あるものの特色や効果を見付けたり、ものごと同士の関連性をとらえたりするとき

例：㊫人物関係をまとめる、多様な伏線の発見とその効果を見付ける

㊯文章構成図を検討する、順序の意図を探る

◆具体的な教材

・帰り道（光村図書・六年）　・サツマイモのそだて方（東京書籍・二年）など

④完成目前型板書

本書では、子どもが元々もっている力を引き出しながら授業を行うことを提案しているが、それでも子どもたち自身では、なかなかたどりつくことが難しい読みがあるのも事実である。また、そのような「みんなが気付かなかったこと」に誰かが気付き、クラス全体へと広がっていくとき、子どもたちに学びの喜びが生まれることもある。だからといって、「こう読むのだよ」と教え込む指導は避けたいし、確認する発問を繰り返すような授業も行いたくはない。では、どうするか。私は一つの方法として、「一番大切なところを子どもに委ねる」ということを提案したい。それが、完成目前型板書の考え方である。具体的には、子どもの考えを整理するものの一番重要なところは未完成な状態にすることで、「さらにこの言葉や考えはつながり合うのではないか?」「もう一歩整理したら、自分たちの考えがよりよく表せるのではないか?」という「?」が生まれるパターンである。最後に子どもが矢印や線、円などを書き込むことで板書が完成し、「自分たちで大切なことを発見できた」という実感を残すことができるようにしていきたい。

具体的には次の2タイプが考えられる。

④-Ⅰ〔矢印書き込みタイプ〕

子どもの考えや叙述を整理することで、「この部分とこの部分はつながっているのではないか?」という「?」が生まれ、それを矢印として子ども自身が書き込むことで、新たな読みとして共有するタイプである。

④-Ⅱ〔図に変身タイプ〕

子どもの考えや叙述を整理することで、「自分たちの読みの結果を、さらに分かりやすく表せないか?」という「?」が生まれ、それを円にしたり線で分けたりすることで、自分たちの読みとして共有するタイプである。

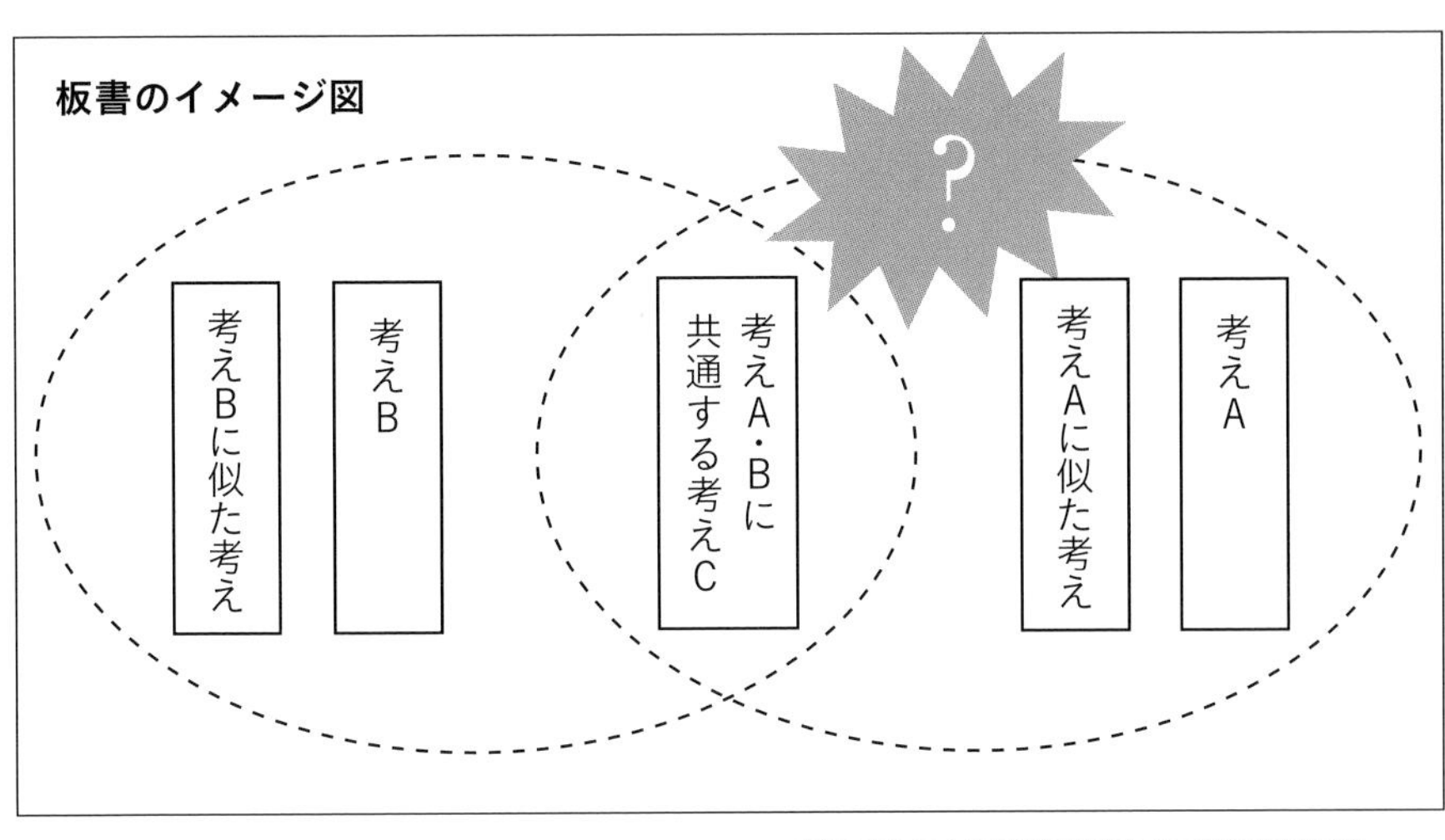

完成目前型板書をもとにした授業の学習展開は、概ね次のようになる。

①入口の「問い」（きっかけ）に対する子どもたちの素朴な考えを表出させる。
②教師が①を意図的に板書に整理する。
③板書を観察させ、「？」（「どこかをさらに関連付けたり、さらに工夫して表したりすることはできないか？」）を見いださせる。
④③で書き込んだ矢印や線、円などの意図を考える。
⑤本時で新たに見付けた読み方、理解の深まった読み方を振り返る。

③の活動を行うときは、ともすると沈黙が生まれることもある。しかし、その状態に焦ってたくさんのヒントを出したり、一問一答の発問を多用してしまったりしては意味がない。教師も子どもたちと悩んでいる様子を見せることで、ともに解決していく雰囲気を演出し、子どもたちから発見が生まれる瞬間をできる限り待ちたい。

また④の活動のポイントは、気付いた本人に説明をさせないことである。それでは、一部の読みの鋭い子どもだけの授業になってしまう。「〇〇さんが書いた線の意味は分かる？」などと全体を刺激し、子どもたちから「なるほど！」「そういうことか！」という歓声が生まれる学習にしていくことが大切である。

完成目前型板書が有効な学習場面

・文章の内容、表現を確かにとらえる中で、新たな読み方、ものの見方・考え方が生まれる可能性があるとき

例：㊕人物の心情の変化を図にする

㊓筆者の主張とその根拠のつながりを考える、2つの教材文の主張を比べる

◆**具体的な教材**

・まいごのかぎ（光村図書・三年）

・メディアと人間社会／大切な人と深くつながるために（光村図書・六年）など

⑤広がり型板書

研究の手法の一つに「仮説検証型」というものがある。仮説を設定し、それを検証することによって、既知の理論を精緻なものへと発展させたり、既存の理論への反論を提出したりする方法である。佐藤佐敏（二〇一三）は、

文章を読んで解釈するという営みは、推論をしているのであり、その推論は仮説である。自分の解釈よりも、より蓋然性の高い解釈に出会った時は、そちらに乗り換えるべき一時的据え置きに過ぎない。（P42）

と、読みを一つの仮説としてとらえ、変化させていくことの重要性を指摘している。だとすると、授業において、皆で共有化された読みも「クラスとしての仮説」として扱い、それが果たして本当に認められるものなのかどうかを、さらに検討する授業展開も考えられる。例えば、板書の中心部に子どもたちの納得解としての読みを作り、周りのスペースを使って、「だったら、この場合はこう考えられるのではないか？」という「？」が生まれ、他の場合へと読みを広げていくことができる。これが、広がり型板書の考え方である。

具体的には次の2タイプが考えられる。

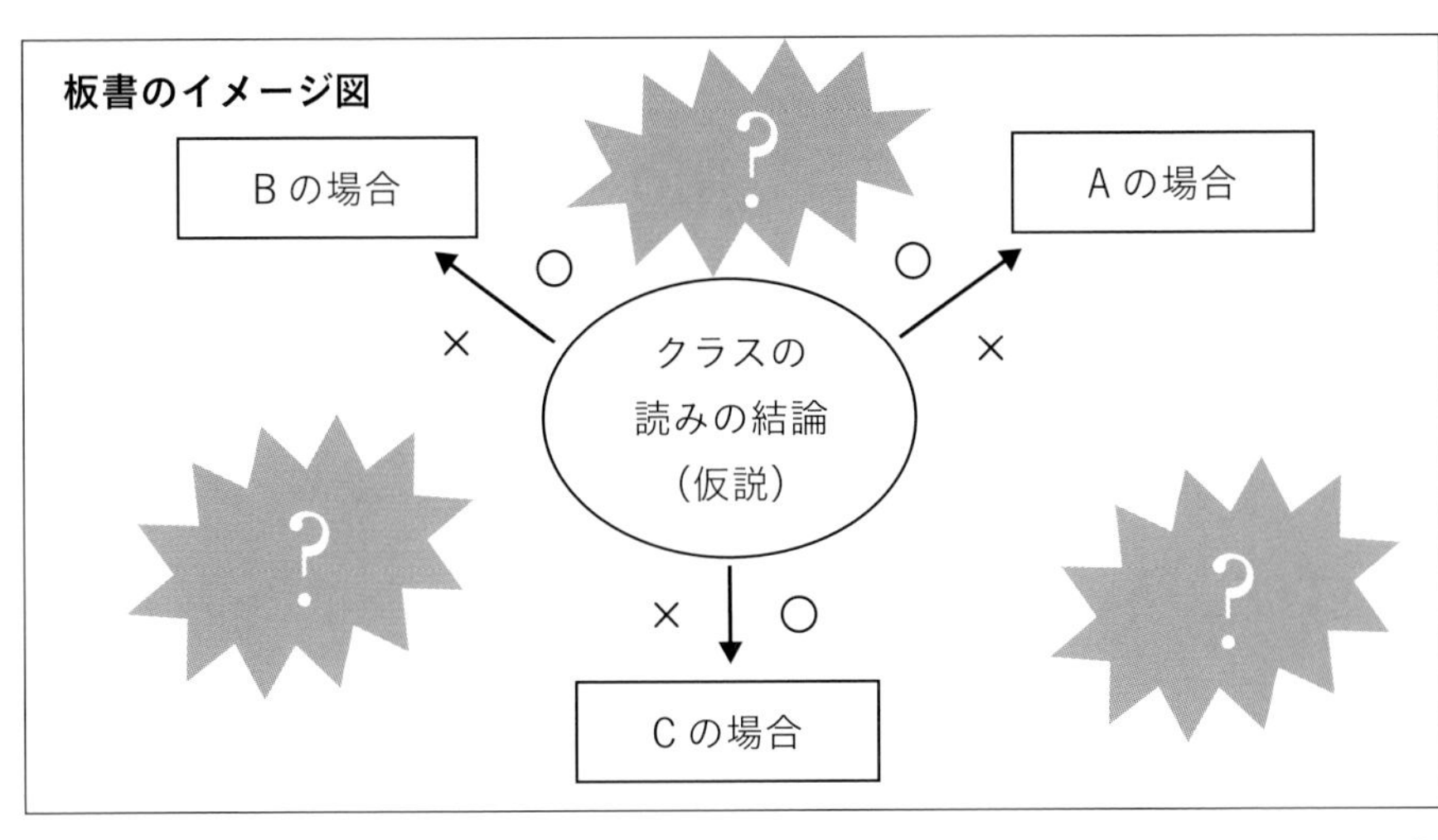

⑤－Ⅰ〔適用タイプ〕

子どもたちの考えが整理されて納得解が生まれたことを受けて、「だったら、よく分からなかった他の考えや叙述も同様に解釈できるのではないか？」という「？」が生まれ、これまでよく理解できなかった叙述や考えに自分たちの読みを当てはめて再解釈し、読みを広げていくタイプである。

⑤－Ⅱ〔拡張タイプ〕

子どもたちの考えが整理されて納得解が生まれたことを受けて、「だったら、新たなパターンにおいても、こう考えられるのではないか？」という「？」が生まれ、さらに自分たちの考えや表現を広げていくタイプである。

広がり型板書をもとにした授業の学習展開は、概ね次のようになる。

①入口の「問い」（きっかけ）に対する子どもたちの素朴な考えを表出させる。
②①の考えをもとに、クラスで共有された読みを作る。
③クラスの読みを黒板中央に示し、周りの空間に「？」（「他の場合はどうなるのだろうか？」）を見いださせる。
④②の読みを、他の文章や文脈など、新たな場合に当てはめても違和感

なく読めるかどうか検討する。
⑤本時で学んだ読み方の重要性を振り返る。

このような学習を行う場合、発達段階やクラスの実態によっては一時間で授業を行うことが難しいことも考えられる。そのときは、単元計画を工夫し、例えば①②の活動は前時で、③〜⑤を本時で行うといった方法が考えられる。大切なのは、自分たちで作った読みの「結論」を、仮説として再度見直し、検討していく過程である。

また、授業を展開する中で、ともすれば空想的な発言が見られることも考えられる。根拠である叙述を明確にすること、「なぜその叙述が○○という考えに結び付くのか」という理由付けを述べさせていくことを、教師側が意識して授業に臨みたい。

広がり型板書が有効な学習場面

・全員で共有されていない読みを検討したり、自分の考えを文章と関連付ける中で広げていこうとしたりするとき

例：㊕物語の主題として何が認められるかを検討する　㊫新たな事例を加えるとしたら何が可能か考える

◆具体的な教材

・モチモチの木（全社・三年）　・数え方を生みだそう（東京書籍・四年）など

なお、通常使われているチョークの色は、色覚に障がいのある子どもには区別がつきにくいことがある。①色の選択を変える　②カラーユニバーサルデザインの認証を受けたチョークを使う等の配慮は丁寧に行う必要がある。

引用・参考文献

・文部科学省（二〇一七）『学習指導要領解説総則編』
・文部科学省（二〇一七）『学習指導要領解説国語編』
・中央教育審議会（二〇一六）『次期学習指導要領に向けたこれまでの審議のまとめ』
・Daniel. T. Willingham 著・恒川正志訳（二〇一九）『教師の勝算』東洋館出版社
・澤井陽介・加藤寿朗編著（二〇一七）『見方・考え方［社会科編］「見方・考え方」を働かせる真の授業の姿とは？』東洋館出版社
・青木伸生（二〇一七）「子どもの思考を深い学びに誘う系統指導」全国国語授業研究会・筑波大学附属小学校国語研究部編『国語科における「深い学び」を考える―授業者からの提案―』東洋館出版社、pp.112-pp117
・中野民夫著（二〇〇三）『ファシリテーション革命　参加型の場づくりの技法』岩波書店
・大槻和夫（二〇一〇）「国語科教科内容の「系統性」確定上の問題点と今後の方向」科学的『読み』の授業研究会編『国語科教科内容の系統性はなぜ100年間解明できなかったのか―新学習指導要領の検証と提案』学分社、pp.157-164
・石川一喜・小貫仁編（二〇一五）『教育ファシリテーターになろう！　グローバルな学びをめざす参加型授業』弘文堂
・桂聖・石塚謙二・廣瀬由美子・日本授業UD学会編著（二〇一七）『授業のユニバーサルデザインVol.9』東洋館出版社
・香月正登著（二〇一七）『論理ベースの国語科授業づくり　考える力をぐんぐん引き出す指導の要点と技術』明治図書出版
・土居正博著（二〇一九）『子供の「全力」を育てる！国語科指導言葉50』東洋館出版社
・長谷川康男著（二〇一七）『問題発見力のある子どもに育てる11の方法』学事出版

・John Hattie 著・山森光陽訳（二〇一八）『教育の効果　メタ分析による学力に影響を与える要因の効果の可視化』図書文化社
・佐伯胖著（二〇〇三）『「学び」を問い続けて　授業改革の原点』小学館
・宇佐美寛著（二〇一八）『国語教育を救え』さくら社
・長崎伸仁・東京都調布市立富士見台小学校編著（二〇一四）『「判断」でしかける発問で文学・説明文の授業をつくる』学事出版
・佐藤佐敏著（二〇一三）『思考力を高める授業　作品を解釈するメカニズム』三省堂
・国立教育政策研究所編（二〇一六）『資質・能力〔理論編〕』東洋館出版社
・松下佳代・他編著（二〇一五）『ディープ・アクティブラーニング』勁草書房
・今井むつみ著（二〇一六）『学びとは何か―〈探究人〉になるために』岩波書店
・今井むつみ・野島久雄・岡田浩之著（二〇一二）『新・人が学ぶということ―認知学習論からの視点』北樹出版
・奈須正裕著（二〇一七）『「資質・能力」と学びのメカニズム』東洋館出版社
・奈須正裕・江間史明編（二〇一五）『教科の本質から迫るコンピテンシー・ベイスの授業づくり』図書文化社
・片山紀子編著・若松俊介著（二〇一七）『「深い学び」を支える学級はコーチングでつくる』ミネルヴァ書房
・秋田喜代美著（二〇一二）『学びの心理学　授業をデザインする』左右社
・菱田尚子（二〇一〇）「生活科における『気付き』の特質と『気付きの質の高まり』の姿の明確化」生活科・総合的学習研究8、pp.67-76
・彦坂登一朗・中野真志（二〇〇六）「生活科における気付きの広がりと深まり」愛知教育大学教育実践総合センター紀要9、pp.99-106

第2章

「?型板書」実践編

「スイミー」（東京書籍・第一学年）

1　教材の特性

本教材は、恐ろしい大きな魚（まぐろ）に兄弟の小さな赤い魚たちが襲われ、一人ぼっちになってしまった真っ黒のスイミーが、海の中の「おもしろいもの」たちと出会う中で元気を取りもどし、新たに出会った小さな赤い魚たちと力を合わせてまぐろを追い出すという物語である。

この教材は低学年という時期にとても適していると考える。なぜなら、中心人物に同化して、物語の世界へ入り込むことができる作品だからである。一人ぼっちになって暗い海を泳いだり、美しい叙述で描かれた海の生き物たちに出会ったりするなど、中心人物であるスイミーが見た世界を想像したり、そのときの気持ちに共感したりしながら読むことができる。また、力を合わせる過程も、これまでの経験と関連付けながら、その苦労や感動に思いをはせて物語を味わっていくことができるだろう。

また、物語の基本的な構造を学ぶ上でも効果的な教材である。例えば、「楽しい生活が一変、中心人物に大きな事件が起こるが、そこから気持ちを高めていき、最後には乗り越える」という典型的な展開は、低学年の時期の子どもたちでも、これまでに読み聞かせてもらってきた絵本や昔話などで出合ったことがあるであろう。このような、物語の構成や登場人物の役割について基本的なスキーマをもつことは、物語の読みの力の土台としてとても重要である。

よって、本教材の特性を活かすためには、スイミーに同化して読むことはもちろん、その読みを踏まえながら物語のおもしろさについて客観的に作品として見つめて、自分の言葉でまとめていくことが重要となる。

2　単元で目指す子どもの姿

◎読みの力：場面の様子や中心人物の行動について想像を広げながら読み取ることができる。

○学びに向かう力：想像したことをもとに進んで音読を工夫したり、気に入った場面や人物について根拠をもって選び、進んで紹介したりしようとする。

3　単元計画（全12時間）

第一次【「スイミー」の学習計画を立てよう】

①「スイミー」を読み、自分にとってお気に入りの作品になりそうかどうか、感想を交流する。

②「スイミー」を音読し、声に出して読んだ感想を踏まえ、音読劇をする計画を立てる。

第二次【「スイミー」の音読劇をしよう】

③挿絵（絵本の挿絵も加える）を、物語の展開（左右）とスイミーの気持ち（上下）を踏まえて並び替える。

④スイミーが一人ぼっちになるまでの場面で、工夫して音読したいところがないか考える。

⑤スイミーが「おもしろいもの」に出会った場面で、工夫して音読したいところやセリフを付け加えたいところがないか考える。

⑥スイミーが小さな赤い魚たちと出会った場面で、工夫して音読したいところがないか考える。

⑦スイミーや小さな赤い魚たちが練習し、まぐろを追い出す場面で、工夫して音読したいところがないか考える。

⑧⑨これまでの学習をもとに、グループで練習をし、音読劇を発表し合う。

第三次【学習の成果をお家の人に伝えよう】

⑩これまでの学習を踏まえて、「スイミー」のお気に入りの人物を選ぶ。

⑪これまでの学習を踏まえて、「スイミー」のお気に入りの場面を選ぶ。

⑫お気に入りの人物や場面と音読劇を通して身に付いた力を、お家の人への「私の国語便り」としてまとめる。

4 授業の実際（第10時）

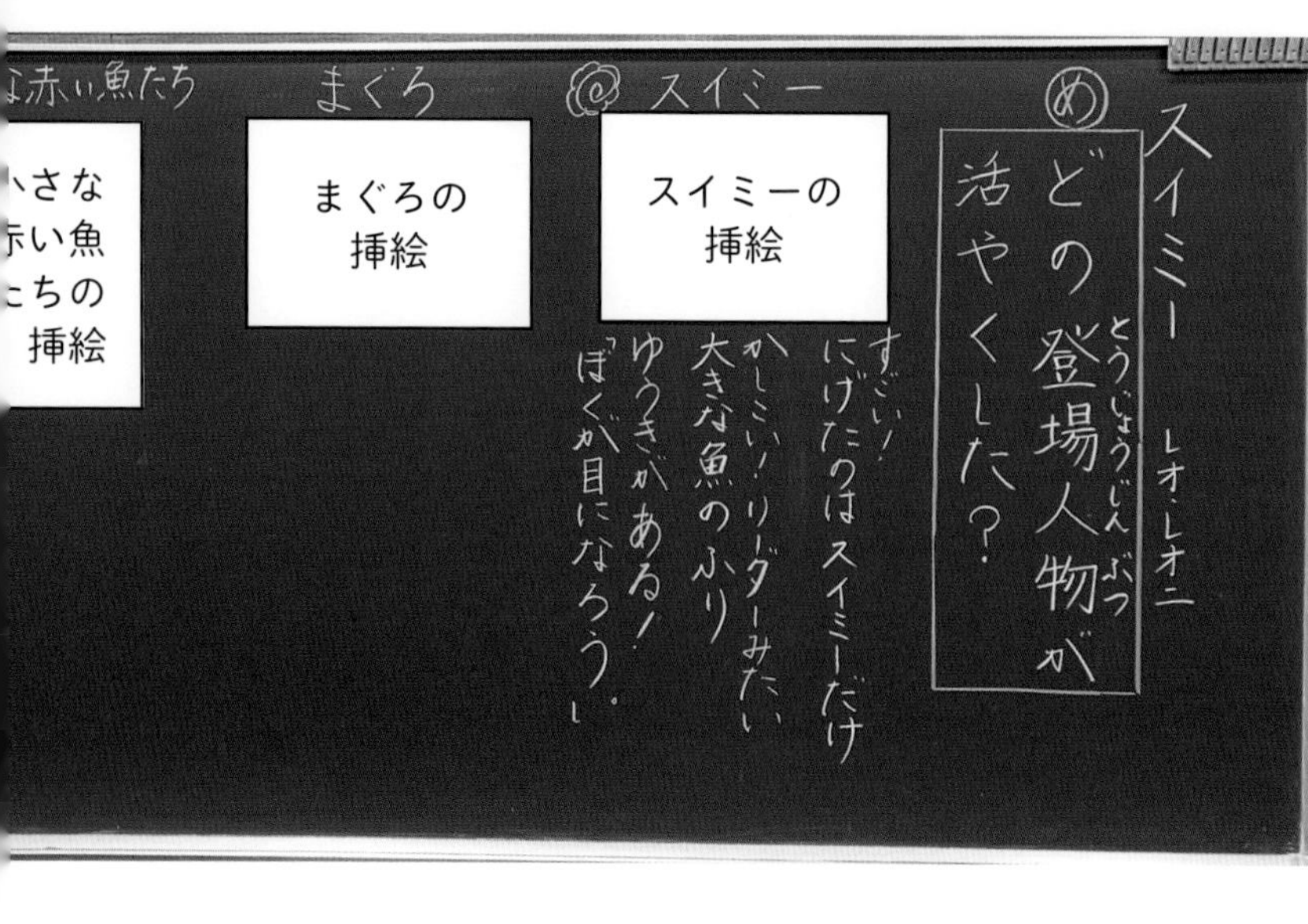

導入

1 学習課題を設定し、一番活躍した登場人物を考える

T：前の時間は音読劇をしました。うまくできましたか？

C：できたよ！ 頑張りました！

T：すばらしいね！ では、せっかく頑張って学習してきたので学習の成果をお家の人に報告しよう。音読劇をしたことでこの物語はお気に入りになった？

C：なったよ。

C：素敵な生き物もいっぱい出てきたからね。スイミーの頑張りがすごかったから。

T：なるほど。では、登場人物の中で特にお気に入りは？

指導のポイント

子どもに自由につぶやかせることで、そのズレや偏りを感じさせる。

T：違いがあるみたいだね。では、どの登場人物がどのくらい活躍したのかを比べて、お家の人に紹介したい人物を選んでいこう。

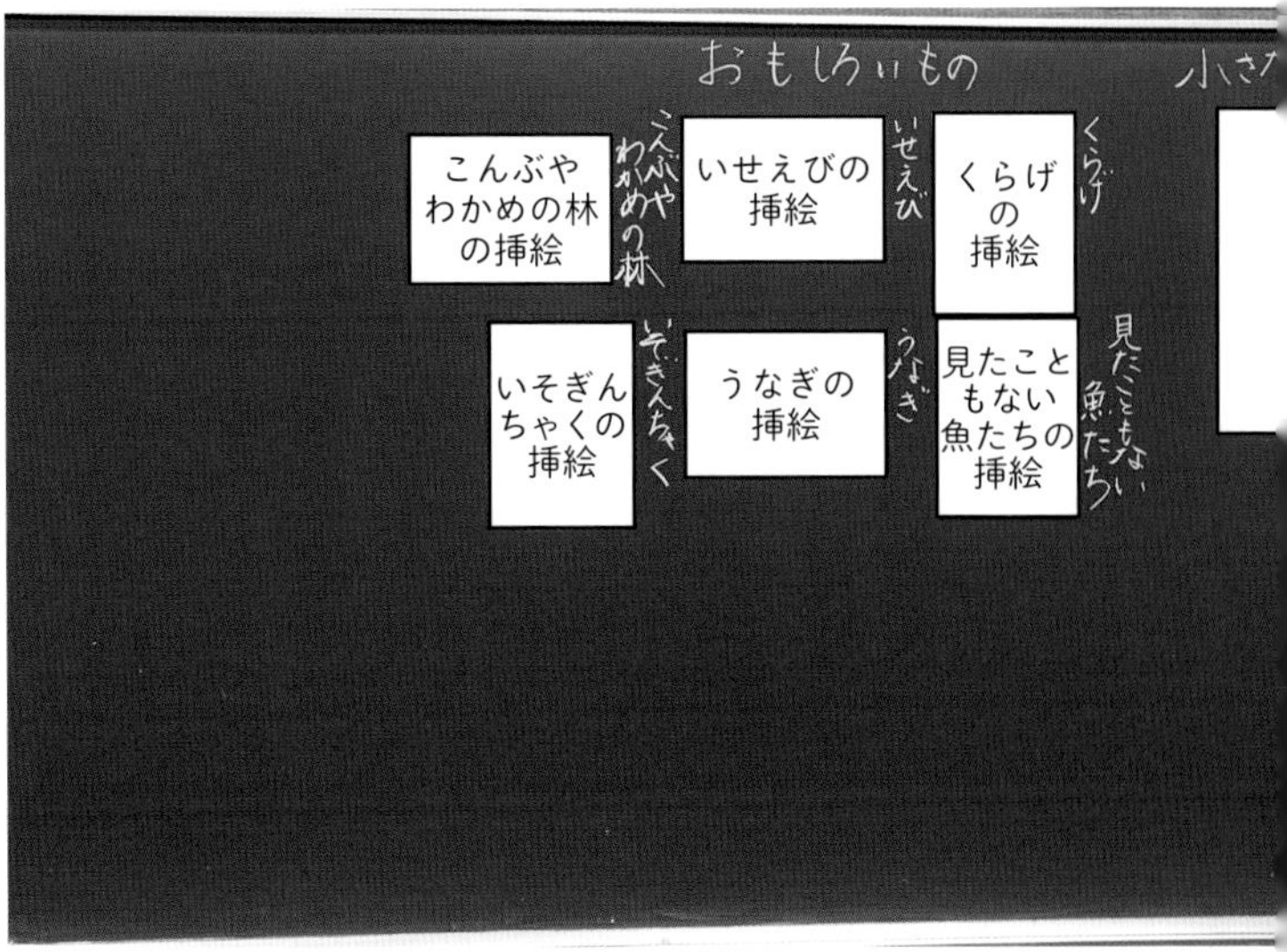

指導のポイント

ここで、まずは、登場人物を確認しながら、「スイミー」「まぐろ」「小さな赤い魚たち」「おもしろいもの（くらげ・いせえびなどをまとめて）」と提示する。

T：では、この物語の活躍第一位は？

C：やっぱりスイミーだよ。だって、一匹だけ逃げてすごかったから。

C：大きな魚になるふりを考えるなんて賢いし、リーダーみたいだったしね。

C：襲われたことがあるのに、「ぼくが目になろう」と言うなんてとても勇気があるなと思いました。やっぱり一番活躍しているのはスイミーだと思います。

T：では、活躍ランキング第一位はスイミーでいいですか？

C：はい！

板書のポイント

①「スイミー」「まぐろ」「小さな赤い魚たち」「おもしろいもの」の順で挿絵を貼ることが、後に「まぐろ」に着目する布石となるため、意図的に整理しておく。

②「スイミー」の名前の横に花丸などのしるしを書き、第一位に決まったことを強調しておく。

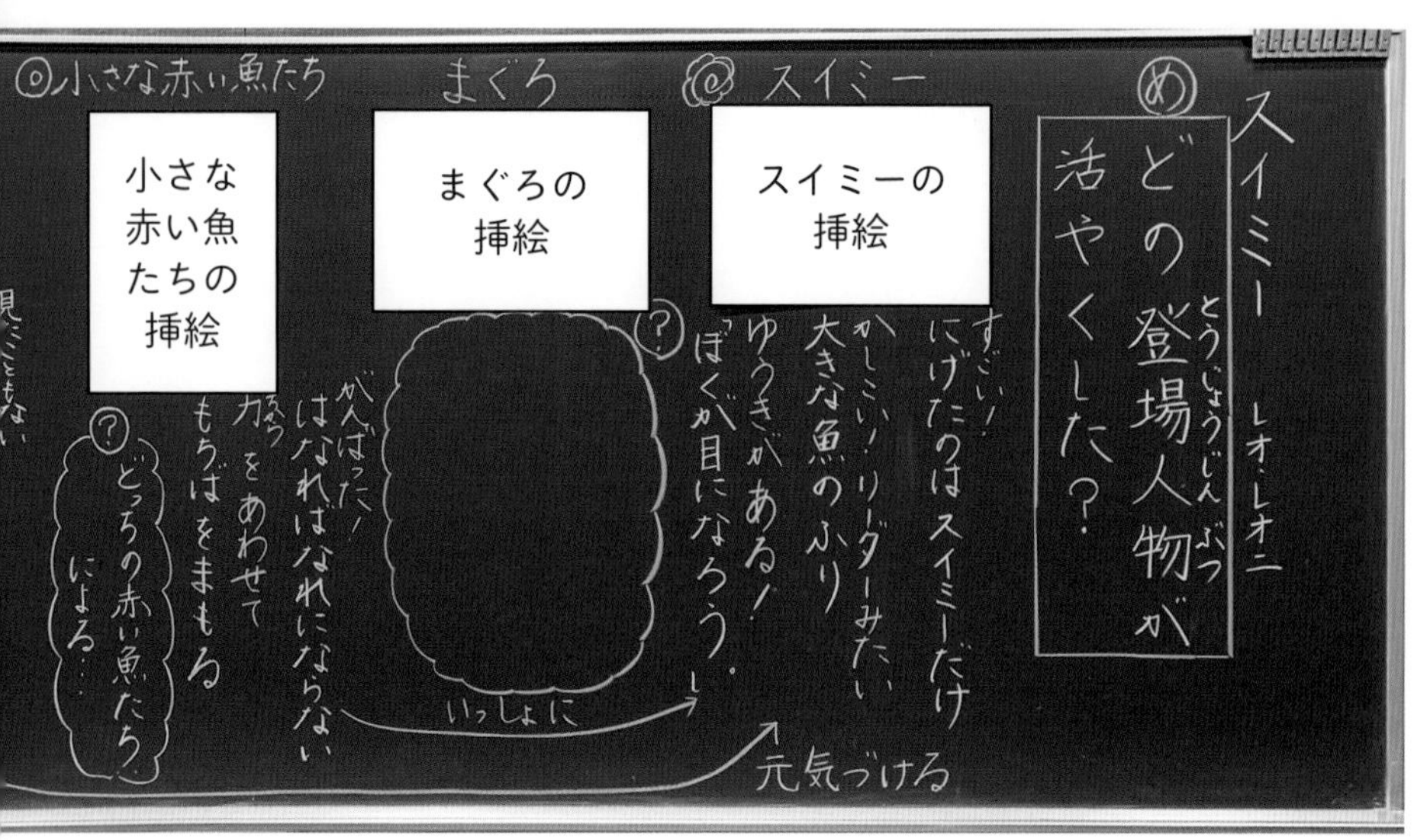

展開

2 二番目に活躍した登場人物を考える

T：だったら、第二位は誰だろう。

C：う～ん。迷うな…。

指導のポイント

子どもの様子を見ながら、ノートに考えをメモしたり、ペアトークをしたりする場を設定する。

C：わたしは、「おもしろいもの」たちです。とってもきれいでワクワクしたからです。見てみたいと思ったよ。

C：スイミーもそれらを見て、ワクワクして元気になったから、やっぱり「おもしろいもの」が第二位だと思います。

C：ぼくは「小さな赤い魚たち」が第二位です。スイミーと一緒に離れ離れにならないように頑張っていたからです。

C：大きな魚に見えるようにもち場を守るのは、とても難しいことだから、「小さな赤い魚たち」が第二位だと思う。

C：わたしは、どっちの「赤い魚たち」かによるかな…。

T：今の〇〇さんの考えってどういうこと？

指導のポイント

個性的な読みや、他の子どもが気付いていない詳細な読みが

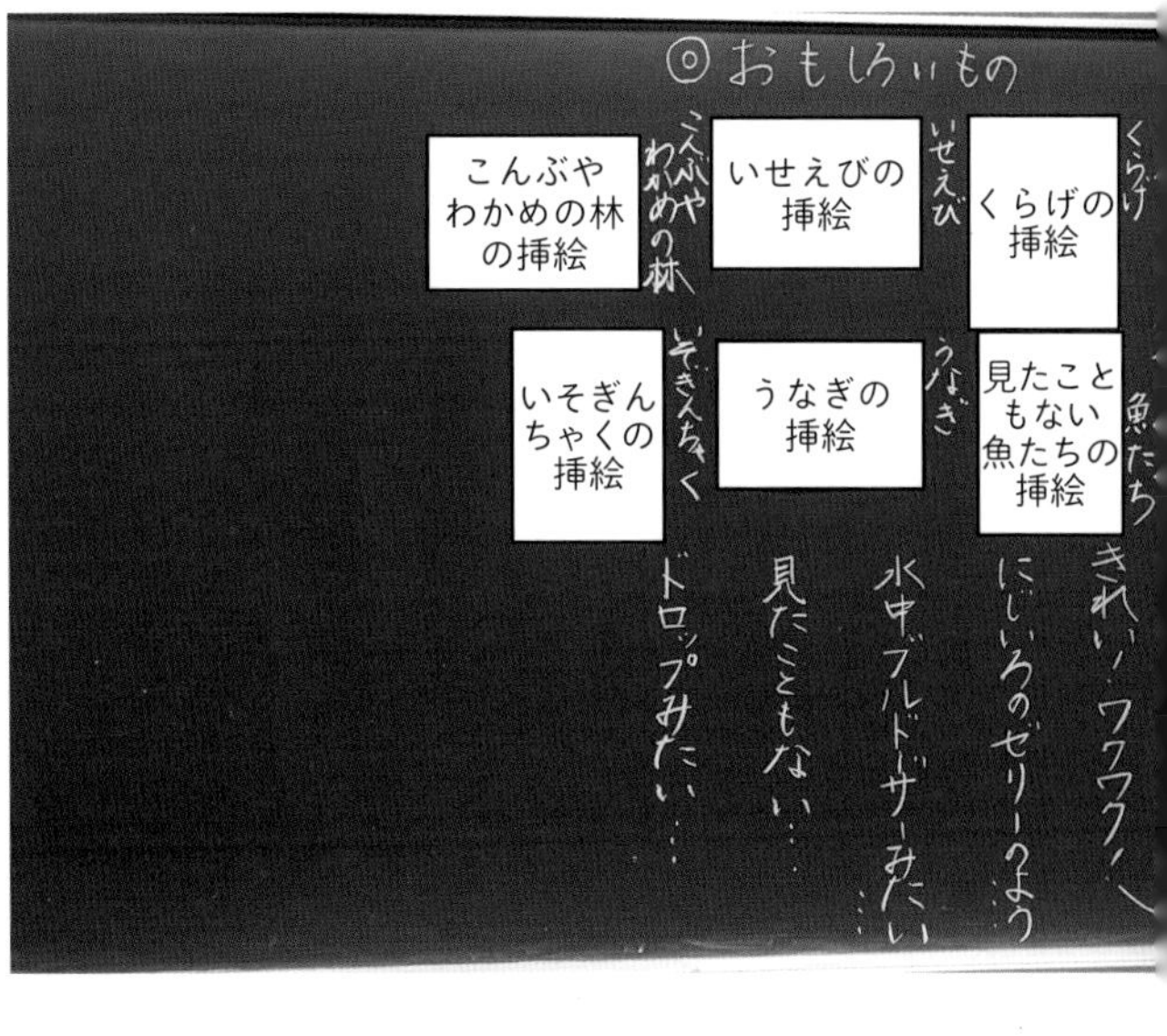

表出されたときは、共有化を図る。

C：そうか。食べられてしまった赤い魚たちなのか、一緒に大きな魚を追い出した赤い魚たちなのかということだね。
C：一緒に泳いだ赤い魚たちだったら、第二位だと思うな。
T：では、一度黒板を見てみよう。気付くことはあるかな？
C：第二位は、「小さな赤い魚たち」と「おもしろいもの」で同じくらいだね。「まぐろ」は全然いないね。
C：ぽっかり穴みたいになってる。
T：だったら、まぐろは全く活躍してないってこと？
C：はい！
C：えー…全くっていうか…。
T：悩んでいる人もいるみたいだね。

板書のポイント

①第二位として「小さな赤い魚たち」や「おもしろいもの」を選んだ子どもの発言を整理する中で、「まぐろ」の下の空所が目立つように板書していく。
②教師が「まったく活躍していない」と言いながら青で空所を囲み、その後の子どもの反応を受けて「？」を書き込む。

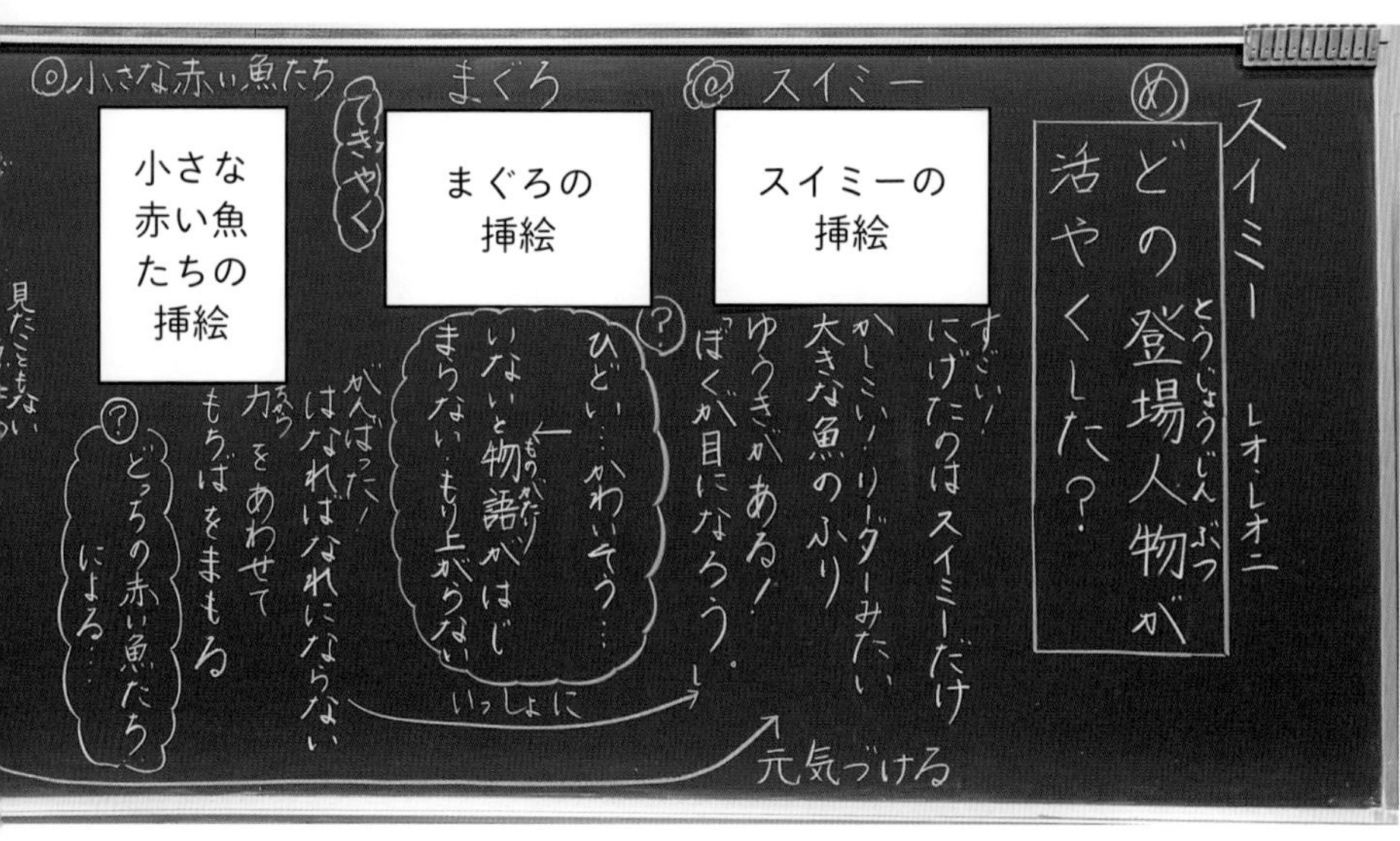

終末　③「まぐろ」の役割を考える

T：まぐろは全く活躍していないということでいい？

C：はい！　だって、ひどいもん。

C：そうそう。スイミーは兄弟たちを食べられてかわいそう。

T：反対の意見もあるかな。

C：たしかに、かわいそうなんだけど、いないと困るっていうか…。

C：そう。いないと、お話が始まらないから…。

T：二人の言いたいことは分かる？

C：うん、分かります。マグロが来たから、一人ぼっちにスイミーがなってしまったけど、そうしないとその後の「おもしろいもの」や一緒に泳ぐ「小さな赤い魚たち」には会っていないから。

C：同じです。「まぐろ」が出てこなかったら、ずっと楽しく暮らしていただけになるから、お話にならない。

C：そう。もし「まぐろ」がいなかったら物語は盛り上がっていないよ。

T：なるほど。この黒板の「？」のところについて話し合ってどう思ったかな。

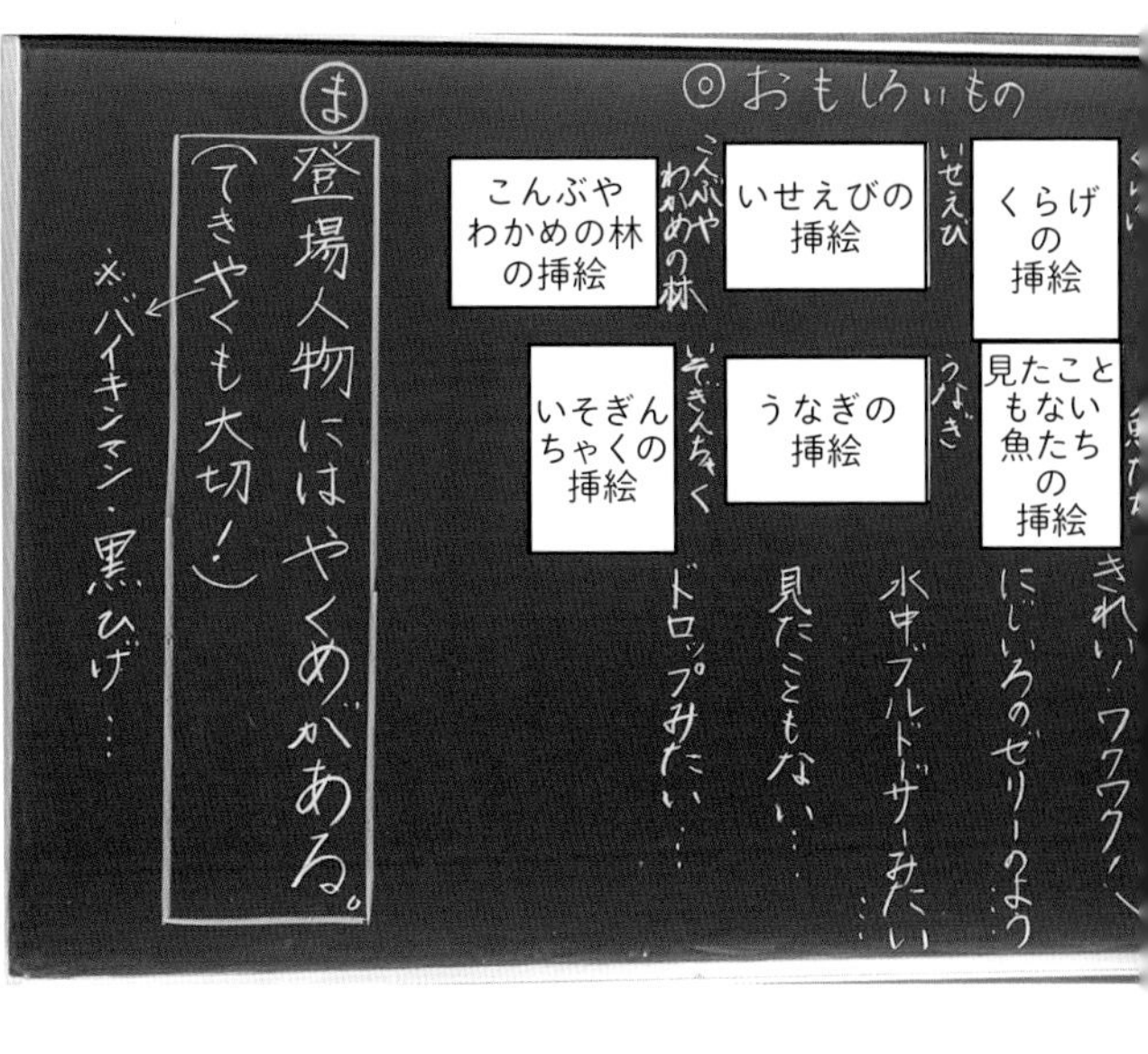

C：全員、活躍しているなと思いました。

C：悪いことをして活躍する登場人物もいるんだなと思いました。

T：こういう悪いことをして、物語を盛り上げるキャラクターって他のお話で知らない？

C：あ！　ばいきんまん！

C：ジャイアンとか…ワンピースの黒ひげもだ！

指導のポイント

登場人物の一つの見方として一般化を図る。

T：こういう「敵役」も物語で重要なんだね。では、お家の人に紹介したい登場人物は誰にしますか。「スイミー」ともう一人を選んで学習を振り返りましょう。

板書のポイント

①「まぐろ」と書いている横に、吹き出しの青色とそろえて「てきやく」と板書し、他の登場人物とは違う役割をもっていることを明示化する。

②子どもに活躍した登場人物について話し合って思ったことを発表させ、それらを受けて、「登場人物にはそれぞれ役目があること」を、本時のまとめとして板書していくようにする。

本時で目指す子どもの姿

登場人物の行動に着目しながら、物語における役割について考え、まとめている。

「動物の体と気候」（東京書籍・第五学年）※平成27年度版

1 教材の特性

本教材は、動物たちが体形・体格・毛皮を環境に適応させながら生活を営んでいることについて述べられた文章である。動物の体について「最高のけっさくである」と結論付けていることをはじめ、文章の端々に筆者の動物への強い思いが込められている説明文である。

この教材の特性として、序論部と結論部にまとめがある双括型の文章構成であることや、「（伝えたい）事実」「理由」「具体例」を示して、動物の体の事例を説明していることが挙げられる。そして、それらの工夫は動物の体は「最高のけっさくである」という筆者の結論をよりよく伝えようとする工夫であるといえる。

特に、「（伝えたい）事実」「理由」「具体例」を示した述べ方は、論理的な説明の仕方として、子どもにおいても、とても参考になる述べ方である。しかし、このような述べ方の工夫を扱う授業の多くは、「（伝えたい）事実」「理由」「具体例」を教師側が観点として示し、文章をそれらに当てはめる場合が多かった。教師はそれで述べ方のよさを学ばせることができたと思っているが、子どもにとってはどうであろうか。もしかしたら学習ではなく、「作業」になっている可能性も否めない。子ども自身が述べ方の工夫について発見し、「だから、分かりやすかったのか。納得させられたのか」と実感できる学習展開としていく必要がある。

子どもにとっては、動物について新たな知識を得ることのできる興味を喚起しやすい教材である。そこを起点にしながら、子ども自身が述べ方に目を向け、筆者の主張と関連付けながら読むことが本教材を扱う上でのキーポイントとなる。

2　単元で目指す子どもの姿

◎読みの力：事例の述べ方の工夫や、筆者の主張と事例のつながりについて評価しながら読み取ることができる。
○学びに向かう力：自らの説明文を書くときに、自分の伝えたいことに合わせて、「事実」「理由」「具体例」を示しながらいくつかの事例を挙げ、文章構成を意識して表現しようとする。

3　単元計画（全8時間）

第一次【筆者を真似して、自分が「○○は最高のけっさくである」と感じるものを説明しよう】
①教材文に出合い、全体を三つに分けながら、文章構成と筆者の主張をとらえる。
②筆者の主張に共感できるか考える。そして、自分自身が「最高」と感じるものを交流しながら「筆者の述べ方の真似したいところを見付けて、自分の『最高！』を伝えたい」という課題をつくる。

第二次【説明文の書き方のコツを見付けよう】
③本論部を三つのまとまりに分け、それぞれの事例の「最高のけっさく」度を比較し、事例の内容をとらえる。
本時 ④三つの事例の説明の上手さを比較しながら、筆者の述べ方の工夫を見付ける。
⑤読み取ったことをもとに文章構成図と要旨をまとめ、それを真似ながら自分の「最高！」を紹介する説明文の構成図と要旨をまとめる。

第三次【「○○は最高のけっさくである」説明文を書こう】
⑥⑦私の「最高！」説明文を書く（説明文を書く上でのペアを設定しておき、書きながら交流を行う）。
⑧文章を友達同士で交換して評価し合いながら、単元で身に付いた力を振り返る。

4　授業の実際（第4時）

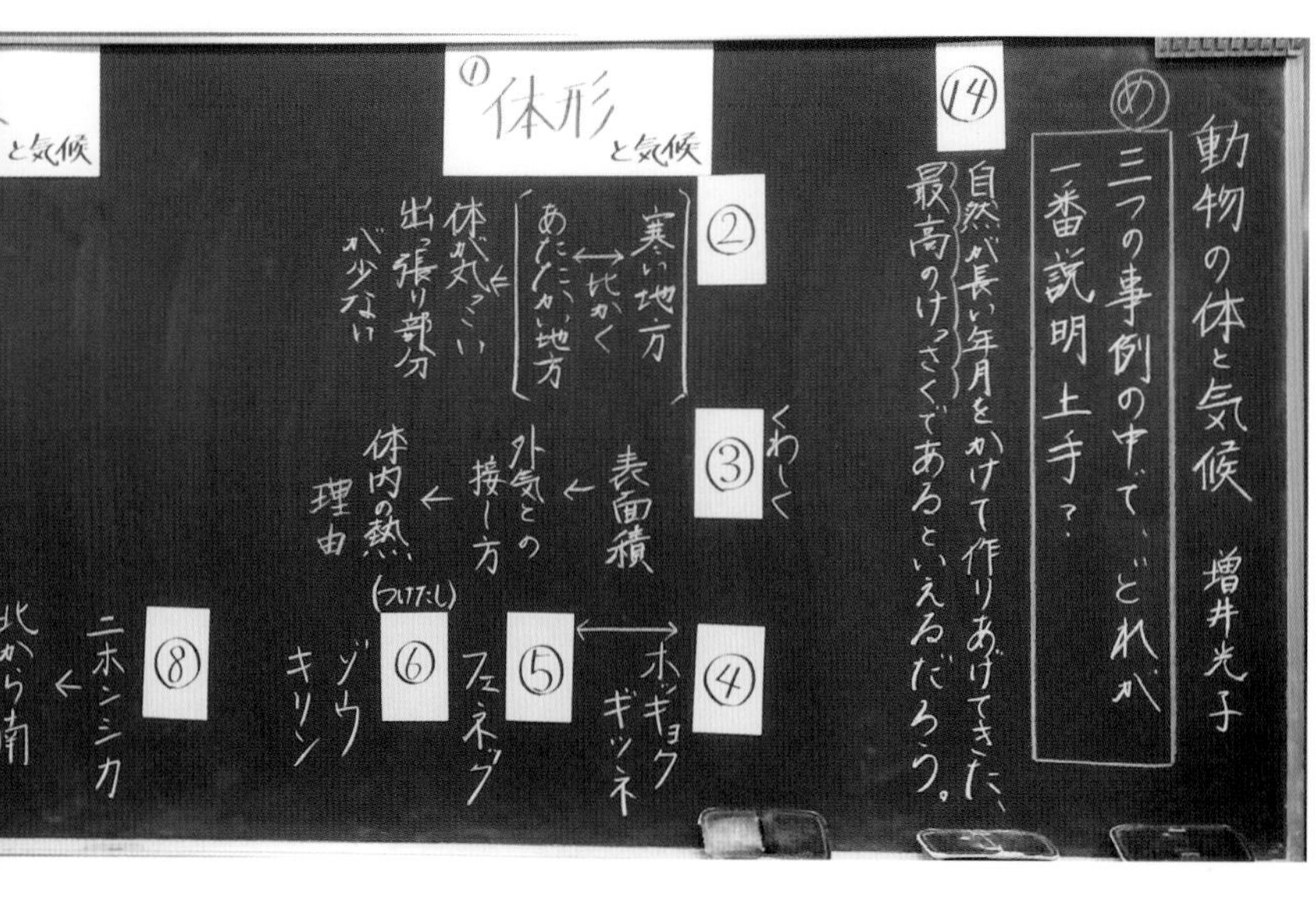

導入　1　学習課題を設定し、どの事例の説明が分かりやすかったのか考える

T：前の時間では、筆者が「動物の体は最高のけっさくである」という考えを伝えるために説明している「体形」「体格」「毛皮」の三つの事例を比べてみました。どの事例が「最高のけっさく」だと思いましたか。

C：ぼくは毛皮が最高だと思いました。

C：でも、みんなで話し合ってどれも「最高のけっさく」だし、三つとも同じくらいだと思いました。

T：なるほど。だったら、三つの事例の説明はどれも同じくらい分かりやすかったということでいいですか？

C：はい。分かりやすかったです。

C：でも、同じくらいではないな。ぼくは、毛皮は分かりやすかったけど…。

T：意見が分かれているようなので、今日は、三つの事例の中で、どの事例の説明が分かりやすかったか（どれが説明上手なのか）考えていきましょう。

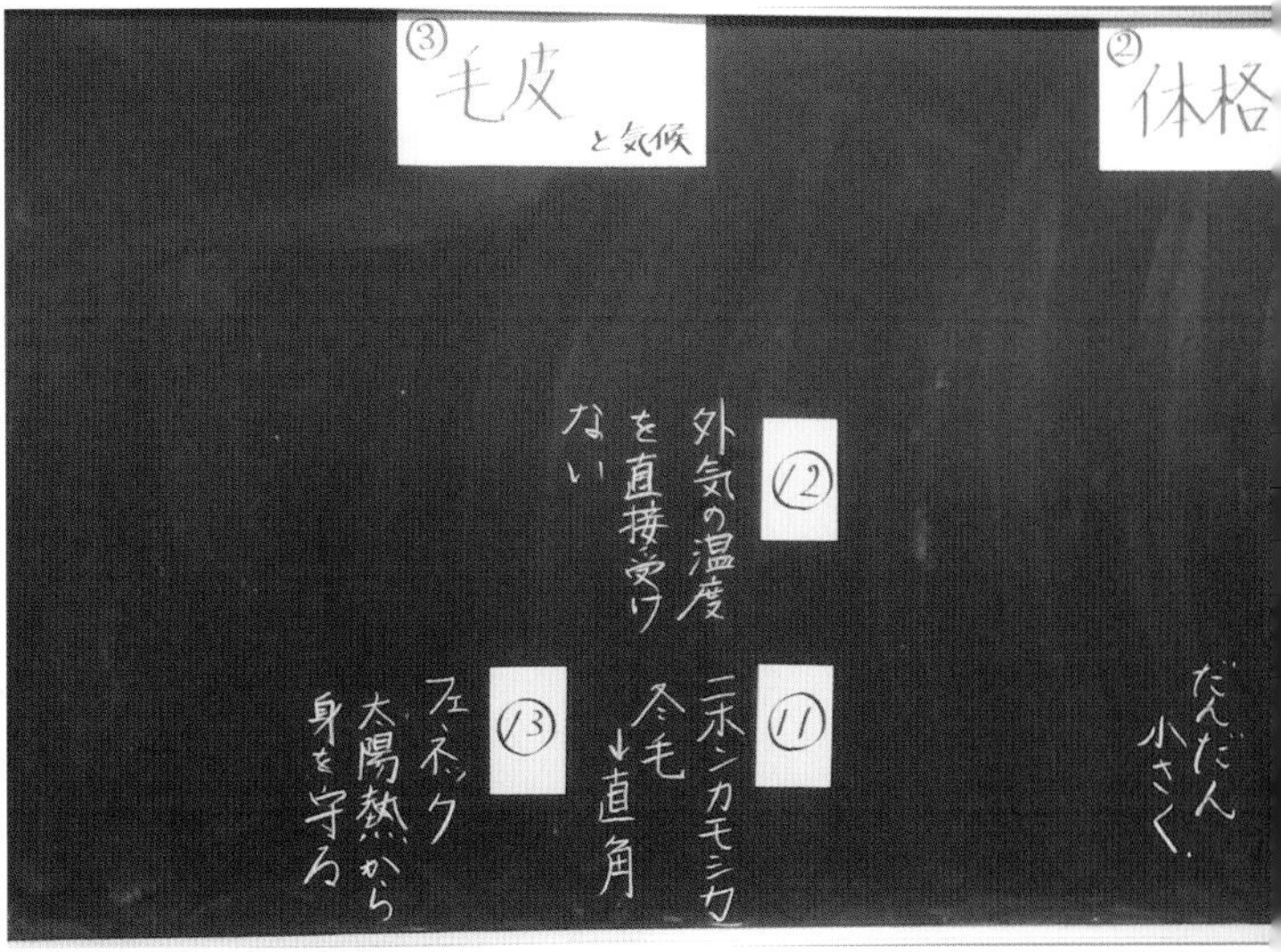

指導のポイント

ノートに自分の考えを書き、友達と交流する時間を設定する。

T：では、三つの事例の中で一番説明上手なものはどれですか？

C：「体形」の事例です。寒い地方とあたたかい地方を比べながら、体が丸っこいことや、出っ張っていないといけないことが書いてあるからです。

C：わたしも「体形」の事例だと思います。表面積が小さいと、外気と接する面積が小さくなり、外気に熱がうばわれなくなると理由が詳しく書いてあるからです。

C：「体格」の事例です。なぜなら、四種類のシカの例が出てきて、同じ動物で場所によって大きさが違うことを比べていて分かりやすいからです。

C：「毛皮」の事例です。なぜなら、ニホンカモシカとフェネックの毛皮の特徴の違いが分かりやすいからです。

板書のポイント

①それぞれを表のように整理することで空所が目立つようにしておき、子どもに疑問をもたせる布石とする。

②それぞれの理由が、どの段落に書かれていることを根拠としているのか、カードで示しておく。

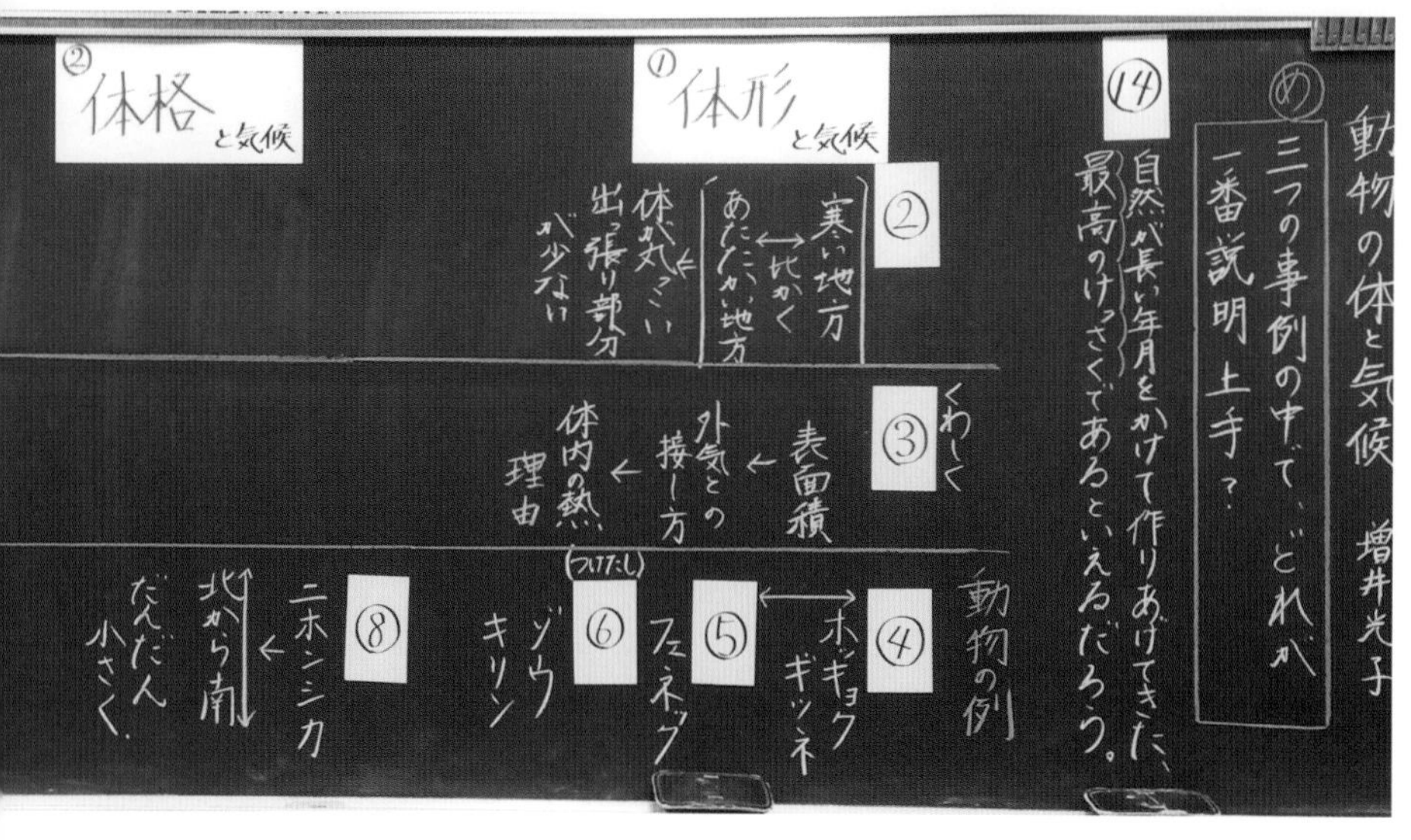

展開

2 事例の述べ方の共通点を考える

T：どの事例にも説明上手なところがあるようですね。黒板を見て気付くことはありますか。

C：あたたかい地方と寒い地方が比較されています。

C：そう。詳しく言うと、どれもあたたかい地方と寒い地方の動物の例が示されているよ。

T：例えば？

C：体形では、寒い地方の動物としてホッキョクギツネ、あたたかい地方の動物としてフェネックが書かれています。

T：体格はニホンカモシカだけだけど、いいのかな？

C：はい。だって、同じニホンカモシカのことだけど、北に住んでいる寒い地方のものと南に住んでいるあたたかい地方のものとを比べているから。

T：確かにそうですね。では、みんなの発見が分かりやすいように線を入れて分けてみますね。

指導のポイント

子どもにその考えが共有されたと判断できたら、最下段の列の上に一本線を引き、動物の例の段を作る。事例の述べ方の共通点に子どもの思考が向いていくように刺激する。

「動物の体と気候」（東京書籍・第五学年）

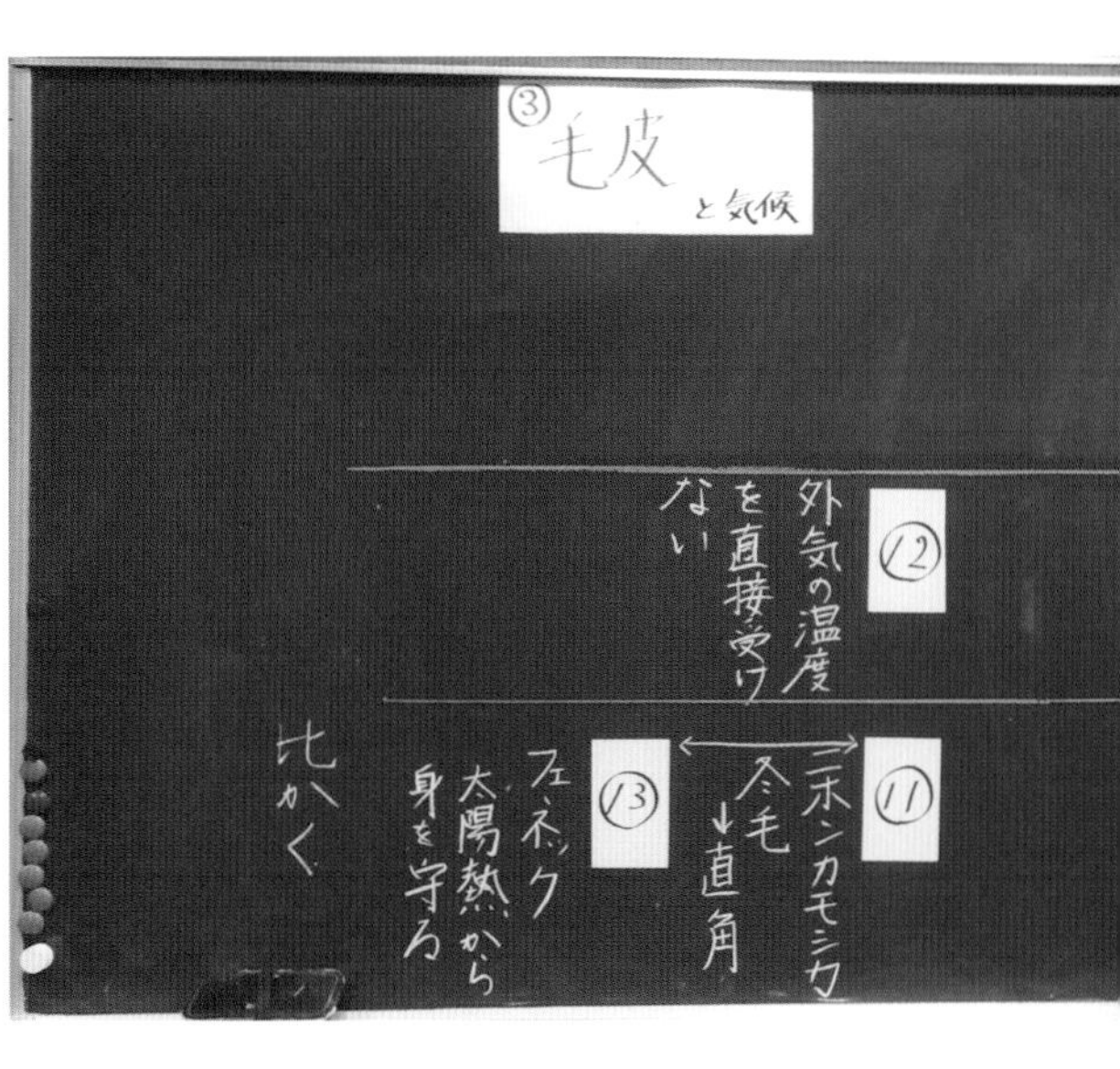

T：だったら、ほかにも線を引きたいと感じるところはありますか？　黒板を指さしながらまずは横の人と話し合ってみてください。…では、考えを伝えてくれる人はいますか？

C：はい。ここの間（②段落と③段落の間）にも引くと、理由のところができます。

C：同じです。体形、毛皮のどちらも、温度に影響を受けにくい理由を詳しく言っているからです。

指導のポイント

考えを共有させるために、ペアで発言の意味を確かめさせたり、他者に考えを再度説明させたりしてもよい。

T：みんな納得ですか？　では、ここにも線を入れますね。

板書のポイント

①述べ方の特徴を見付けたときは、そのキーワードを赤で書いて目立つようにしておき、筆者の事例の述べ方には共通点があることを暗に示していくようにする。

②説明が上手だと感じた点を分類する線は赤色を用いて強調するとともに、共通点のキーワードを書く色とリンクさせておくようにする。

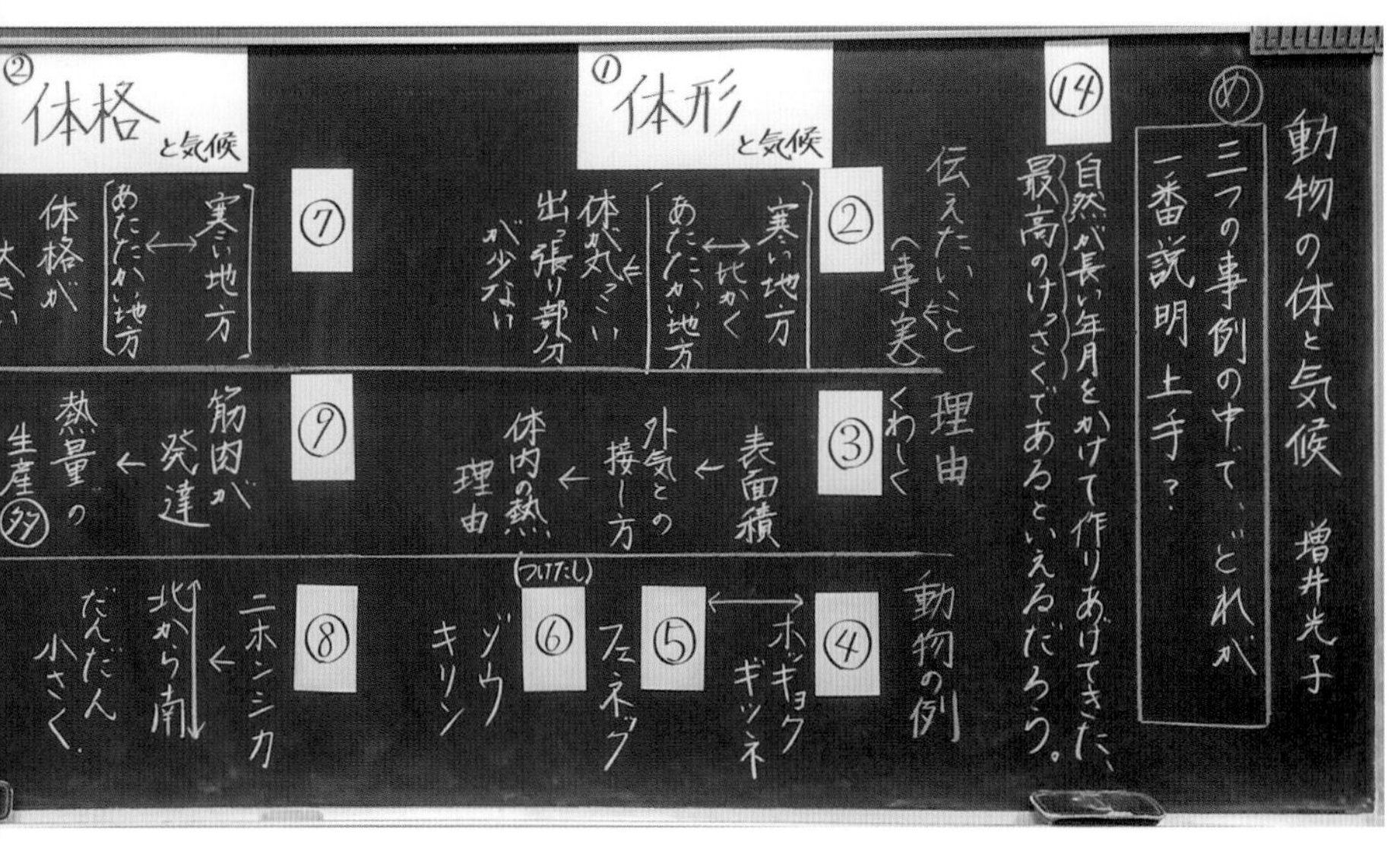

終末 3 筆者の事例の説明の仕方の共通点をまとめる

T：さらに、黒板の中で気になるところはありませんか？

C：使われていない段落があります。

C：理由がない事例がある…。

C：あ！　黒板にない段落に、「体形」の②段落や③段落のようなことが書いてあるところがあるんだと思います。

T：〇〇くんの言いたいことってどういうこと？

C：黒板で空いているところがあるでしょ？　例えば、体格の理由のところとか。そこに、まだ使われていない段落が入るんじゃないかっていうことだと思います。

T：だったら、ほかの段落についても調べてみましょう。

指導のポイント

文章を読み返し、ペアの友達と確認し合う時間を確保する。

C：やっぱり書いてある！

C：どの事例も三つのことが書いてあります。

T：なるほど！　では、みんなで確かめてみよう。それぞれの段は、どのような仲間ですか。

C：一番上の段は、伝えたいこと（伝えたい「事実」）です。

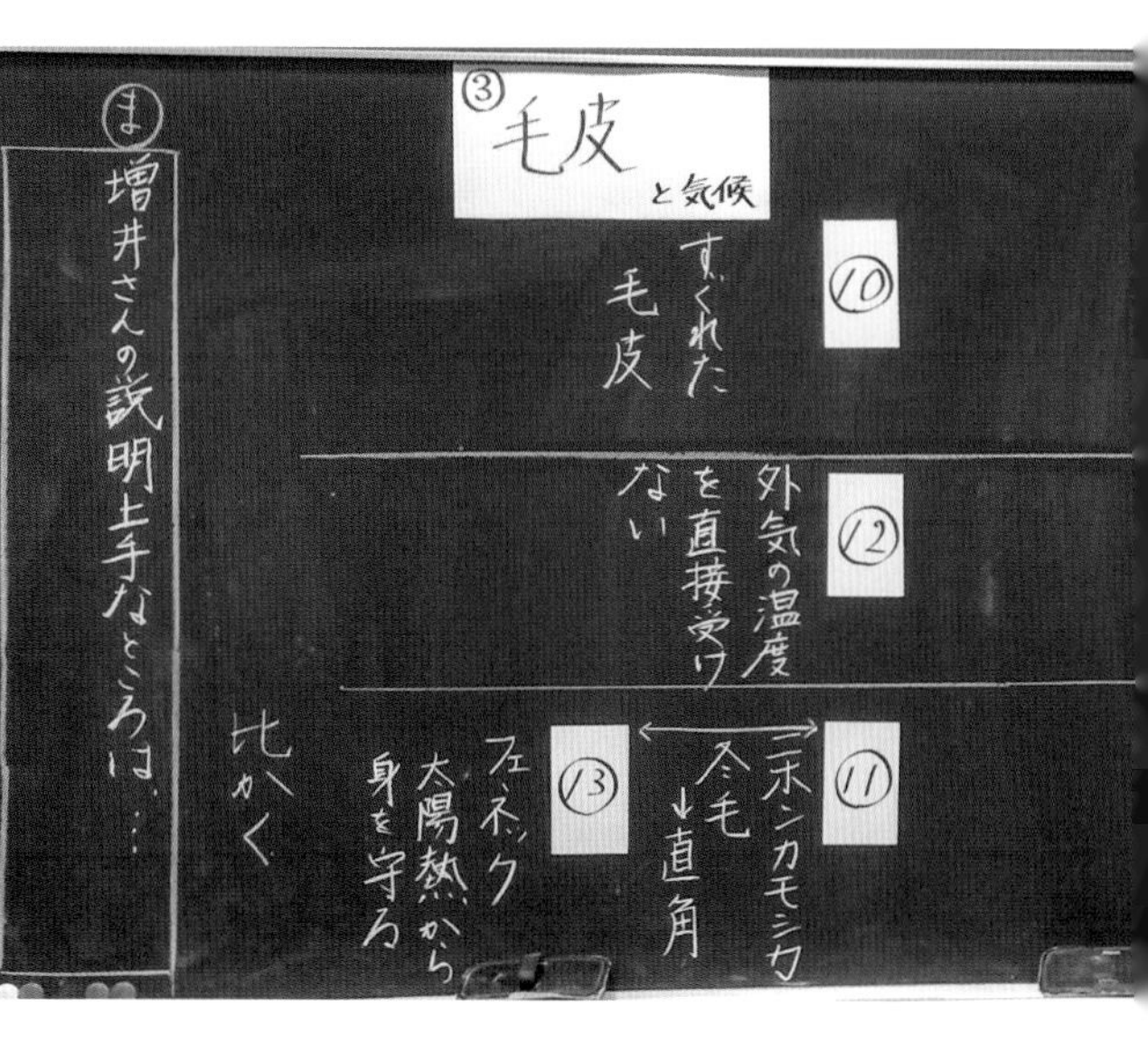

C：真ん中の段は、それぞれの伝えたいことがなぜすばらしいのかの理由を詳しく言っています。

C：一番下は、動物の例です。

T：事例の述べ方を比べることで、事例の説明の仕方のコツが見えてきましたね。筆者・増井光子さんの説明上手なところについて、まとめてみましょう。

指導のポイント

書き出しを与え、黒板にある言葉を使ってまとめるよう助言する。

T：今日発見した筆者の述べ方は、自分が文章を書くときにも活かせそうですか？　次の時間は、これまで学んだことをもとに説明文を書く準備をしていきましょう。

板書のポイント

①子どもの気付きを促すために、使われていない段落の番号のカードを黒板の空いているスペースに貼っておいてもよいだろう。子ども自身が筆者の述べ方の工夫に気付くことを重視して板書をしていきたい。

②「(伝えたい) 事実」「理由」「具体例」については、教師が無理にその言葉でまとめることよりも、子どもの言葉でまとめて板書していくことで、学習の成果を実感させていくようにする。

本時で目指す子どもの姿

筆者の事例の述べ方の工夫について、そのよさについて読み取ったことをもとに評価し、まとめている。

「ありの行列」（光村図書・第三学年）

1 教材の特性

本教材は、動物学者である大滝哲也氏が、「ありの行列がなぜできるのか」について、ウイルソンが実験・観察した結果をもとに説明した文章である。子どもにとって、ありは身近な生き物であり、ありの行列についても見かけた経験が多いと考えられる。身近な昆虫でも自分たちが知らなかった事実があることに子どもは驚き、さらに科学的な読み物を読んでみたいと思うきっかけにもなる文章である。

本教材は、全九段落の尾括型の文章である。本論部である②～⑧段落では、ウイルソンの研究の過程が示され、①段落で示した「なぜ、ありの行列ができるのでしょうか。」という問いの答えとして、⑨段落で「においをたどって、えさの所へ行ったり、巣に帰ったりする」と結論付けている。

この教材のポイントは二点ある。まず、ウイルソンの研究の進め方である。「実験→発見→新たな実験→仮説→研究→結果」と進んでいく過程は、科学的な思考が見てとれる。また、このような研究の過程に沿って筆者が述べているからこそ、最後の結論が腑に落ちるともいえるだろう。もう一点は、本論部がウイルソンの研究の紹介だけで、動物学者である筆者自身は登場してこないことである。

これらの特性の活かし方として、まずは筆者の、ウイルソンの研究過程をたどった述べ方のよさを評価的に読ませたい。そして、「もし筆者がこれらのウイルソンの研究を受けてもう一つ実験や研究をしていたとしたら…」と創造的に思考する場を設定してはどうだろうか。⑧段落と⑨段落の間に新たな段落を加えるという学習活動を設定し、筆者を想定して表現することで、筆者の述べ方のよさをより強く実感することができるであろう。

筆者を想定しながら説明文を読むことは大切な読み方である。それが実感できるように本教材を活用していきたい。

2 単元で目指す子どもの姿

◎読みの力：意味段落をとらえたり、筆者の述べ方のよさを評価したりしながら読むことができる。
○学びに向かう力：説明文の述べ方のよさを進んで見付け、それに対する自分の考えをまとめようとする。

3 単元計画（全6時間）

第一次【大まかに内容をとらえよう】
①文章を「はじめ・中・終わり」に分け、文章の問いと答えを見付ける。

第二次【「中」について考えよう】
②②〜⑧段落の中で、答えにつながる重要な段落ランキングを考える。
③ウイルソンの研究のすごいところを考える。
本時 ④筆者になりきって、「もしウイルソンの研究を踏まえて大滝さんが研究していたとしたらどのような実験をするか」を考えることを通して、筆者の述べ方のよさを見付ける。

第三次【筆者に手紙を書こう】
⑤これまでに読み取ってきたことについて、感想・述べ方・自分の考えの三つの視点で筆者への手紙としてまとめる。
⑥手紙の内容を交流するとともに、単元で身に付いた力を振り返る。

4 授業の実際（第4時）

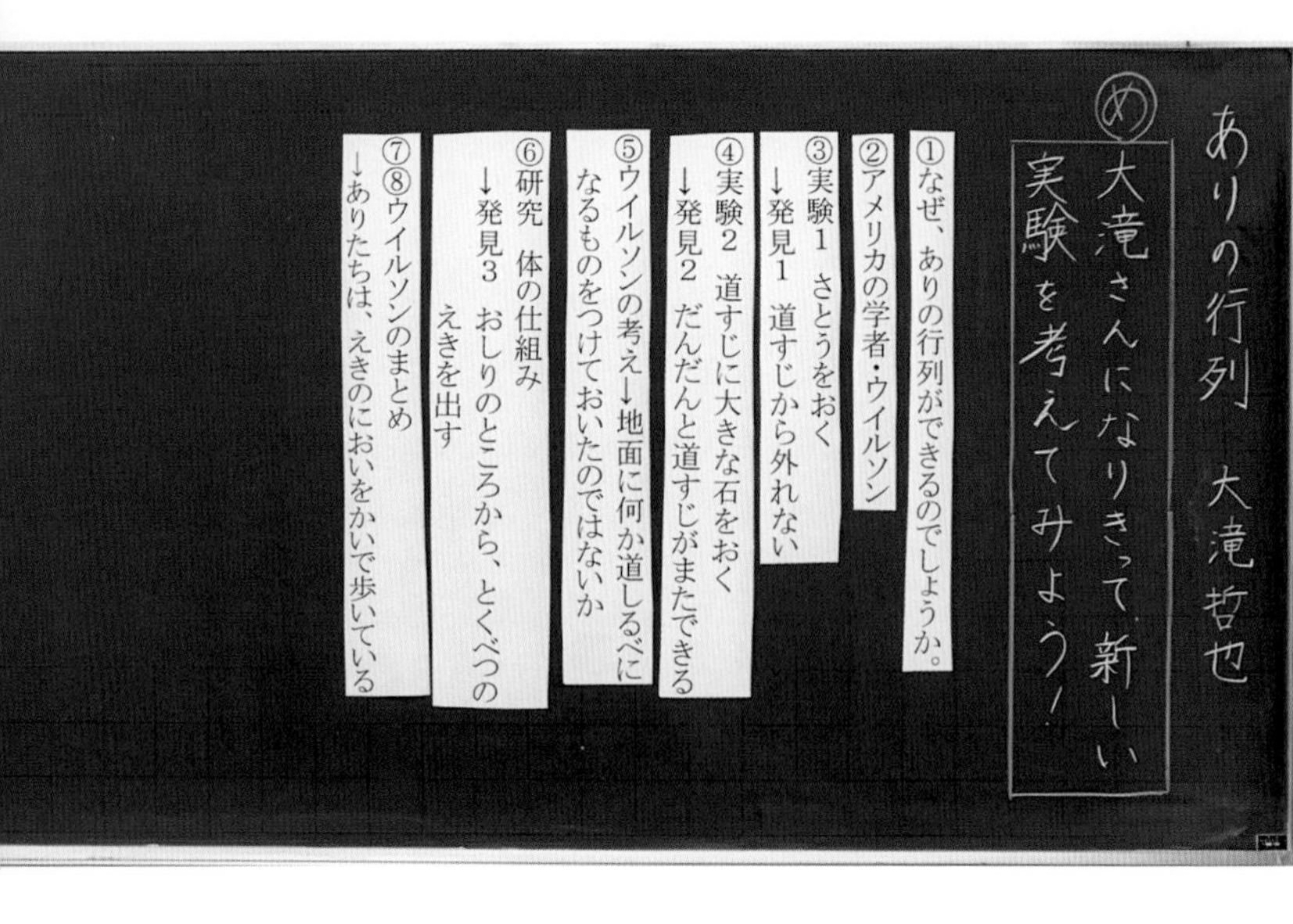

ありの行列　大滝哲也
め 大滝さんになりきって新しい実験を考えてみよう！
①なぜ、ありの行列ができるのでしょうか。
②アメリカの学者・ウイルソン
③実験1　さとうをおく
↓発見1　道すじから外れない
④実験2　道すじに大きな石をおく
↓発見2　だんだんと道すじがまたできる
⑤ウイルソンの考え↓地面に何か道しるべになるものをつけておいたのではないか
⑥研究　体の仕組み
↓発見3　おしりのところから、とくべつのえきを出す
⑦⑧ウイルソンのまとめ
↓ありたちは、えきのにおいをかいで歩いている

導入 1 これまでの学習を振り返りながら、めあてを設定する

T：前の時間には、ウイルソンの研究のすごいところを見付けましたね。例えば、どのようなことがありましたか。

C：二つの実験と一つの研究で、ありの行列ができるわけを発見しているところがすごいと思いました。

C：みんなが「なぜだろう」と思うことを解決しているからすごいと思いました。

T：なるほど。ということは、大滝さんはウイルソンの研究について説明することには成功している？

C：はい！　成功しています。

T：でも、この説明文は「ありの行列」だったね。動物学者で昆虫について研究している大滝さんが言いたいことは説明できているのかな。

C：はい。だってウイルソンの研究で、ありの行列ができることがよく分かったから。

C：でもなあ。ウイルソンのことばっかりなんだよな。

T：○○くんの言いたいことはみんな分かる？

⑨このように、においをたどって、えさの所へ行ったり、巣に帰ったりするので、ありの行列ができるというわけです。

指導のポイント

ウイルソンの研究の紹介だけになっていることに気付いた子どもの考えを広げていく。

C：たしかに！　ウイルソンの研究の紹介しかしていない。

C：大滝さんだって昆虫の研究をしているんだから、さらにありについて実験しているのかもしれない…。

T：だったら、もし大滝さんが自分の実験をしていたとして、その説明を入れるとしたら黒板のどこがいい？

C：⑧と⑨の間。ウイルソンの研究のしたことを踏まえて実験しているはずだから。

T：だとすると、ここ（⑧と⑨のカードの間）にすき間が空くのだね。では今日は、大滝さんになりきって、この黒板のスペースに入れることができるありの行列についての実験を創り出してみませんか？

板書のポイント

①各段落の要点を短冊にして板書し、教材文の内容を概観できるようにしておく。

②子どもの発言を受けて、短冊を移動させて、⑧段落と⑨段落の間にスペースを作り、聞いて引き出すとともに文脈を意識しながら創造的に活動へ取り組めるようにしていく。

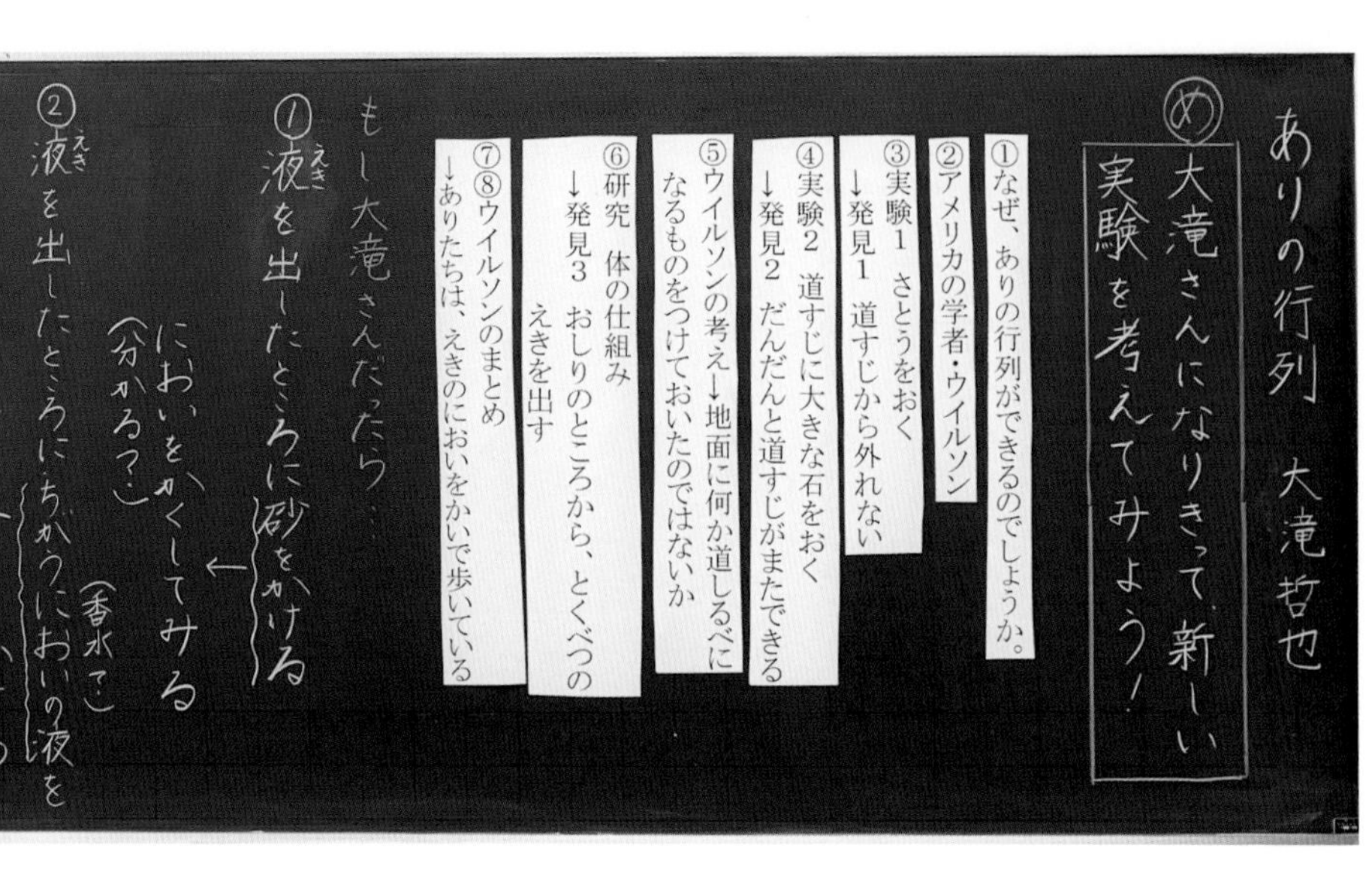

展開

2 空所に入れることのできる実験を創造する

T：では、黒板のスペースに入れることのできる実験を、大滝さんになったつもりで考えてみよう。

C：わたしが大滝さんだったら、液を出したところに砂をかける実験をします。なぜなら、その液のにおいを隠してみても列ができるのか試してみたいからです。

C：ぼくも似ていて、液を出したところに違うにおいの液をかける実験をします。ありが自分たちのおしりのところから出している特別な液のにおいを本当にかぎ分けているのか気になるから。

C：わたしはありとありの列がぶつかった場合の実験をしてみたいです。

T：なぜ？

指導のポイント

この学習で重要なのは「理由付け」である。これまでに読み取ったウイルソンの研究に関する叙述の何を踏まえて、実験方法を考え出しているのかを明確にさせていきたい。

C：だって、二つの列がぶつかったら迷子になるのか、それ

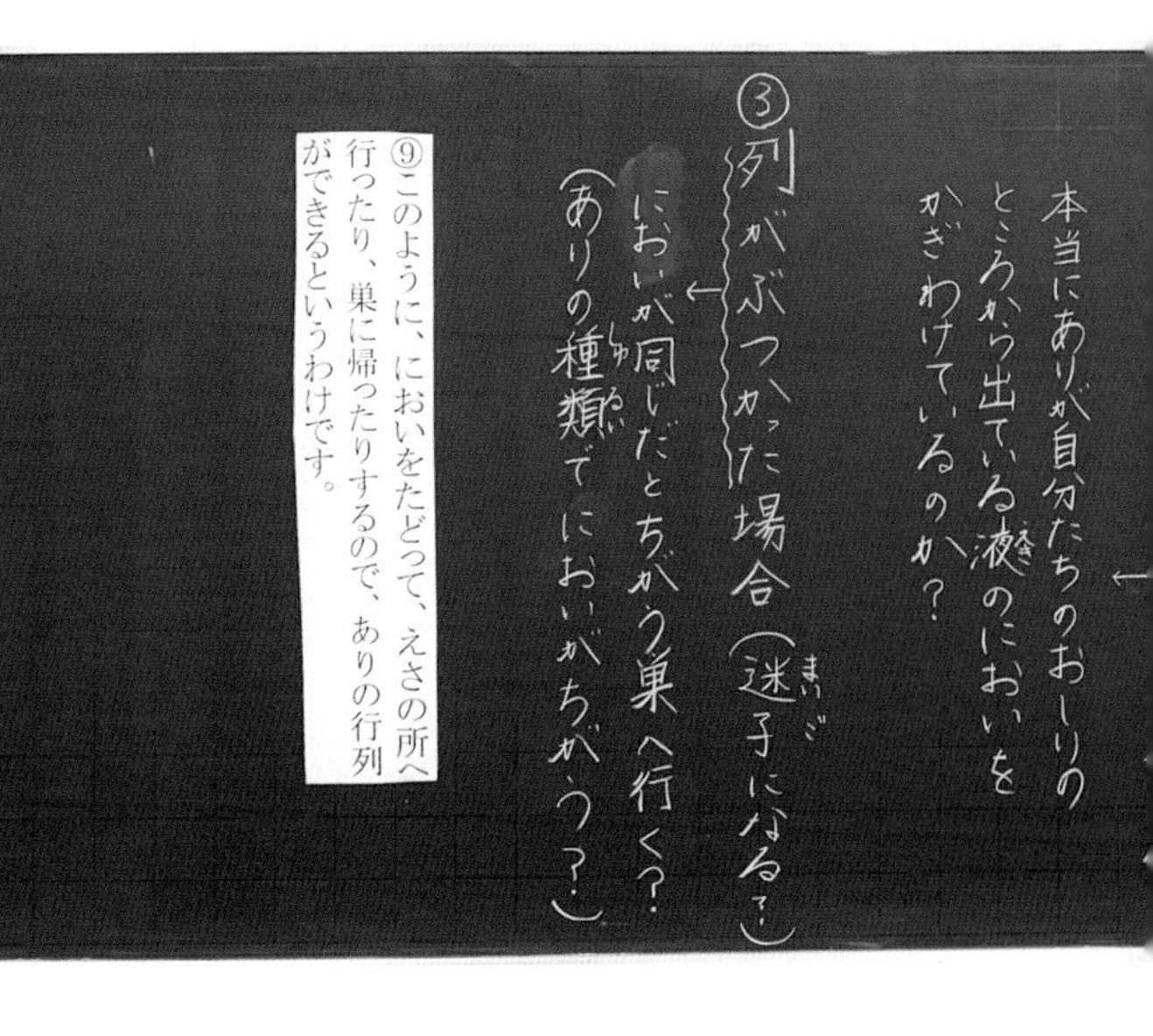

それをかぎ分けるのか…。

T：○○さんの考えを、詳しく説明できる人はいますか？

C：はい。○○さんは、ありがおしりから液を出すけど、それが仲間ごとによって違うのかっていうことを考えているんだと思います。

C：そう。もし同じだったら、列がぶつかってしまうと、迷子になっていつもとは違う巣に行くかもしれない…。

C：ありの種類ごとによって液が違うかっていうことにもつながると思います。

指導のポイント

文章の文脈から逸脱した実験方法（例えば「ありとありを戦わせる」など）を考える子どもも出てくるかもしれない。その場合は、誤読提示型のように、一旦板書し、後に全体で検討し、学びを深める材料にしていきたい。

板書のポイント

①スペースの初めに、赤のチョークで「もし大滝さんだったら…」と書いて強調しておき、筆者を想定しながら思考させていくようにする。

②実験方法のアイディアを黄色で板書する。それとともに、その方法を考えた理由のキーワードも板書しておき、3での学習活動でそれぞれの考えを比較、検討しやすいようにしておく。

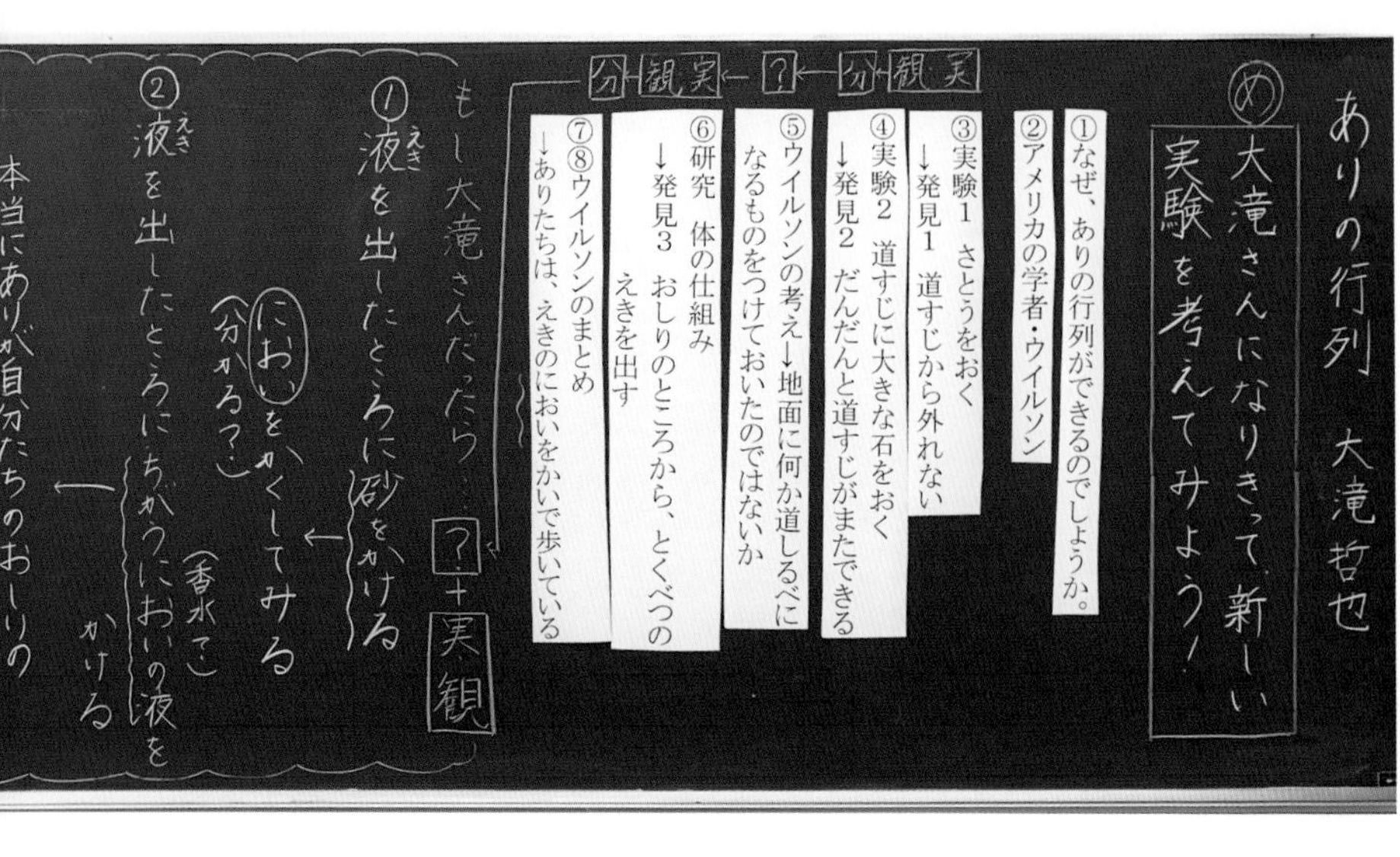

終末 3 それぞれの考え方を比較しながら、筆者の述べ方のよさを見付ける

T：みんな、大滝さんになりきっていろいろな実験方法を考えられたね。黒板を見て気付くことはあるかな。

C：みんなありの出す「におい」について考えています。

C：そう。液から出る「におい」に沿って歩くことは、邪魔があっても本当にできるのかとか、「におい」が混じっても困らないのかを考えています。

T：なぜ、こんなに「におい」について考えているんだろう。

C：だって、最後に分かったことが「におい」だったから。

C：「におい」が出るところまでは分かっているけど、その「におい」についての実験とかは書いていなかったし…。

T：なるほど。ということは、新たに分かったことに対する「?」（疑問）について実験したり研究したりしたらいいんだね。

> 分かったこと↓「?」（疑問）↓実験・観察 と板書する。

T：これまでのウイルソンの研究を紹介するときもそうなっ

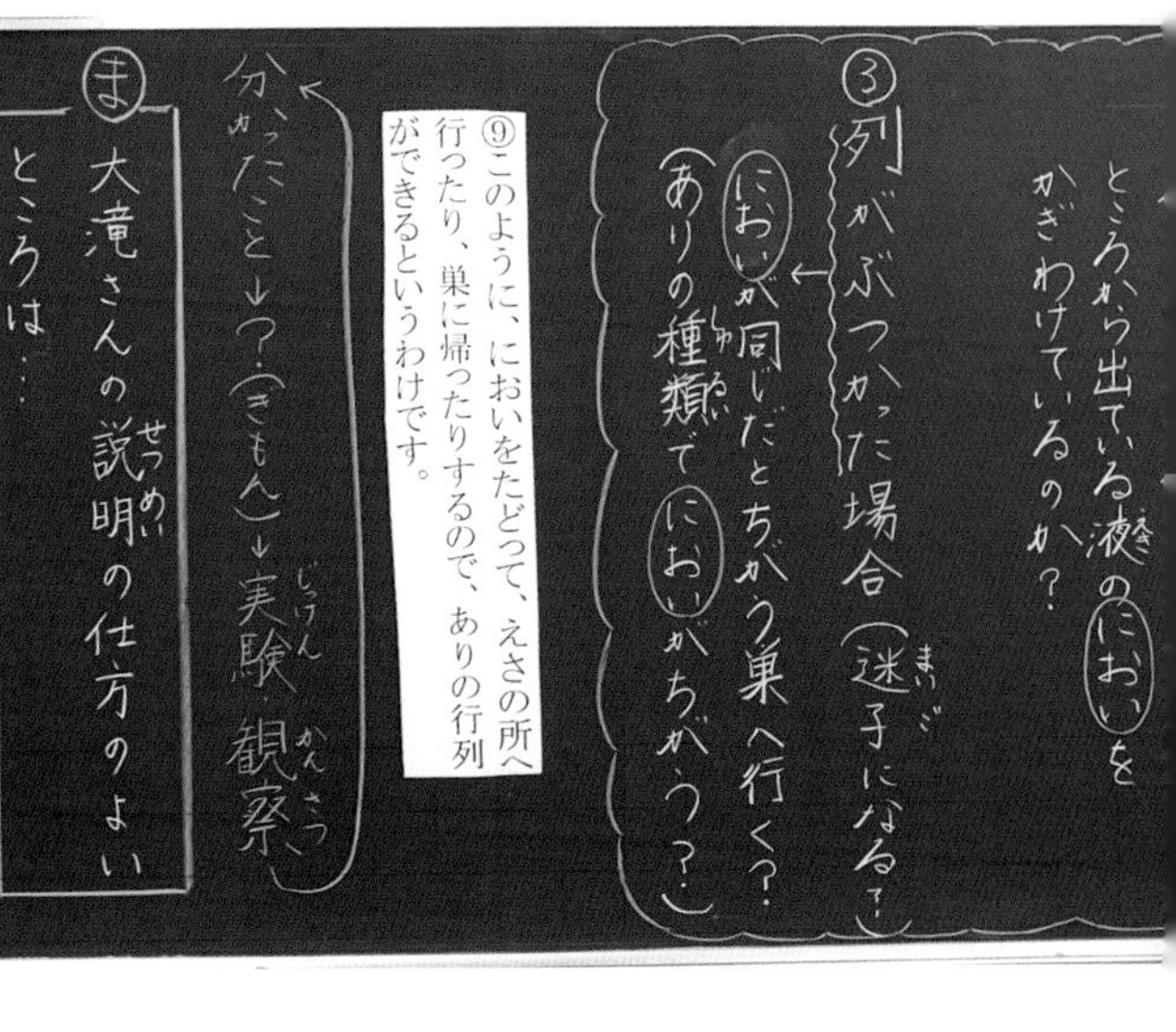

ていた？

C：なっていたよ。だって、道すじから離れないことが分かったら、それを踏まえて大きな石を置いて邪魔をしていたし。

C：そう。邪魔をしても行列ができるから、道しるべがないか研究していたし。

T：そうなんだ！　今日は、大滝さんになりきって実験を考える中で、筆者である大滝さんが「分かったこと→「？」（疑問）→実験・観察」の繰り返しという、研究者の考え方に合わせて説明していることが発見できたね。では、まとめとして、今日見付けることのできた筆者・大滝さんの説明の仕方のよいところをまとめておこう。

板書のポイント

①もし、③段落と④段落の間に隠された「ありの行列をさえぎるものを置いたらどうなるか？」という「？」（疑問）を見付けた場合は、赤色のチョークで記述し、隠された問いを見付けられたことを評価する。

②[分かったこと→「？」（疑問）→実験・観察]という研究者の考え方に沿った述べ方は、赤チョークで強調する。気付きの共有が難しい場合は、②～⑧段落の短冊の上に書き込みながら確かめる。

本時で目指す子どもの姿

筆者の述べ方のよさについて、読み取ったことをもとに評価し、まとめることができる。

「お手紙」（東京書籍・第二学年）

1　教材の特性

本教材は、これまでお手紙をもらったことのないがまくんを元気づけようと、かえるくんがお手紙を出すが、なかなか届かず、ついには自ら手紙の内容を伝え、その手紙を二人で幸せな気持ちで待つ物語である。がまくん、かえるくんのやり取りの面白さなど、この時期の子どもがこの物語を好むことはとても多い。また、シリーズ作品が多くあり、同じ中心人物の物語を読み広げる活動を設定しやすいという面もある。

本教材を扱う上で、大切にしたいことは三つある。一つ目は、がまくんとかえるくんの関係である。佐藤（二〇一七）が、「お手紙」という作品は「バディフィルム」であると定義しているように[1]、がまくんとかえるくんの二人の掛け合いによっておもしろさが生まれている。それは、他のシリーズ作品でも同じであり、この作品で学べる物語の楽しみ方の一つであろう。二つ目は、心情の変化である。不幸せから幸せに変化するという物語におけるもっともシンプルな変化があり、そのきっかけもお手紙と、物語の展開がとてももとらえやすい。物語は変化を読んでいくものだというスキーマを得ることができる教材である。三つ目は、「待っている時間」である。かたつむりくんに手紙を頼んだため、四日間も待つことになっている。幸せな気持ちで玄関に出てお手紙を待っている二人は、その過程でどのような会話をしていたのだろうか。二人の関係性を踏まえた上で、このような「空所」に想像を広げることも物語の楽しみ方ではないだろうか。

これらの特性を活かしつつ、子どもの思考に自然に寄り添った学習展開をどう演出するかが実践のカギとなる。

2　単元で目指す子どもの姿

◎読みの力：場面ごとの登場人物の行動をとらえたり、なぜそのように行動したのかという理由を想像しながら読み取ったりすることができる。
○学びに向かう力：シリーズ作品に興味をもって進んで読み、登場人物の行動を中心に物語を紹介しようとする。

3　単元計画（全11時間）

第一次【物語のあらすじをとらえよう】
①これまでに物語を読んでどんな気持ちになったことがあるか振り返りながら教材文に出合い、「お手紙」はどのような気持ちになったか交流する。
②挿絵の並び替えをし、物語のおおまかな内容をつかむ。
第二次【「お手紙」のおもしろさを見付けよう】
③「がまくん」と「かえるくん」のどちらが中心人物か話し合う。
④玄関の前で腰を下ろしている場面の、二人の「悲しさ」を比べる。
⑤二人が一番うれしいときはどこか考える。
⑥玄関に出て、お手紙を待っている場面の、二人の「しあわせな気もち」を比べる。
本時 ⑦待ち続けた四日間を想像しながら、かたつむりくんに頼んだことはよかったのかどうか考える。
⑧シリーズ本があることを知り、ポスターを作る計画を立てる。
第三次【シリーズ作品のポスターを作って交流しよう】
⑨⑩「ふたりはともだち」などのシリーズ作品を読み、「仲よしポイント」と「おもしろポイント」を紹介するポスターを作る。
⑪ポスターを交流し、身に付いた力を交流する。

〔参考文献〕
1　佐藤佐敏『国語科授業を変えるアクティブ・リーディング』pp62-63、二〇一七、明治図書出版

4 授業の実際（第7時）

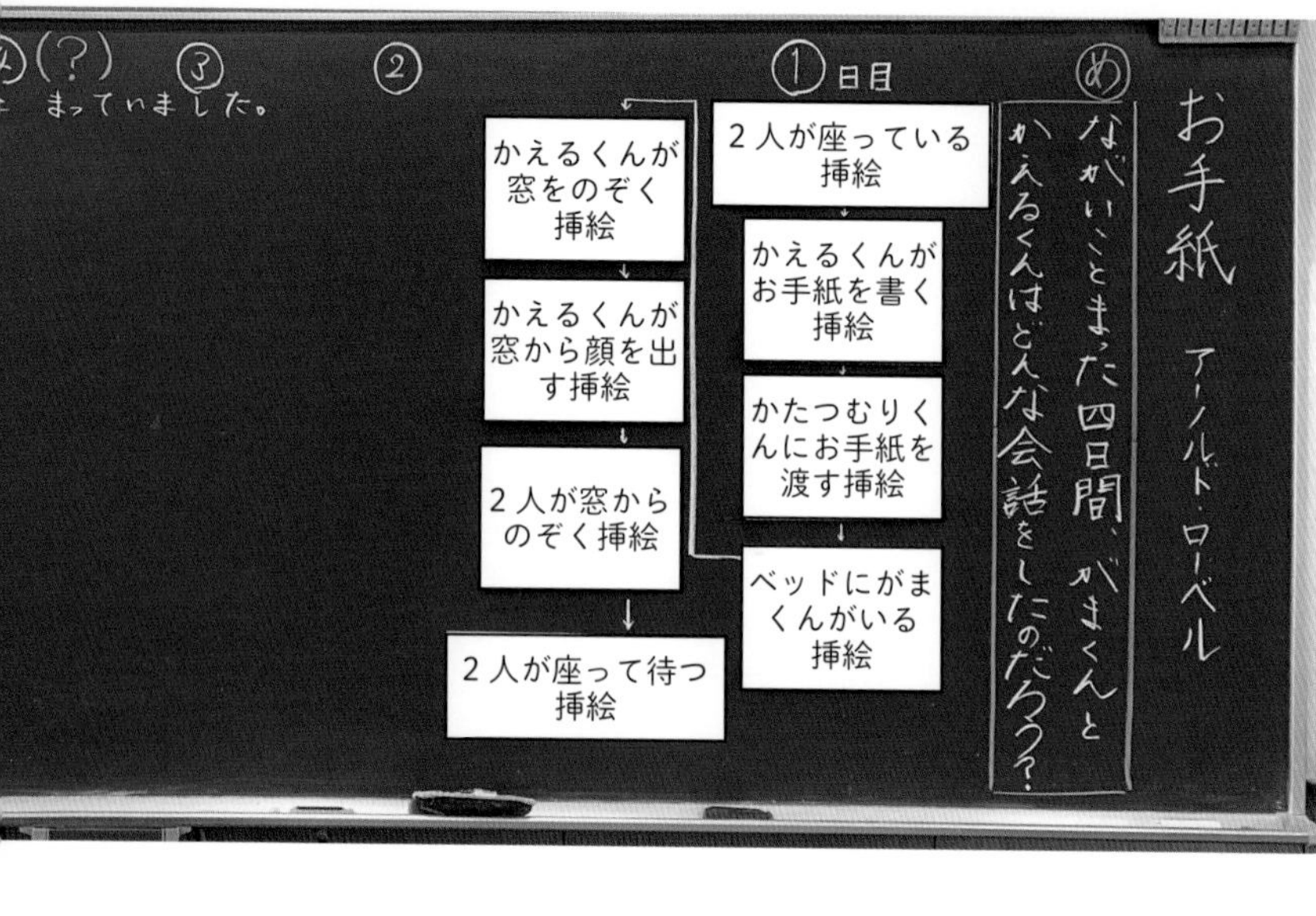

導入

1 時間の経過に着目しながら挿絵を整理することで、「お手紙を待つ四日間」に課題意識をもつ

T：ここまでがまくんとかえるくんを比べながら読んできましたね。二人はどういう関係かな？

C：とっても仲のよい友達だよ。

C：親友です。

T：そうだね。では、この「お手紙」の物語は、何日間のお話かな？

C：一日かな。

C：いや、違う気がするよ。何日間か待ってなかったっけ。

> **指導のポイント**
> 子どもは必死になって教材文を読み返しだすだろう。つぶやかせながら、できるだけ自然と意見が収束するのを待ちたい。

C：お手紙を書いた日と、待っている四日間、そしてお手紙が届いた日の六日間みたいだよ。

T：では、挿絵クイズで確かめてみよう。これから貼る挿絵

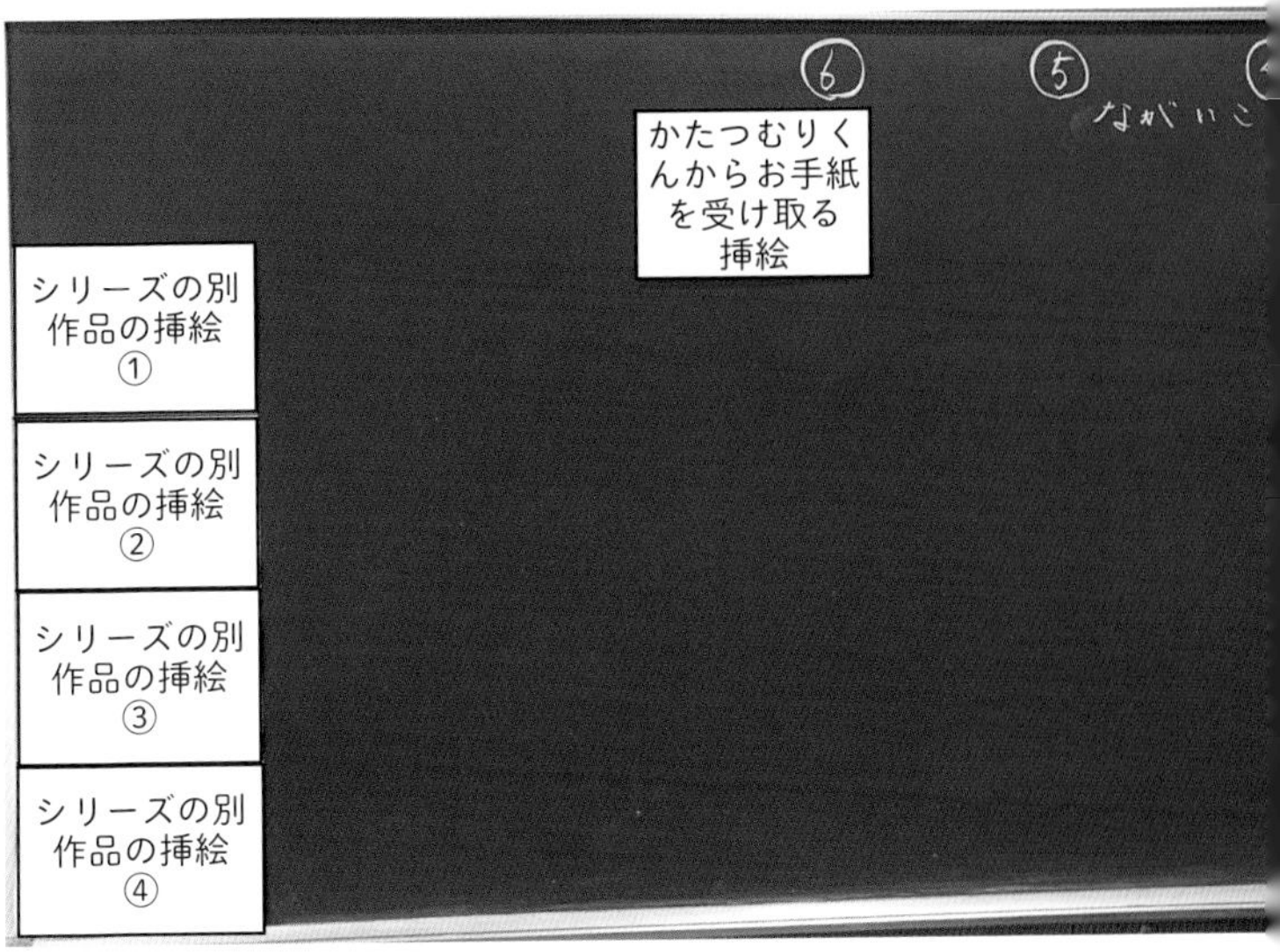

を日にちで分けてみてください。

指導のポイント

挿絵には数枚、他のシリーズ作品のものを混ぜておく。数名の子どもを前に出し、整理させていく。

T：黒板を見て、何か思ったことがあるかな。
C：ほとんどの挿絵が一日目です。
C：挿絵が書かれていない、かたつむりくんを待つ四日間がとっても長いです。
C：そう。だから、最初と最後の日の間がすっからかんだよ。
T：そうですね。この四日間、二人は何をしていたんだろう。
C：ずっと黙っているってことはないだろうから、何かお話ししながら待っていたんじゃないかな。
T：なるほど。じゃあ、みんなでこの描かれていない「長いこと待っている四日間」を創ってみませんか。

⑥ ⑤ ながいこ

かたつむりくんからお手紙を受け取る挿絵

シリーズの別作品の挿絵①

シリーズの別作品の挿絵②

シリーズの別作品の挿絵③

シリーズの別作品の挿絵④

板書のポイント

①挿絵はバラバラに黒板に貼っておき、クイズのような雰囲気を演出する。日数に着目して整理した後、「お手紙」の挿絵ではないものは黒板の左下に固めて残しておくようにする。

②待っている四日間に子どもが着目したところで「?」を書き込み、課題を焦点化させておく。

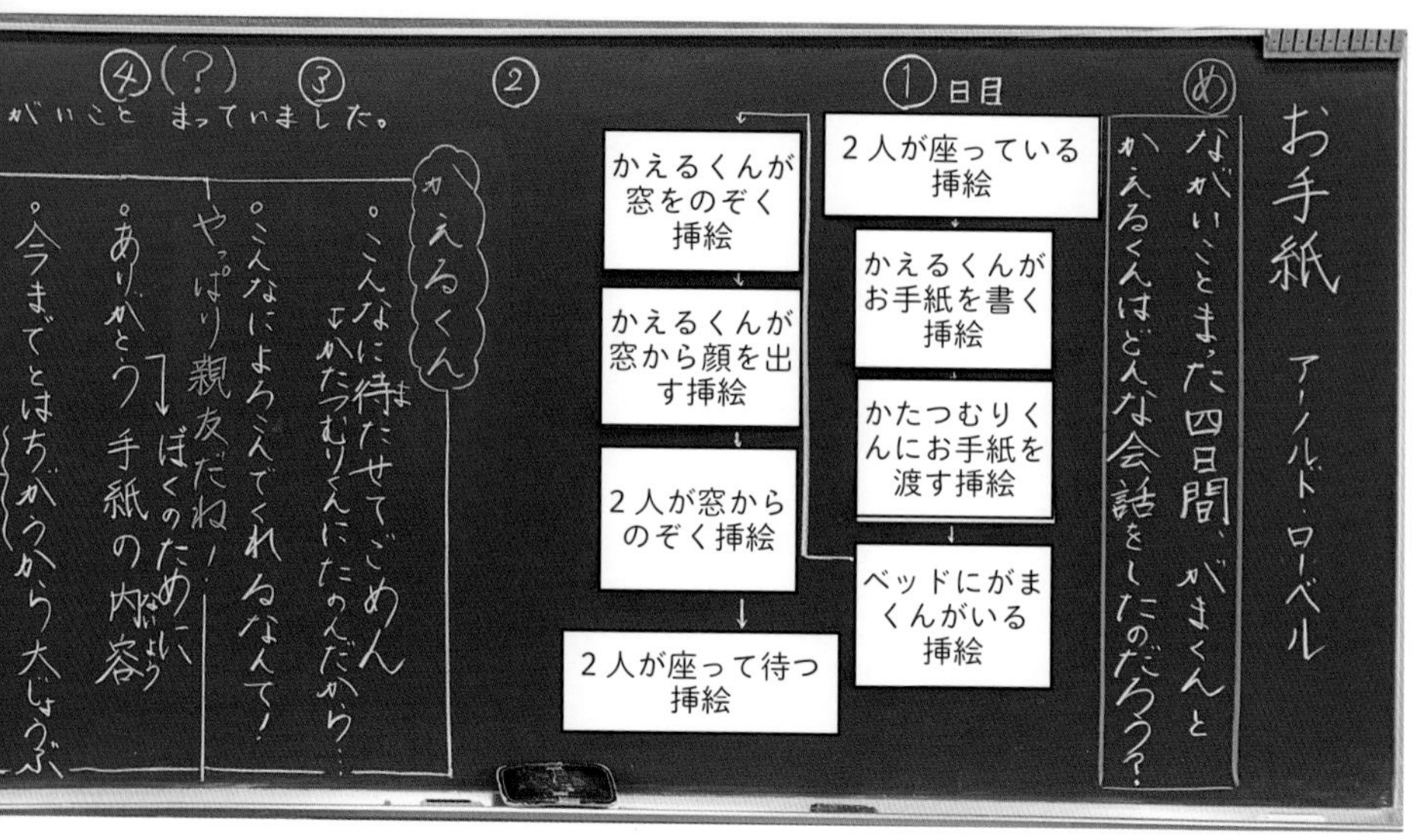

展開

２ 「長いこと待っている四日間」の二人の会話を想像する

T：では、二人はどんなことを話していると思いますか？　まずはかえるくんから考えてみよう。

C：かえるくんは、「ごめんね」って謝っていると思うよ。だって、こんなに待たせることになってしまったから。

C：私もそう思う。「かたつむりくんに頼まなければよかった」って話していると思う。

T：そうなんだね。じゃあ、それにがまくんはどう話すかな？

C：大丈夫だよって言っていると思う。

C：遅くなったからって怒ったりはしてないと思うよ。だって、今まではお手紙が来ないから悲しい待つ時間だったけど。今は違うから。

T：今の○○さんの考え、みんな分かる？

C：分かります。悲しい待つ時間が、お手紙がいつ来るかなあっていうワクワクする楽しい待つ時間になっています。

T：そうか。たしかに、もし早く手紙を手に入れたいなら、かたつむりくんのところまで取りに行ってもいいもんね。

C：そう。だから、なんだか楽しみながら待っているんだと

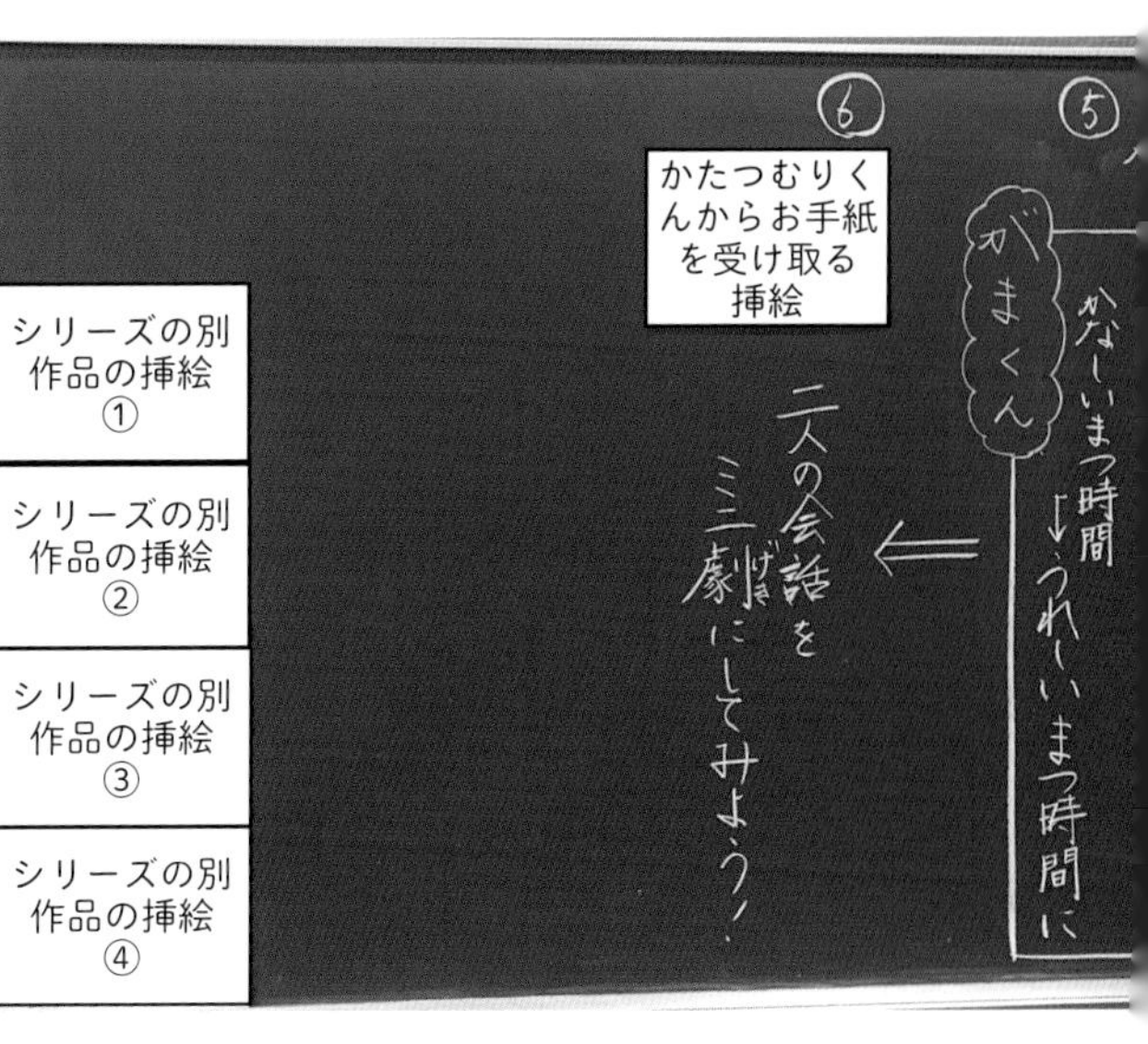

C：だから、待っている間に「ありがとう」っていうことも思うよ。

C：ぼくもそう思う。「ぼくのために手紙を書いてくれてうれしいよ」って話しているんじゃないかな。

C：わたしは、それもだけど、手紙の中身のこともありがとうって言っていると思うよ。「親友って書いてくれてありがとう」って。

T：だったら、それにかえるくんはどう返すかな？

C：「こんなに喜んでくれて、ぼくもうれしい」って言っていると思います。

C：「やっぱりぼくたち親友だね」って話すと思うよ。

T：なるほど、こんな会話をしているんだ。だったら、これらを踏まえて二人の会話をペアでミニ劇にしてみようよ。

板書のポイント

①まずは、かえるくんの会話から想像させていくようにする。なぜなら、お手紙を出したかえるくんの方が、「待たせていることを謝ったのでは？」など、想像しやすいからである。そこからがまくん、かえるくんと交互に会話を想像させ、端から中央へと板書に整理していく。

②子どもが具体的にセリフを発表することも考えられるが、キーワードのみを板書しておくようにする。

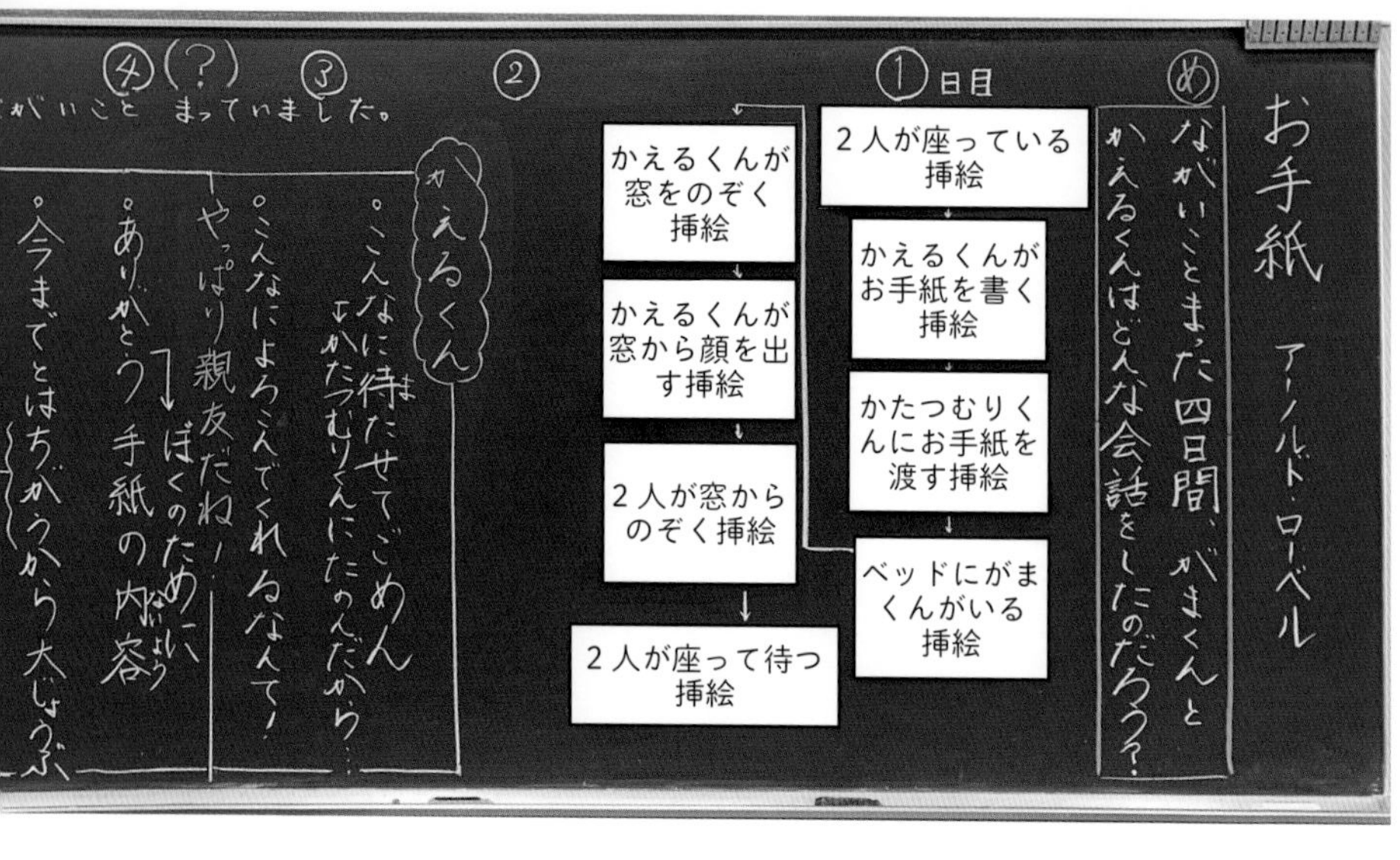

終末 ３ 二人の会話を劇にして交流する

Ｔ：では、前の椅子を玄関と考えて、劇にしてみよう。

指導のポイント

劇にする上で次のような点を示しておくと創作がしやすくなる。

①かえるくんから会話を始める。

②会話は４回（かえるくん↓がまくん↓かえるくん↓がまくん）を基本にする。

〔子どもの活動例〕

かえるくん「なかなか、かたつむりくん、来ないね。ごめんね。こんなに待たせることになって」

がまくん「大丈夫だよ。こうやって二人で待つのも楽しいじゃない。かえるくんが書いてくれた手紙が届いたら開けるのが楽しみだよ」

かえるくん「よかった。心を込めて手紙を書いたんだよ」

がまくん「うん。とってもうれしいよ。やっぱりぼくたちは親友だね」

「お手紙」（東京書籍・第二学年）

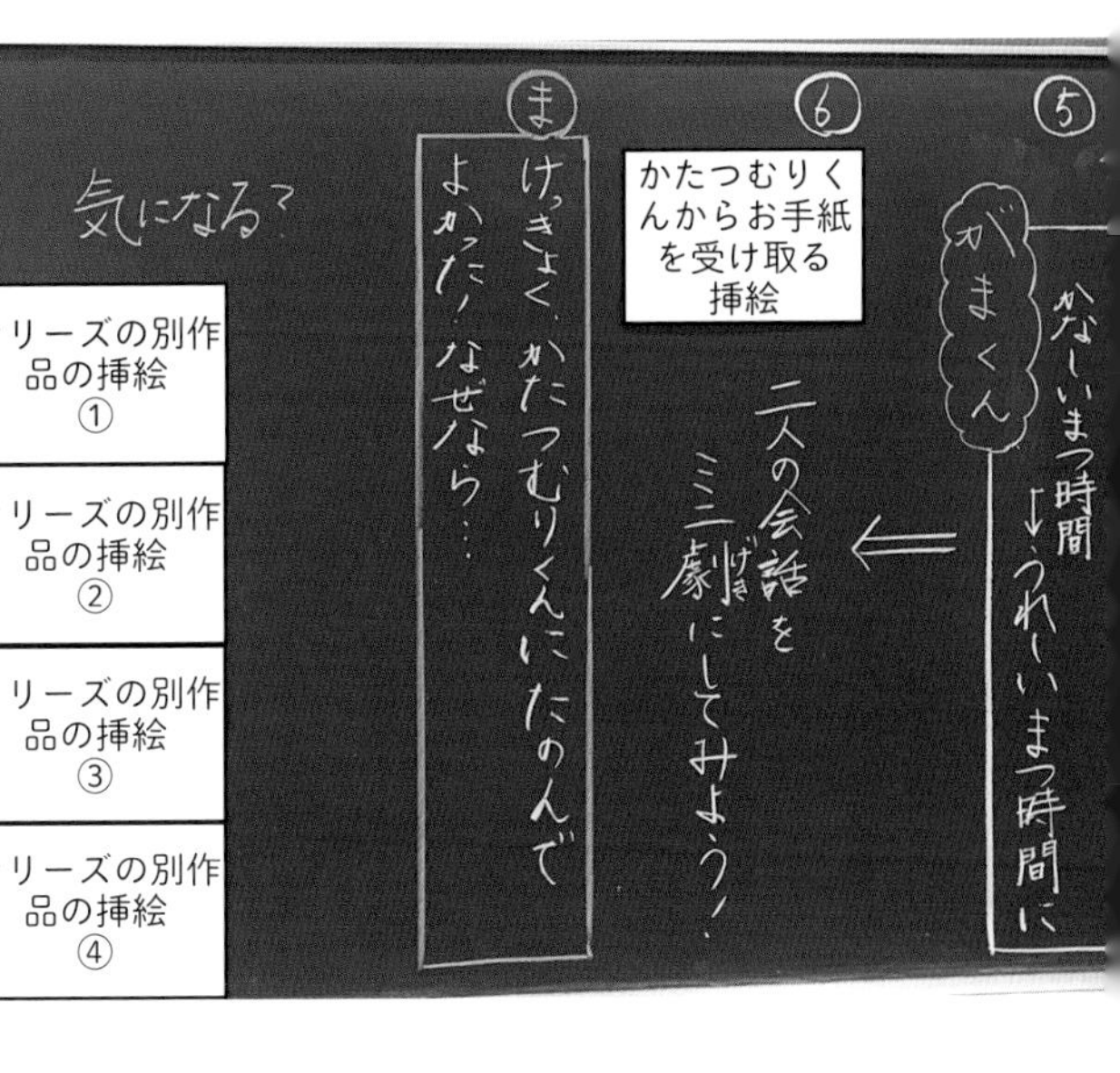

Ｔ：みんな、二人の関係や読んできたことを考えながら、とても素敵な劇を創れたね。結局、かたつむりくんにお手紙を頼んだことはよかったのかな。

Ｃ：よかった！

Ｔ：では、それを今日のまとめにしておこう。

（まとめを記入したあとに）

Ｔ：ところで、この黒板の中で、実は気になっているところがある人？

Ｃ：左の４枚の絵が気になる。もしかして、ほかにも二人の物語があるんじゃないかな。

Ｔ：その通り！　読んでみたいですか？　では、次回はシリーズ作品を読んでみよう。

板書のポイント

①「かたつむりくんに頼まなければよかったのに…」と感じている子どもは多い。しかし、本時の学習を通してその考えは変化したであろう。それをまとめとして表現できるよう、書き出しは板書に示しておく。

②「お手紙」以外の４枚の挿絵は他のシリーズ作品を読みたくさせる仕掛けである。そっと黒板に「気になる？」とだけ書いて、子どもの反応を引き出してもよいだろう。

本時で目指す子どもの姿

登場人物の言動をもとに想像を広げ、物語のおもしろさを見いだし、まとめている。

「ビーバーの大工事」（東京書籍・第二学年）※平成27年度版

1 教材の特性

本教材は、ビーバーが巣を作るまでの過程について、体の構造や機能と関連させながら説明した文章である。子どもにとってビーバーは身近な動物ではないため、その体のつくりや、ビーバーの作るダムの大きさや巣の構造、そして巣を作る上でのたくさんの知恵について驚きをもって読むことのできる文章であろう。

この教材の特性は、大きく三点ある。一つ目は、「ビーバーの『大』工事」という特徴的な題である。二つ目は、「木を切りたおすビーバー」「ダムを作るビーバー」「すを作るビーバー」という三つの意味段落を見出しで明示していることである。三つ目はビーバーのダムや巣を作る順序に、ビーバーの知恵が読み取れることである。つまり、本教材は、それぞれの意味段落ごとに、どこが「『大』工事」なのかを視点に大事な語や文を関連付けて読んだり、順序の意味について推論しながら読み取ったりすることができる。

では、この文章で、どのような誤読が起きるのか。それは、「ダム・湖・巣」の関係性や、それぞれがどのような状態であるのかということである。文章では、まずビーバーはダムを作って、大きな湖を作り、その中に巣を作ると説明されている。しかし、子どもは「ダム＝巣」と読んでいたり、巣の位置や大きさについて文脈に沿っていないととらえをしていたりすることがある。例えば、巣のことを「島のよう」と例えている叙述がある。文脈に沿えば、それは「浮かんでいる」という意味であるが、二年生の子どもたちは「大きい」との意味でとらえていることがある。しかし、これらのとらえ方の違いは授業の中の「仕掛け」によって初めて浮かび上がってくる。

このような、とらえ方の違い、つまり「分かったつもり」に出合うことは、言葉への見方・考え方が働き出す大切なチャンスである。子ども同士のとらえの違いが見える学習の場を設定する中で、問い直し、読み直すことが、読み方の「深い学び」につながっていくのである。

2　単元で目指す子どもの姿

◎読みの力：大事な言葉を抜き出したり、事柄の順序とその意味について読んだりすることができる。
〇学びに向かう力：ビーバーや他の動物に関心をもち、進んで文章を読んだり、本を読んで調べたことをまとめたりしようとする。

3　単元計画（全10時間）

第一次【「すごい動物」研究発表大会を開こう】

①本文を読んでビーバーはどのような動物といえるか考え、「「すごい動物」研究発表大会」を行う計画を立てる。

②題名の『大』はいるかいらないか考え、大まかな内容をつかむ。

第二次【「ビーバーの大工事」で研究発表資料を作る練習をしよう】

③［木を切りたおすビーバー］の中から、大工事ができるビーバーの体のつくりを読み取る。

④［ダムを作るビーバー］の中から、ダム作りが大工事であるといえるかどうか考える。

本時 ⑤［すを作るビーバー］の中で、ダム作りと比較しながら、巣作りが大工事であるといえるかどうか考える。

⑥これまで読み取ってきたことを、体のつくりと、それを活かしたダムや巣作りとして研究発表資料にまとめる。

第三次【自分がすごいと思う動物を調べて、紹介し合おう】

⑦⑧ビーバーの研究発表資料を参考にして、他の動物の研究発表資料を作る。

⑨「「すごい動物」研究発表大会」をする。

⑩発表を振り返りながら、単元で付いた力を振り返る。

4 授業の実際（第5時）

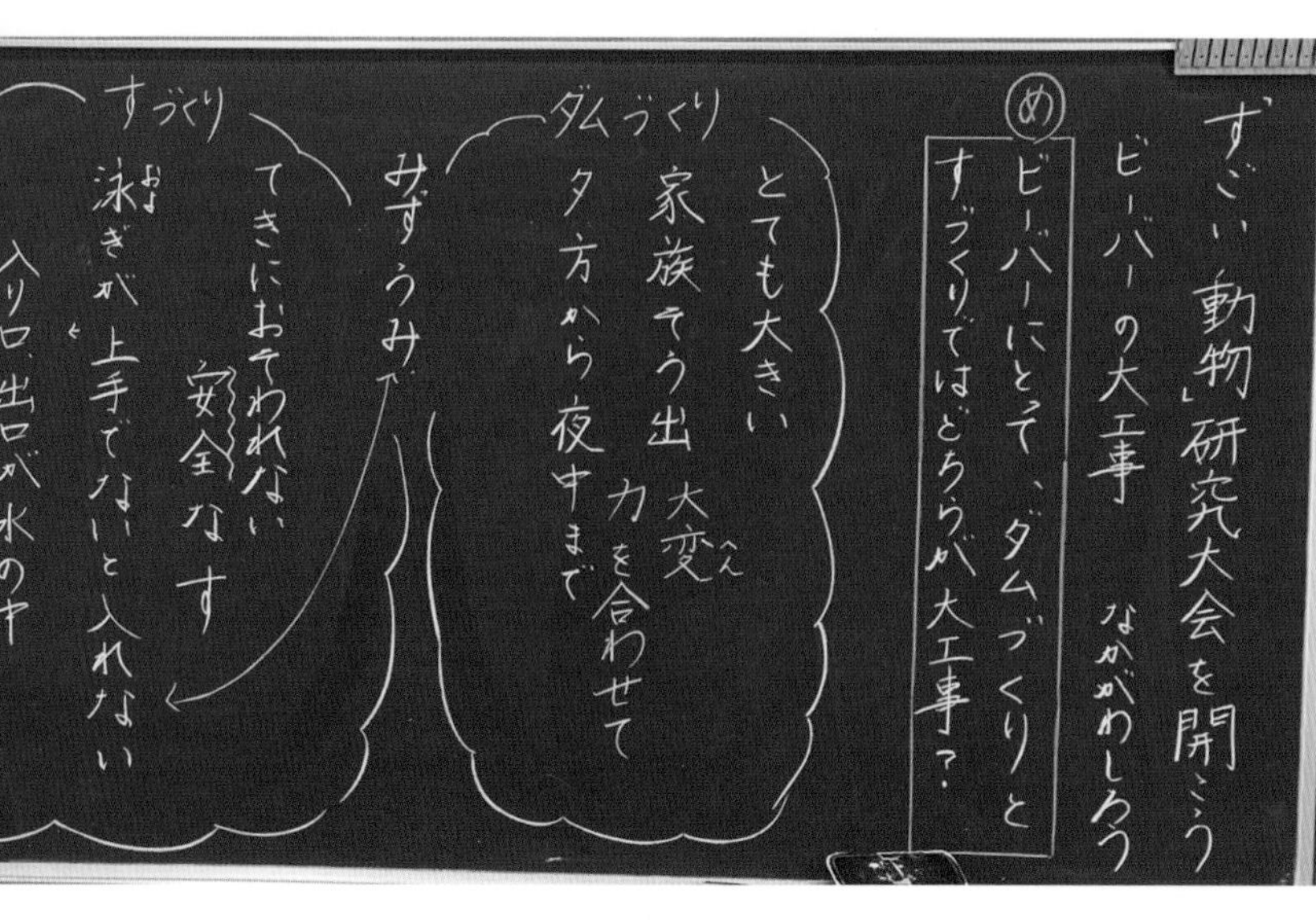

導入

1 ダム作りと巣作りのどちらが大工事であるか課題意識をもち、話し合う

T：前の時間には、ダム作りがビーバーにとって大工事がどうか考えました。どうでしたか。
C：大工事でした。とっても大きかったし。
C：ダムを作る順番も工夫していたよ。
T：そうだね。では、ダムを作ったビーバーはその後は何をするのだったかな。
C：ダムを作った後は、巣を作ります。
T：大工事のダム作りの後だし、巣作りは「おまけ」かな。
C：違うよ。だって、そこに住むのだし。
C：ぼくたちの家みたいなものだから「おまけ」ではないよ。
T：だったら、ダム作りと巣作りはどちらが大工事なのだろう。

指導のポイント

子どもが悩んでいる様子を受け止めながら、本時の課題として設定していく。自分の考えをまずはノートに書かせ、考え

「ビーバーの大工事」（東京書籍・第二学年）

を交流させていく。

C：ぼくは、やっぱりダム作りの方が大工事だと思います。高さ二メートル、長さ四百五十メートルと、巣よりもとっても大きいからです。

C：わたしもダム作りだと思います。家族総出で力を合わせて作っているし、夕方から夜中まで作るなんて大変だから。

C：ぼくは巣作りだと思います。泳ぎが上手でないと入れない巣を作るなんてすごいから。

C：同じです。湖の中に作るから、入り口と出口が水の中にできるでしょ。だから、泳ぎが上手でないと入れません。だから、敵に襲われない安全な巣になっています。これは大工事だと思うよ。

C：しかも、「島のよう」って書いてあったし、巣もなかなか大きいのだと思うよ。

板書のポイント

①子どもの発言のポイント（何に着目しているか、何を大切に判断しているか）を聞き取り、分類しながら整理していく。その際、ビーバーが作っていく順を意識しながらまとめておく。

②「島のよう」を「大きい」と読むのは意味のとらえ違いであるが、ここではあえて詳しく触れずに板書に書き留めた上で授業を進めていく。

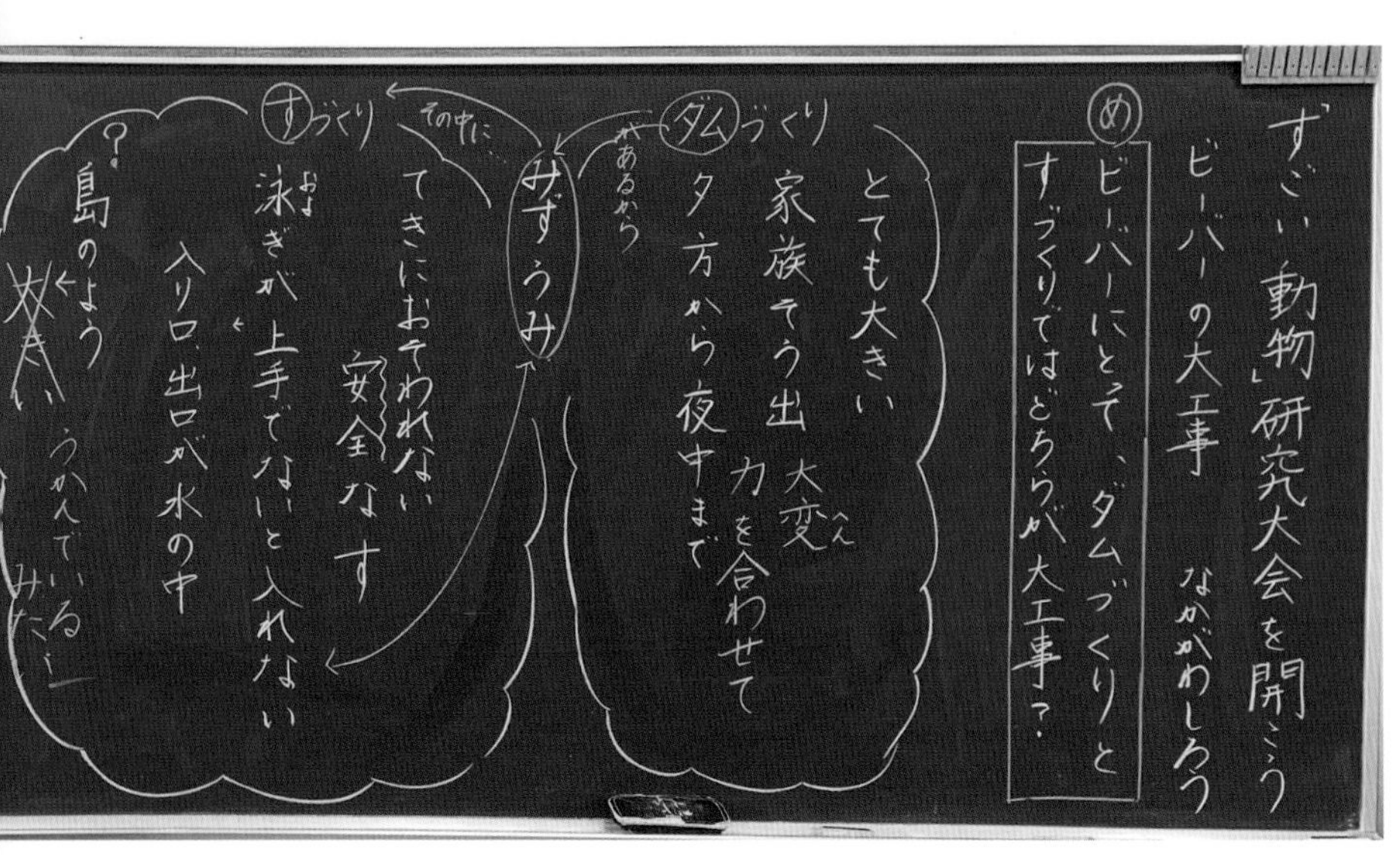

展開

２ 板書をもとに考えを深め、新たな課題を見いだしていく

T：たくさんの「なるほど」と思える考えがあったね。でも反対に、黒板を見て「あれっ？」と思うところはある？

C：「島のよう」のところが違うよ。

T：どういうこと？

C：だって、「島のよう」は島みたいに大きいっていうことではないよ。

C：そう。島のように浮かんでいるっていうことじゃないかな。

T：今の○○さんの言いたいこと、分かる？

C：分かるよ。大きいダムに巣が浮かんでいるってことだよ。

指導のポイント

この発言のように、「ダムを作る→湖ができる→巣を作る」という順序の意味が読めていない場合も多い。あえて、教師が指摘するのではなく、子ども同士で読みを修正させていきたい。教師はよく分からないという演技を続けていく。

T：う〜ん。ダムに巣ができるってことなんだね。

C：違う。ダムができると水がたまって湖ができるんだよ。
C：付け加えます。その湖の中に、巣を作るということです。
C：そう！　ダムがあるから湖ができて、その中に巣を作るっていうことだよ。
T：そうか。ダムがあって、湖ができて、巣を作って…実際にビーバーの巣が完成したときはどのようになっているのかな？
C：大きいダムで大きい湖があり、その中に巣がこうやって…。

指導のポイント

子どもが自分のイメージしているダムや湖、巣の様子を伝えたいという雰囲気を醸成させていく。

T：だったら、みんなで自分の頭の中で考えている様子を絵に描いてみようよ。

板書のポイント

①黒板を見ながら、これまでの話し合いを俯瞰させるとともに、誤読を指摘させていく。その際、誤読が指摘されたら板書に「？」を書き込む。一人の子どもの発言で修正することなく、なぜそれが誤読なのか、ペアで話し合ったり、発言の理解を確かめ合ったりしながら、最終的に正しい読みを板書していく。
②キーワードを赤色で書き込みながら、「ダムを作る→湖ができる→巣を作る」という工程を明示化する。

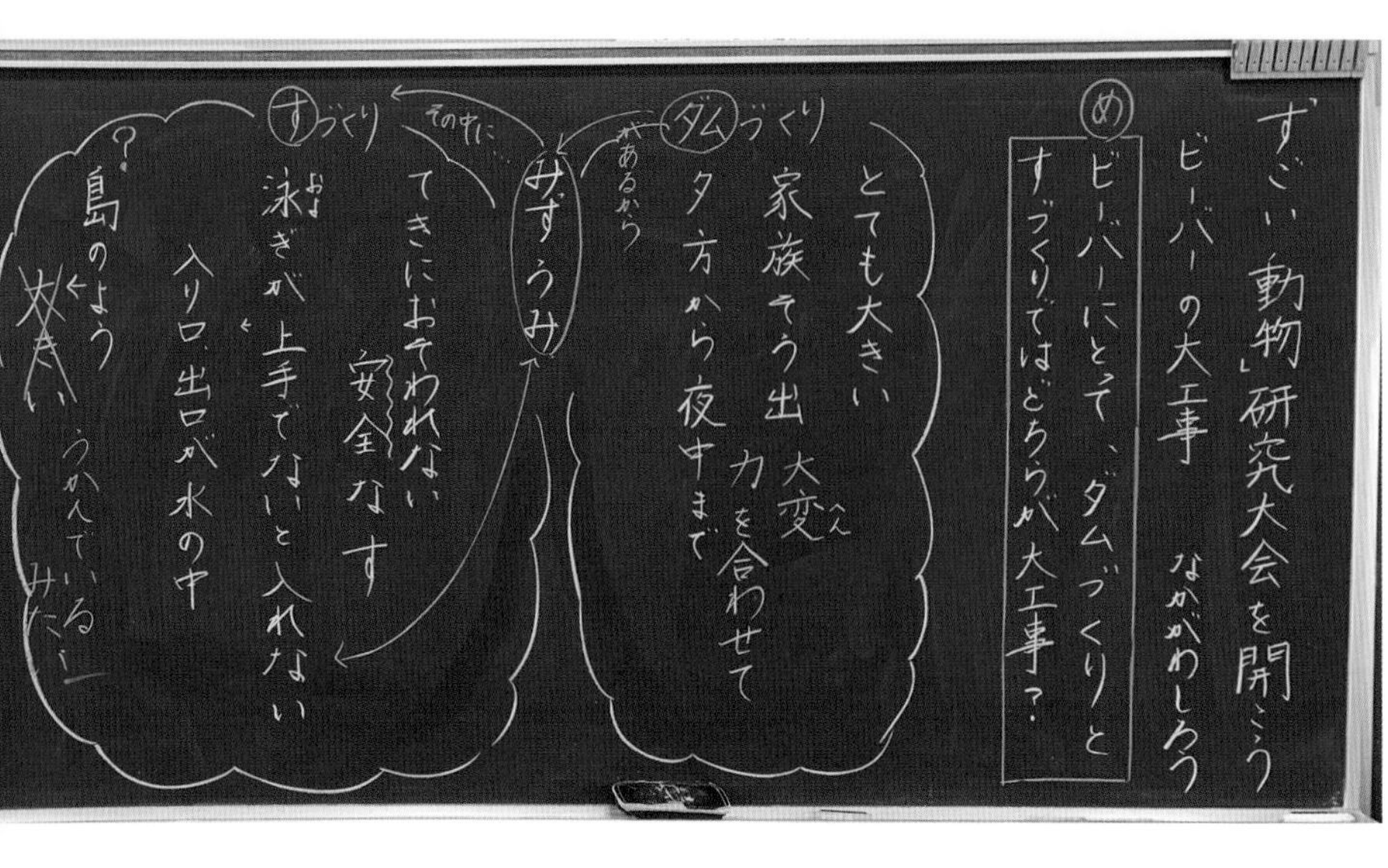

終末

3 ビーバーの巣の様子を絵に描きながら考え、巣作りのすごさをまとめる

T：「ダム」「湖」「巣」を、空から見た図にするとどうなるか描いてみよう。

> **指導のポイント**
>
> このまま巣の様子を描かせる活動を行うと、参加できない子どももいるであろう。そこで、①川幅とその川岸は例示として示す ②ダムや巣の描き方の例を示す ③ペアで考えさせるなどの手立てを、学級の実態に合わせて行うようにする。

T：改めて文章を読み直して考えている人がたくさんいたよ。とてもすばらしいです。そして、みんなの絵を見ていたら大きく分けて三種類あったよ。どの絵が空から見た図としてぴったりかな？

C：②の図は巣が大きすぎ。これだと敵が入れてしまうよ。

C：そう。これだとジャンプして入ってくるかもしれない。せっかく湖を作ったのに意味がなくなっちゃう。

C：それでいうと③もよくないよ。岸に近すぎてこれも危ないよ。

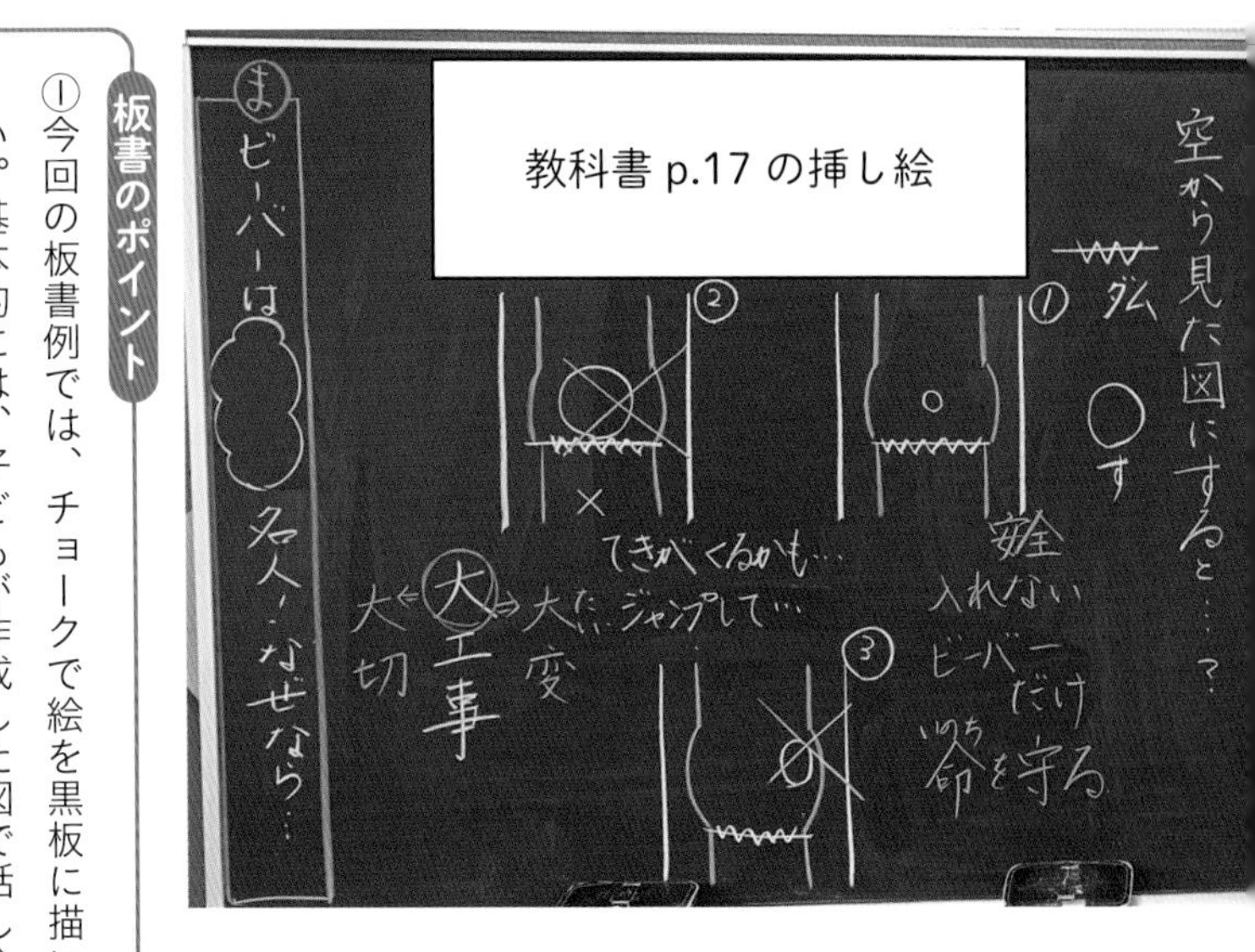

C：ビーバーだけが入れるようにしないといけないのに、これだといろんな動物が入れてしまうから、安全な巣でなくなってしまうよ。命が守れないよ。

指導のポイント

子どもは多様な絵を描くと想定される（例えば理科的に見て、誤っているものなど）。しかし、本時では、ダムの大きさと位置に視点を絞って話し合いをすることで、「安全」という視点で巣作りについて考えることできるようにする。

T：なるほど。大工事の『大』は「大変」という意味と、命を守る「大切」の意味と二つあったんだね。ダム作りと巣作りを比べると、巣作りのすごさが見えてきました。今日発見したことを「○○名人」という形でまとめてみよう。

板書のポイント

①今回の板書例では、チョークで絵を黒板に描いているが、ホワイトボードやワークシートなどを活用してもよい。基本的には、子どもが作成した図で話し合いが進められるようにしていきたい。

②まとめでは、自力で読み取った動物の特徴をまとめることができるようにするために、書き方の型だけを示し、あとは委ねるようにする。

本時で目指す子どもの姿

ビーバーの巣作りの順序とその意味について、自分の読みをまとめている。

「大造じいさんとがん」（東京書籍・第五学年）

1 教材の特性

本教材は、中心人物である大造じいさんが、初めは「いまいましく」思っていたがんの残雪に対して「がんの英ゆう」と評価するようになる心情の変化を、三年間に及ぶ出来事を通して描いている。大造じいさんと残雪の知恵比べや、残雪がハヤブサの戦う姿、そして大造じいさんと傷ついた姿で対峙する残雪の姿など、動物の生き様に、読み手の心がゆさぶられる名作である。また中心人物の心情の変化を読み取る上で、「東の空が真っ赤に燃えて…」というような、優れた情景描写の数々も大切な学習のポイントである。

ではこの物語において、どのような誤読が起きるのか。それは大造じいさんの人物像である。物語の結末で大造じいさんが語った「ひきょうなやり方で…」の叙述に反応し、三回行った大造じいさんの作戦は「ひきょう」なものだった、すなわち「悪い人」なのだというとらえである。たしかに、子どもである五年生にとって「ひきょう」と感じる叙述として、「うなぎばりをしかけて」「(小屋に) もぐりこみ」「おとり」などがある。しかし、大造じいさんは「狩人」という設定であり、狩りを生業として生きている人物である。この設定と三つの作戦をつなげて読むときに、大造じいさんの狩人としての努力やこだわり、負けん気などが浮かび上がり、だからこそ、結末の場面での大造じいさんから残雪へのメッセージに感動が生まれるといえる。

このような誤読を、教師が即時的に「いや、大造じいさんは狩人ですよね」と切り返すのは簡単である。しかし、それではせっかくの子どもの読みの力を伸ばすチャンスを逃しているといえる。「なぜ、自分はそのように読んでしまったのか」という自覚化が重要である。あえて誤読を提示し検討することを通して、「設定を正しくとらえる」ことが、物語を読む上でとても重要であることに気付かせていきたい。

2　単元で目指す子どもの姿

◎読みの力：登場人物の人物像や心情の変化、情景描写をとらえ、優れた叙述について評価し、自分の考えをまとめることができる。
○学びに向かう力：学習した物語の読み方をもとに、自分の選んだ物語を分析し、紹介しようとする。

3　単元計画（全10時）

第一次【心に残る名作ってどんな物語？】
①「印象に残っている物語ランキング（高学年編）」において「大造じいさんとがん」は上位であることを知る。その中で、心に残る名作にはどのような秘密があるのかという課題意識をもち、教材文と出合う。
②「大造じいさんとがん」が名作だと感じたところを交流し、読みの観点として整理し、学習計画を立てる。
第二次【「大造じいさんとがん」の名作なところを見付けよう】
③大造じいさんの仕掛けた作戦に名前を付けて、大まかな内容と物語の構成をとらえる。
本時 ④観点Ⅰ「人物像」を読み、交流する。
⑤観点Ⅱ「物語の構成」のクライマックスを読み、交流する。
⑥観点Ⅲ「情景描写」について読み、その効果を考える。
⑦学んだ読み方を振り返り、「印象に残っている物語ランキング（中学年編）」に出合う中で、三次の学習計画を立てる。
第三次【過去に読んだ名作を読み直してみよう】
⑧自分の選んだ作品（例：「ごんぎつね」、「モチモチの木」など）を読み直し、分析する。
⑨⑩読み取ったことを交流し、本単元を通じて身に付いた力を振り返る。

4 授業の実際（第4時）

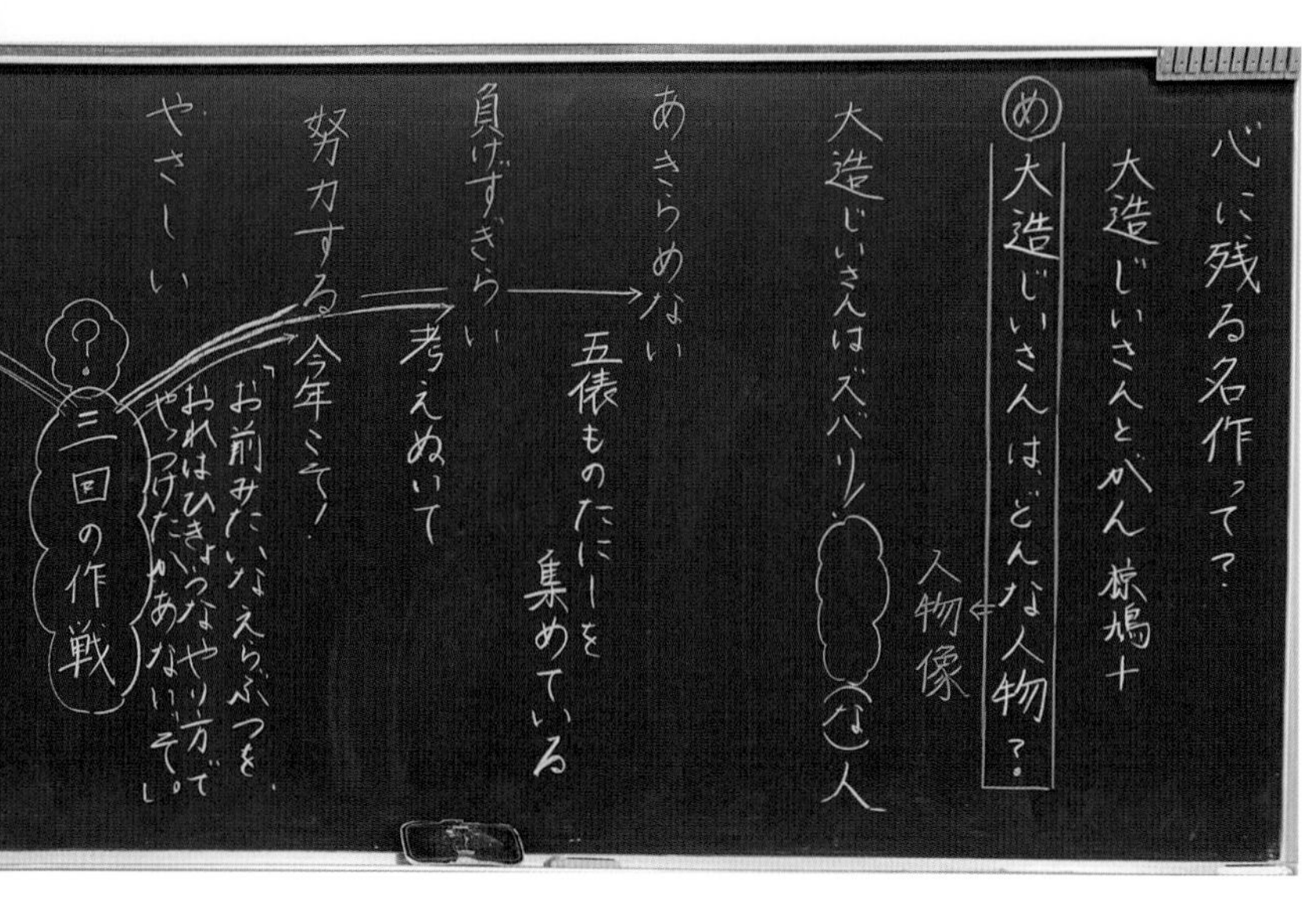

1 大造じいさんの人物像について考えることに課題意識をもち、自分の考えを交流する

T：「大造じいさんとがん」が名作と言われるわけを探して読んでいます。みんなの感じた作品の魅力の一つが「人物」だったね。それは誰ですか。

C：大造じいさん。

C：残雪と戦っている姿がかっこよかったよ。

C：え？ でも、ぼくはひどい人だなって思った。

指導のポイント

子どものつぶやきや数名の発表をもとに、考えのズレを演出していく。

T：なんだか、人によって考えが違うようだね。それならば、話し合う価値があるね。では、今日は「人物像」を課題にしよう。まず、「大造じいさんってズバリ！□（な）人」の□を埋めて、考えを交流していきましょう。

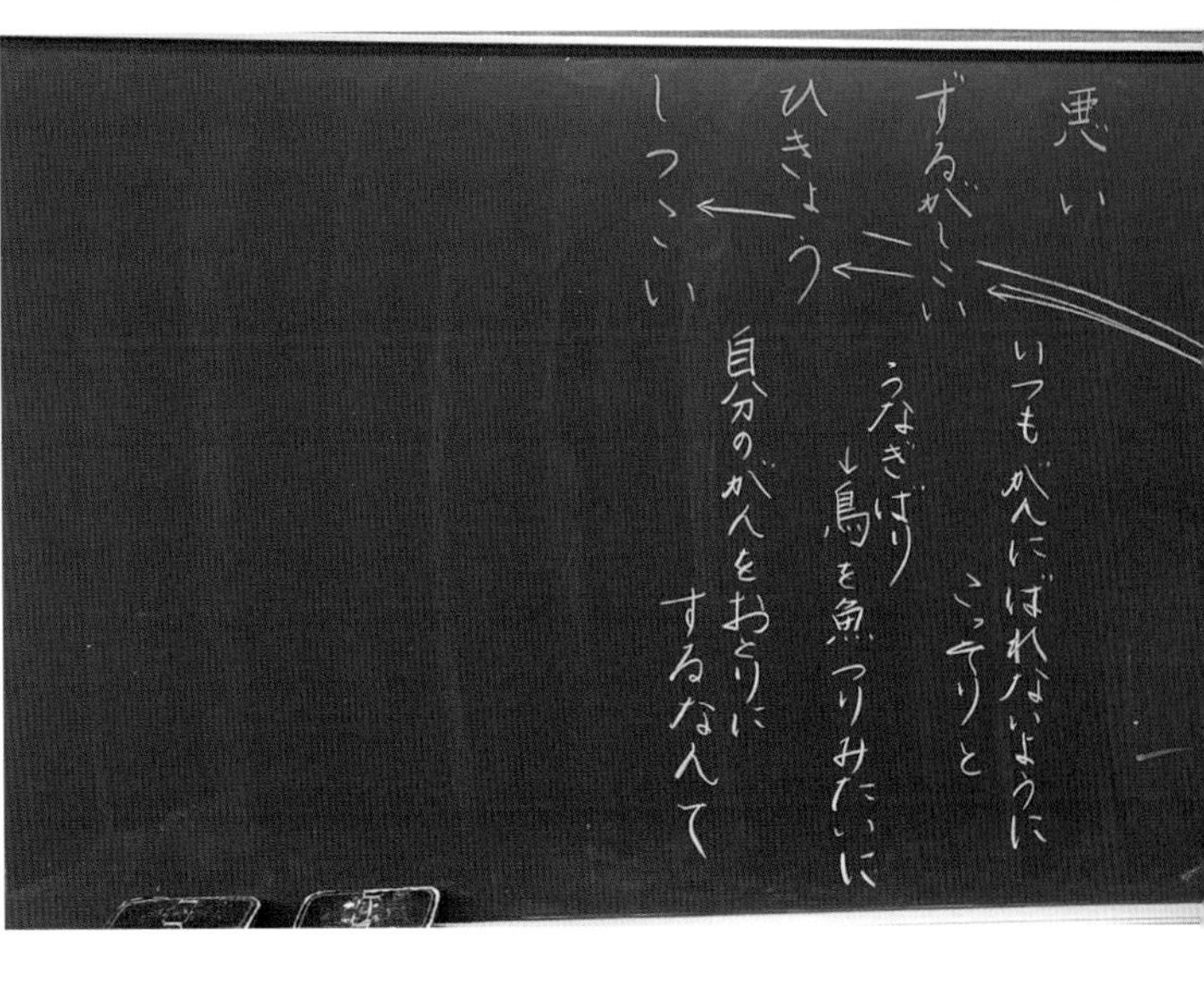

C：大造じいさんは、努力する人だと思います。なぜなら、残雪を捕まえるために、毎年毎年すごい作戦を考え抜いているからです。

C：ぼくも似ていて、諦めない人だと思います。だって、五俵っていうすごい量のたにしを集めていて、絶対捕まえるんだという強い気持ちを感じるからです。

C：わたしは、悪い人だと思うな。だって、いつもこっそりとがんを捕まえようとしていて、ずるく感じます。

C：そう、ぼくも同じように思っていて、ひきょうな人だと思います。いくら捕まえたいといっても、三回の作戦のうち、釣り糸で魚みたいに捕ろうとしたり、仲間をおとりにしたりするのは、かわいそうです。

T：話し合っていて、みんなの意見が分かれているのはなぜだろう？

C：三回の作戦について考え方が違います。

T：そうだね。ここが「？」のポイントだね。

板書のポイント

①この段階では、子どもの考えを表出させることを意識し、プラスイメージとマイナスイメージで分類しながら、子どもの考えを羅列して板書する。

②その後、板書をもとにそれぞれの考えを俯瞰させ、三回の作戦のとらえ方に課題意識を焦点化させていく。そのために、赤チョークで「？」マークを書き込む。

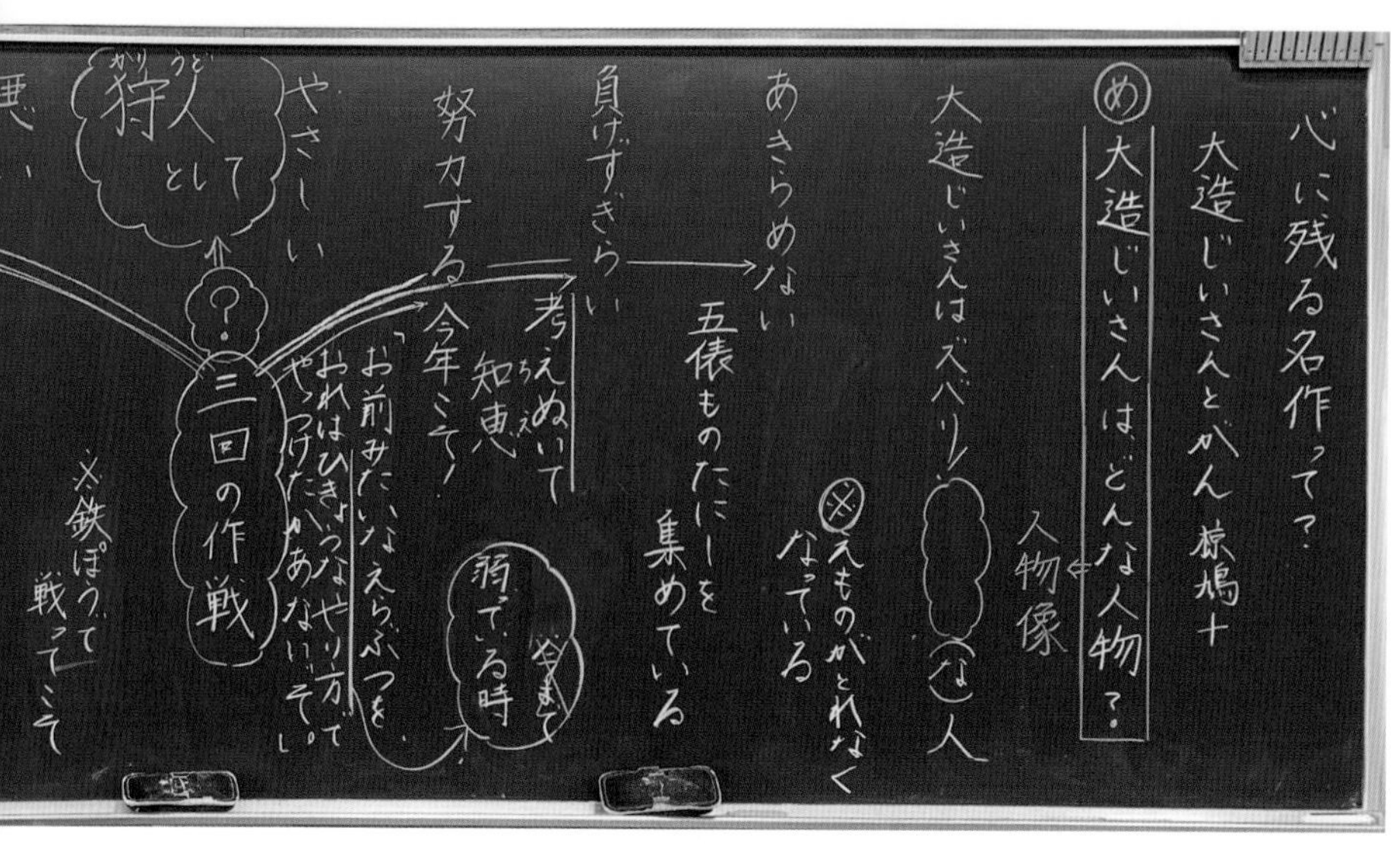

「大造じいさんとがん」（東京書籍・第五学年）

展開

② 大造じいさんの人物像について、三回の作戦をもとにとらえ直す

T：では、さらに話し合いを「三回の作戦」に絞って考えてみよう。つまり、三回の作戦は「ひきょう」なの？

C：ひきょうです。やっぱり鳥をだまして捕まえようとしているから。

C：生き物に対して失礼だと思う。

C：でも、大造じいさんは考え抜いて作戦を作っているよ。それは大造じいさんの知恵でしょう。

C：ぼくもそう思う。だって、大造じいさんは、結末で「おまえみたいなえらぶつを、おれはひきょうなやり方でやっつけたかあないぞ。」って言っているでしょ。これは、正々堂々戦ってきたと大造じいさんは思っているから言っているんだと思う。

C：え、そうなの？　このセリフは今まで「ひきょうなやり方」をしたから、これからはひきょうな手を使わないで戦うって反省して言っているんじゃないの。

C：そうそう。鉄砲で戦ってこそ狩人でしょ。鉄砲で戦うことこそひきょうじゃないやり方なんじゃないかな。

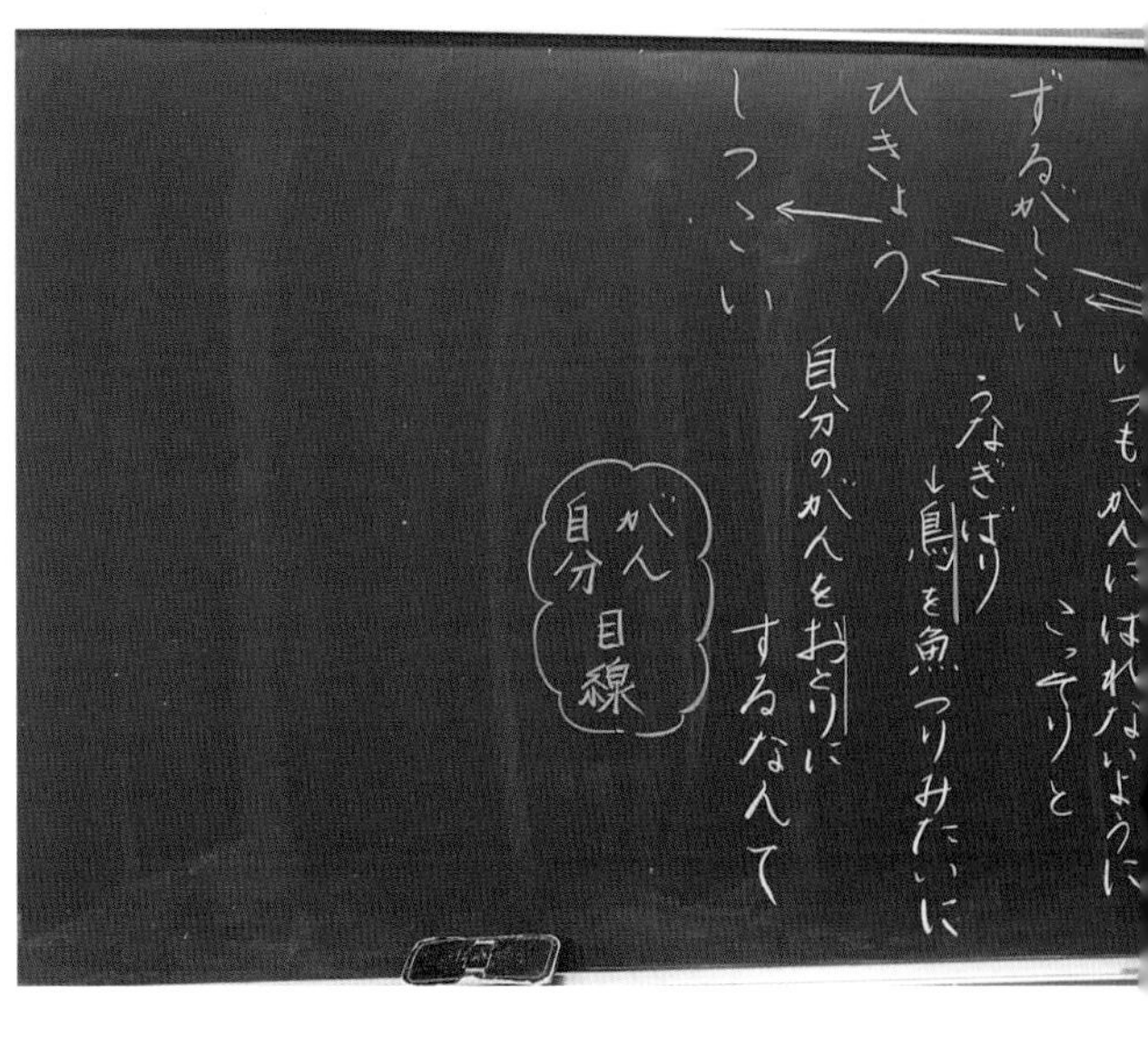

C：いや、違うと思う。このセリフは、今までのやり方が「ひきょう」だったってことじゃなくて、ハヤブサと戦って弱っていたでしょ。そこを撃つなんて「ひきょう」だって言いたいんじゃないかな。だから、大造じいさんは優しいともいえると思うよ。

C：そうだよ。大造じいさんは狩人だからがんを捕まえるのが仕事で、残雪のせいでえものが取れなくなっている。だから、どの作戦も狩人として正々堂々と戦っているよ。

T：ここまでの話し合いを黒板で確かめてみよう。黒板の青色と赤色の意見を比べながら何か気付くことはあるかな。

C：青色の人はがんたちの目線や自分たちの目線で考えています。

C：たしかにそうだ。反対に赤色の人は、狩人としてということを大切にしています。

板書のポイント

①話し合う中で誤読が出てきたときも、それを板書しておく。また、それを誤読だという指摘があった場合もあえて消すのではなく残しておき、読みの形成過程を黒板に表していく。

②プラス（赤）とマイナス（青）のとらえ方の違いの原因は、それぞれの色で板書し、線で囲んで強調させておく。

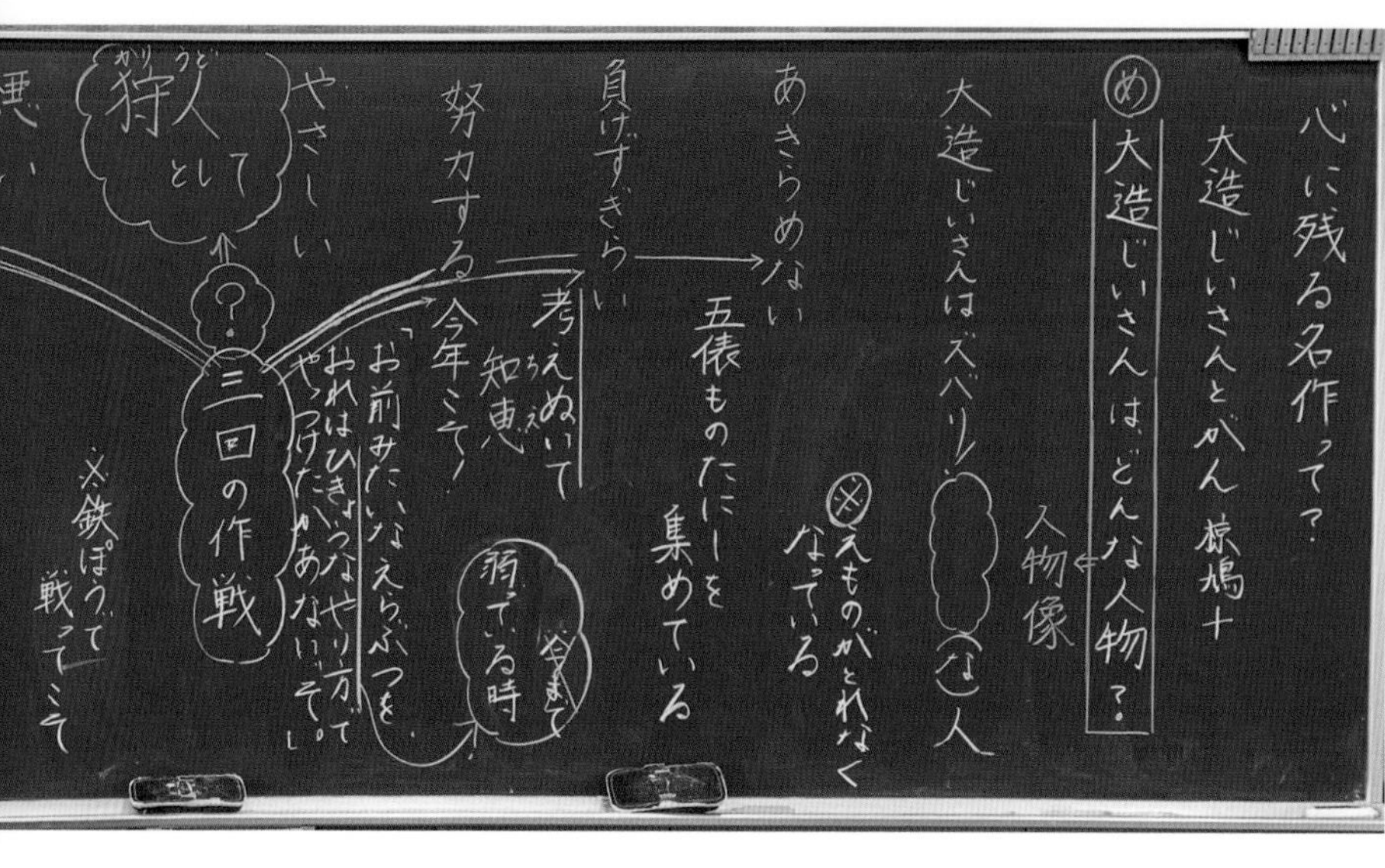

終末

3 どのように大造じいさんの人物像をまとめたらよいか考え、本時で得た読み方を振り返る

T：では、「狩人として」、または「がん、自分たち目線」のどちらで大造じいさんの人物像はまとめるのがよいかな。

C：「狩人として」です。この物語は大造じいさんが狩人として残雪に立ち向かっていることに感動する話だから。

C：わたしもそう思います。たしかに、今のわたしたちからすると少しがんたちがかわいそうと思うところもあるけど、狩人として頑張る大造じいさんはすごいと思うし、その大造じいさんの作戦を見破るから、残雪もすごいと思えます。

指導のポイント

教科書会社によっては前書きがある場合とない場合がある。それによってこの学習場面の様相は変わるだろう。どちらにしても、狩人という大造じいさんの設定に立ち戻らせていくようにする。

T：なるほど。この物語は「狩人として」というところが大切なのですね。では、今日の学習を「大造じいさんは、

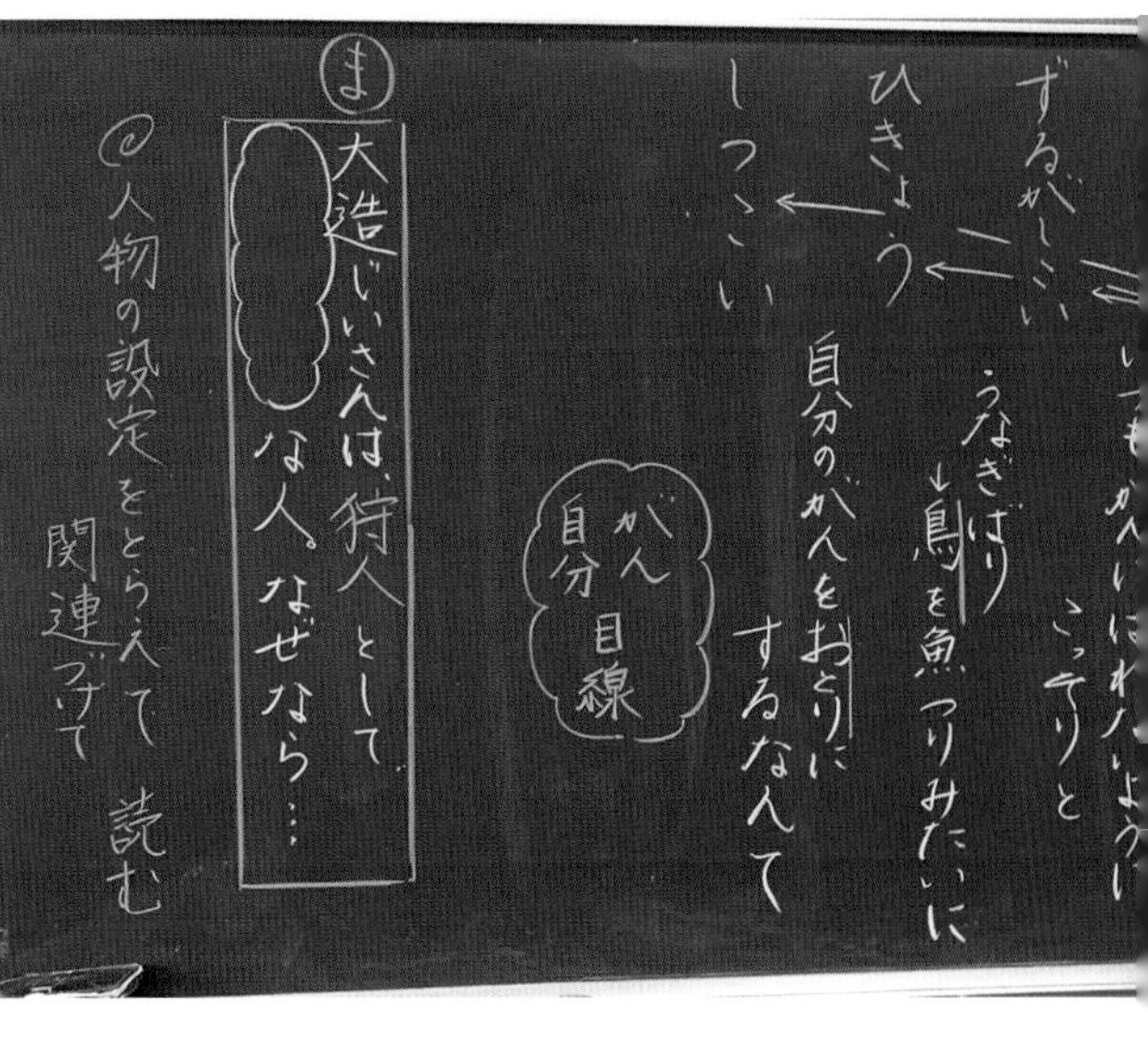

『狩人として』□（な）人。なぜなら…」とまとめをしてみましょう。

指導のポイント

もともと、狩人としての視点で考えをもっていた子どもははじめと同じことをノートに書くことになりかねない。そうならないためにも、「初めから狩人として考えていた人は今日の授業で『なるほど』と思った考えを踏まえて、新しい理由をノートに書こう」などと助言するとよい。

T：今日の学習を通して、人物像を読む上で、人物の設定をとらえ、関連付けながら考えることが大切だということが分かりましたね。これからも、この読み方を活かして物語を味わっていきたいですね。

板書のポイント

①まとめでは「狩人」という言葉を赤で書き、物語の設定をしっかりとらえることが、人物像を読み取ることや物語を解釈する上で大切であることを強調する。

②大切にしたい読み方を赤で書いて、読み方として明示化することで、他作品でも活かせる力となるよう支援する。

本時で目指す子どもの姿

登場人物の設定を踏まえて人物像を読むことを理解し、自分の登場人物に対する評価をまとめている。

「アップとルーズで伝える」（光村図書・第四学年）※平成27年度版

1　教材の特性

本教材は、アップとルーズという撮り方のよい点と欠点の説明を通して、テレビや新聞といったメディアが情報を取捨選択しながら報道していることを伝えている説明文である。

中学年の説明文の学習において中心となる学習活動は段落相互の関係をとらえることである。具体的には、①「はじめ・中・終わり」（「序論・本論・結論」）をもとに文章全体をとらえる②「中」（「本論」）のまとまりである意味段落をとらえる③「中」（本論）の構成や、「はじめ・中・終わり」（「序論・本論・結論」）それぞれの整合性を確かめるというような読みの力を育んでいくことが主眼となってくる。

それを踏まえて、本教材を分析してみると、「序論・本論・結論」をどうとらえるのかが大きな課題となってくる。例えば、低学年で問いの文や接続語に着目することを学習してきた子どもは、③段落の「アップとルーズでは、どんなちがいがあるのでしょう。」という問いの文や⑥段落の「このように」という言葉に反応し、文章構成をとらえると予想される。しかし、これでは、説明がつかない点（⑦段落「新聞」の具体例）があり、違和感が出てくる。また、まとめは文章の最後の方にあるということを経験している子どもは⑧段落をまとめとして文章構成をとらえようとするが、③段落の問いの文との整合性で疑問を抱くことになる。すなわち、これまでに獲得してきた「はじめ・中・終わり」の型（読みのスキーマ）に当てはめようとすると違和感が出てくるのである。

そこで、再度、文章を読み返すと、「結論」が⑧段落に「テレビでも、新聞でも」とまとめられていることに気付く。すなわち、事例はテレビと新聞ということになる。そうとらえると①段落からテレビの例が示されていることになり、本教材文には「序論」がないということになってしまう。それでよいのか。このように改めて見直すことで「アップとルーズで伝える」という題名が、序論の役割を担っていると気付くことができるであろう。

つまり、本教材はこれまで低学年で生まれているであろう「はじめ・中・終わり」の型（読みのスキーマ）に当てはめて読むことから、それを一つの読みのものさしにしながら、文章の内容やそれぞれの段落の役割に着目して文章構成をとらえることへと、読みの力のブラッシュアップを図ることのできる教材だと考えられる。

2　単元で目指す子どもの姿

◎読みの力：文章全体の構成や段落同士の関係をとらえながら、文章を読むことができる。
○学びに向かう力：筆者の説明の仕方の工夫を見付けだし、他の文章を読む上で進んで活かそうとする。

3　単元計画（全6時間）

第一次【「アップとルーズで伝える」は分かりやすかったか交流しよう】
①題名から内容を予想して文章を読み、文章の内容と述べ方が分かりやすかったかを視点に感想を交流する。

第二次【「アップとルーズで伝える」を評価しながら読もう】
②分かりやすかったポイントⅠ「比較」に着目し、対比関係になっている文や段落を見付け、対比を用いて説明するよさを評価する。
③分かりやすかったポイントⅡ「写真」に着目し、それぞれの写真が使われている意図を考え、評価する。
本時 ④分かりやすかったポイントⅢ「構成」に着目し、「序論・本論・結論」をどのようにとらえたらよいのか考え、評価する。

第三次【他の説明文で自分の読む力を試してみよう】
⑤対比を用いて説明されている説明文（例：「くらしの中の和と洋」東京書籍四年など）を読み、自力で述べ方の工夫を分析する。
⑥分析結果について友達と交流するとともに、単元で身に付いた力を振り返る。

4 授業の実際（第4時）

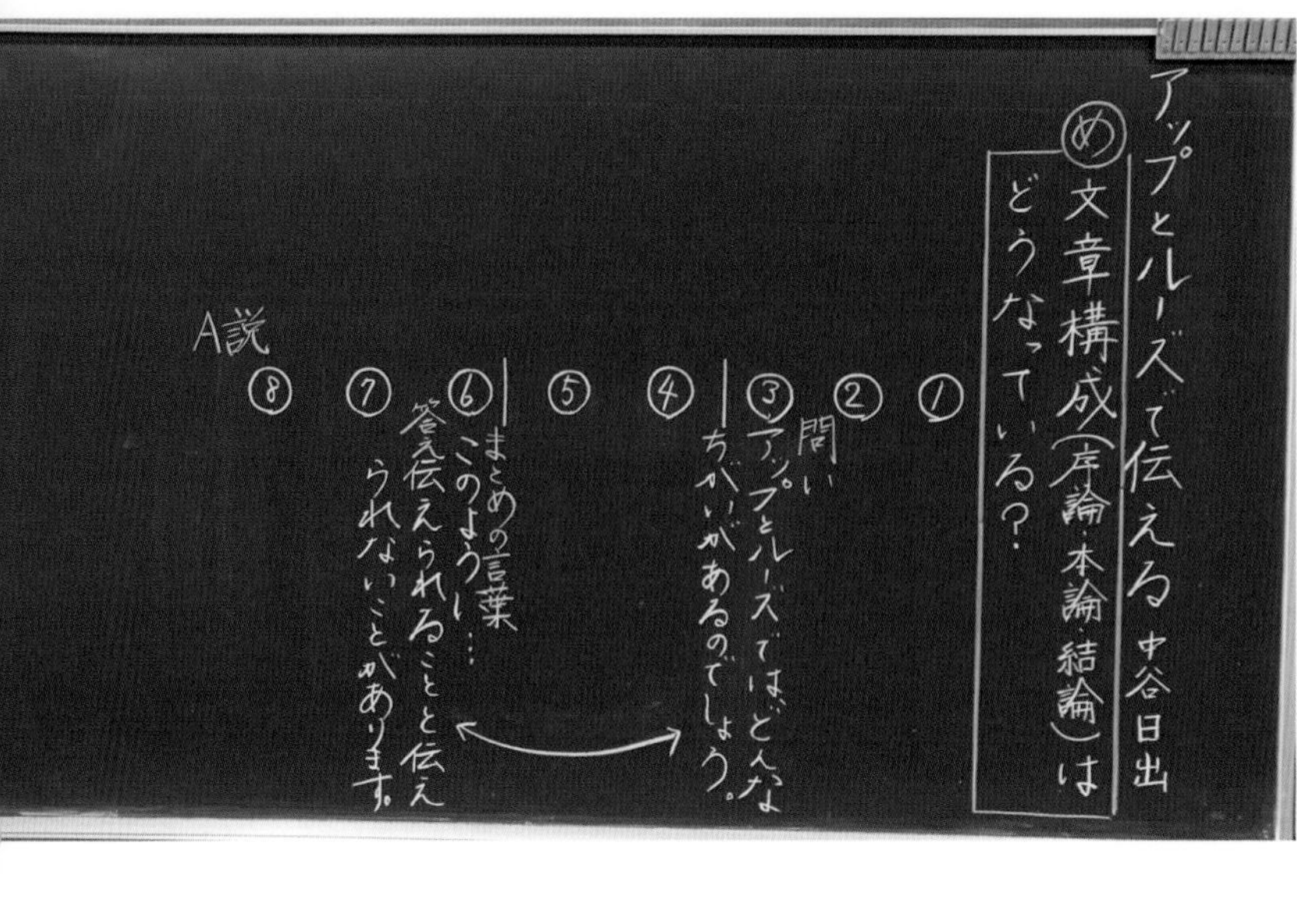

1 学習課題を設定し、文章を「序論・本論・結論」に分ける

T：これまで、「アップとルーズで伝える」という説明文は「対比」と「写真」の使い方が上手だから分かりやすいということを見付けてきました。では、これまでに学習してきた分かりやすい説明の構成（組み立て）の基本は何でしたか？

C：「はじめ・中・終わり」です。「序論・本論・結論」とも勉強しました。

T：この文章は、「序論・本論・結論」は上手に使えていましたか？

C：はい。使えていました。問いの文とかがあったし。

C：まとめの段落もありました。

T：では今日は、この文章の「序論・本論・結論」がどうなっているか考えて、その工夫を見付けていきましょう。まず、それぞれで①〜⑧段落を分けて、「序論・本論・結論」を自分で考えてみましょう。そして、理由をペア

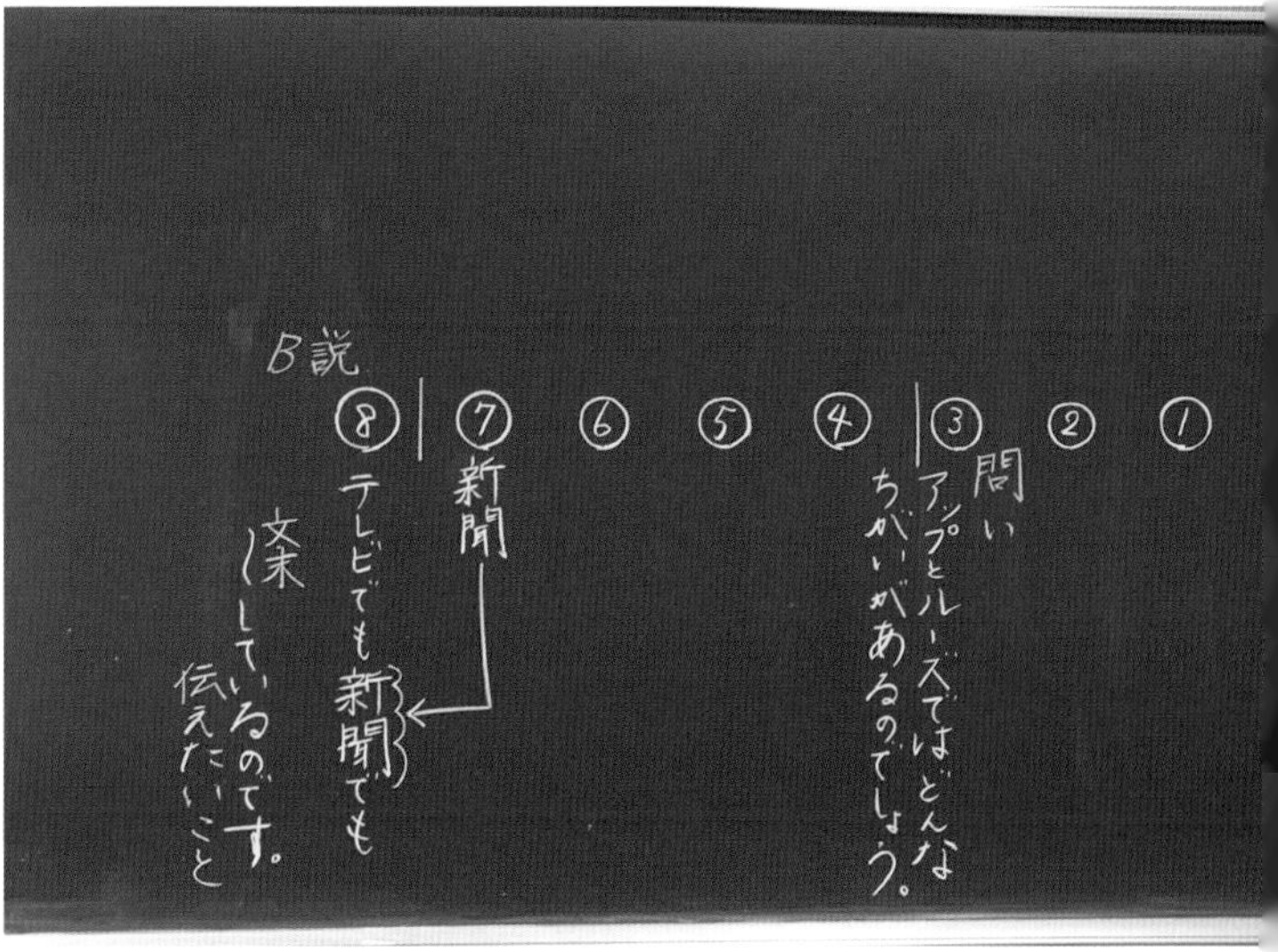

で話し合ってみよう。

指導のポイント

子どもの様子を机間巡視し、異なる誤読をしている二名に代表として黒板に書かせて「A説」・「B説」と名付ける。

T：みんなの意見を見ていると、大きく分けて二つの説がありました。どのように考えたのか紹介してくれますか？

C：ぼくはA説と考えました。なぜなら、③段落に問いがあるので序論で、⑥段落には「このように」と答えをまとめてあるからです。

C：わたしは、B説と考えました。問いがあるので③段落までを序論としたのは○○くんと同じですが、「テレビでも、新聞でも…」と書いてあったり、「しているのです」と自分の伝えたいことを強く言ったりしているので、結論は⑧段落だけだと思います。

板書のポイント

①二つの考えを黒板の下の方で左右に対比的に板書するようにする。根拠となる叙述は白チョーク、その叙述をどのようにとらえているかは黄チョークというように分類して書くようにする。

②黒板上部は、二つの説を折衷させながら考えを生み出せるスペースとしてあえて空けておく。

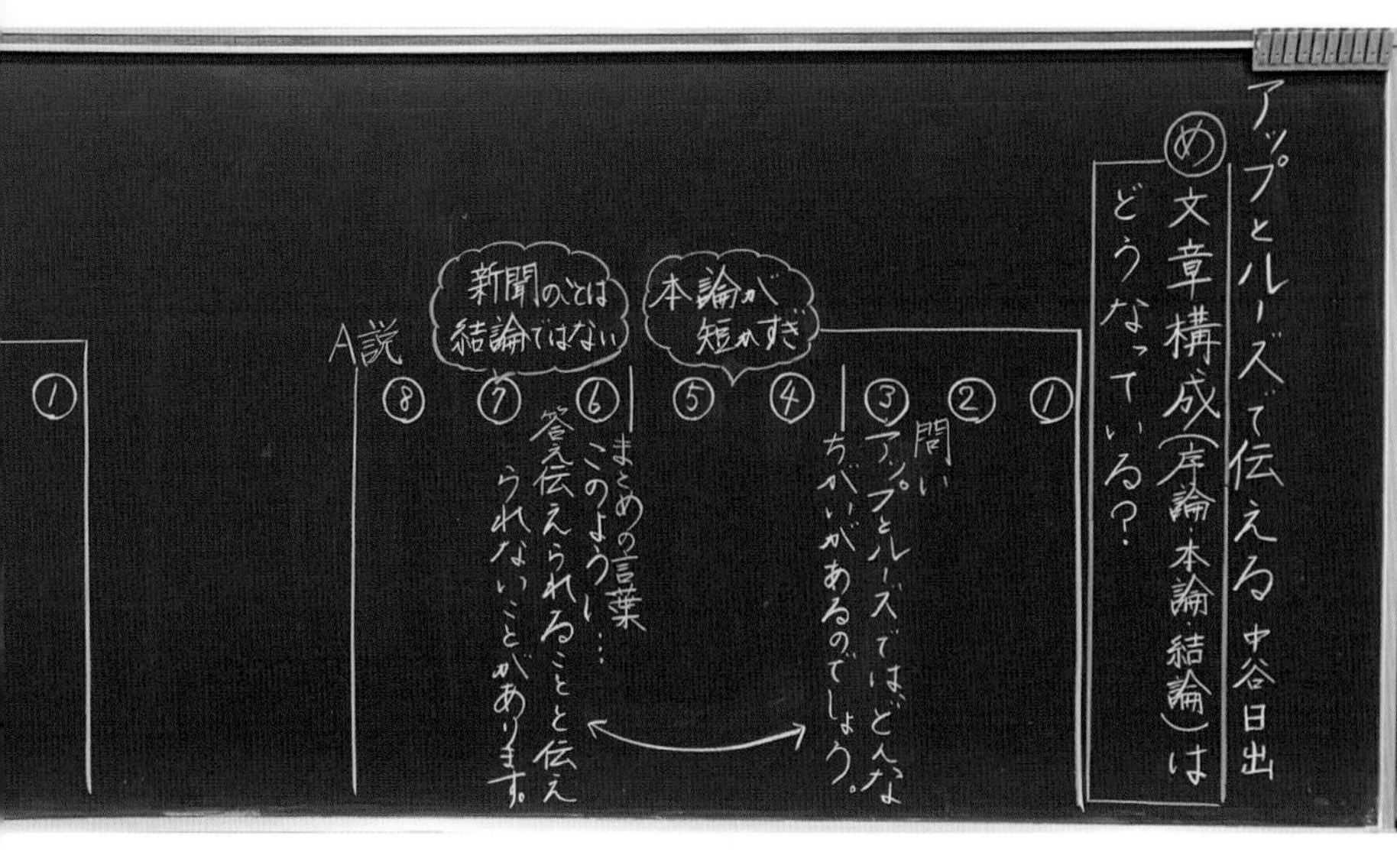

2 それぞれの考えについて検討する

T：では、A説とB説のどちらが文章にぴったりなのかな。討論してみましょう。

C：やっぱり、A説だと思うな。序論の「問い」に対して、「アップとルーズには、伝えられることと伝えられないことがあります。」と⑥段落に答えを書いているから。

C：でも結論に具体例の新聞のことが入ってくるのは変だよ。

C：しかも、本論が④段落と⑤段落しかないよ。短すぎるよ。

> **指導のポイント**
> 必要に応じて、子どもに「〇〇さんの言いたいことは分かる？」などと促しながら、論点や話し合っている内容の共有化を図るようにする。

C：うん、だから、やっぱりB説だよ。筆者が伝えたいことが⑧段落にまとめてあるから結論だよ。

C：そう。だって筆者はアップとルーズの説明を踏まえて、アップで撮るか、ルーズで撮るかを決めたり、撮ったものを選んだりしていることが伝えたいことなんだから、結論は⑧段落だけだと思うよ。

Ｃ：それに、⑧段落の最初の「テレビでも、新聞でも、…」とも合うしね。

Ｃ：でも、それだと③段落の「問い」と合わないと思います。問いと答えはつながっていないといけないって前に勉強したでしょ。

Ｃ：そうそう。「どんなちがいがあるのでしょう。」なのに、「テレビでも、新聞でも、…」だと合わないよ。

Ｔ：黒板を見てみると、どちらの意見にも納得できるところと、「うーん」と悩んでしまうぴったりこないところとがあるようですね。どうしたらよいだろう…黒板を使って何かいいアイデアは生まれないかな…。

指導のポイント

教師は子どもと共に悩んでいる雰囲気を演出し、新たな考えが必要だという雰囲気をつくる。

板書のポイント

①子どもの指摘を青チョークで囲んだり、図に書き込んだりしながら、どちらの説にも欠点（誤読）があることを強調しておくようにする。

②A説・B説を黄チョークで囲み、空所を目立たせることで、新たな説を作り出したいという意欲を引き出す。

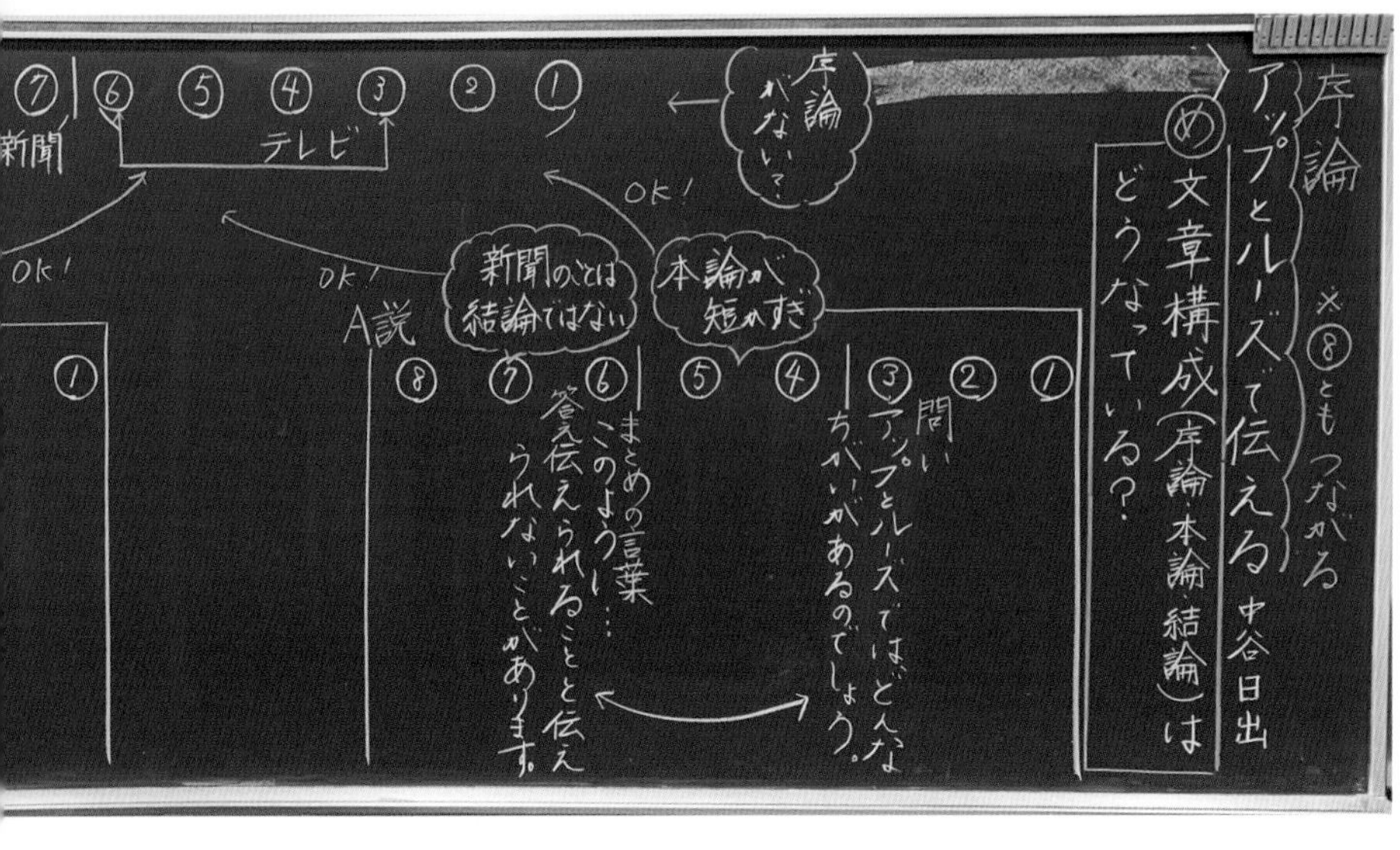

終末 ③ 二つの考えをもとに、新たな考えを生み出し、文章構成の読み方としてまとめる

T：まず、文章の内容で確かめてみよう。これまでの話し合いを踏まえると「結論」はどこなのかな。

C：それは、⑧でいいと思います。B説の人が言っていたように筆者の伝えたいことがまとめてあるし。

C：でも問いと合わない…⑥が問いの答えになっているし。

T：だったら、⑧に合わせて①〜⑦を分けてみたら？

C：そうすると、「テレビでも、新聞でも、…」だから、①〜⑥と⑦で分ける？

C：でも、それだったら序論が長くない？

C：というか、テレビと新聞の二つの説明って感じで、序論がない感じになる。

C：それはだめだよ！

T：だめなの？　序論がない文章もあっていいんじゃない？

C：いきなり説明だと何の話か分からなくなる。

T：だったら、もし①〜⑥・⑦・⑧と分けるとすると、本当に序論のような話題提示になるところはないのかな。黒板のどこかに序論の代わりが隠れていたりしないかな…。

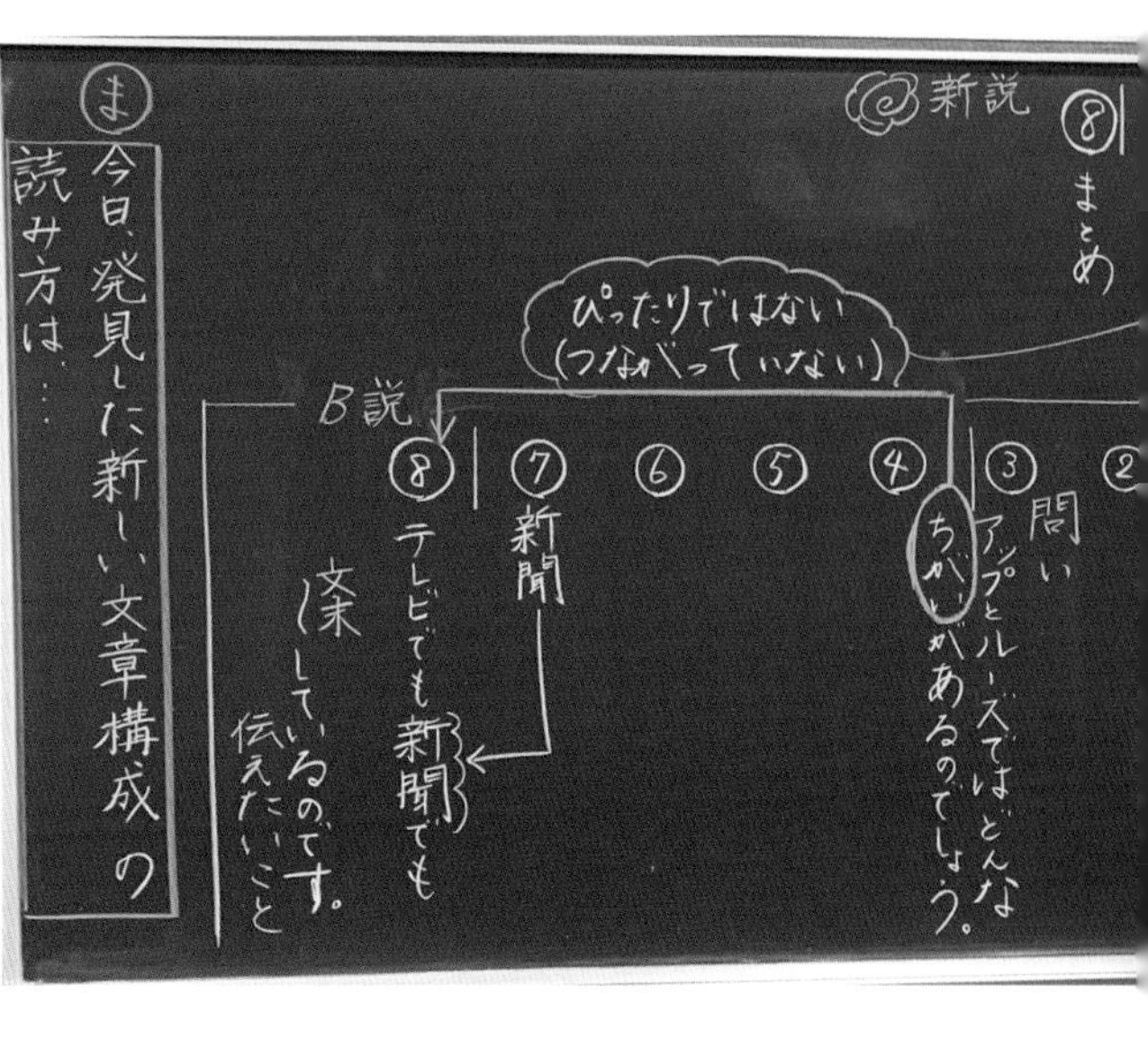

C：あ！　分かった！　題名だ！

C：そうか。題名が序論のように「これから『アップとルーズで伝える』ことについて説明する」っていうことを伝えているんだ。

C：そうすると、題名の「伝える」っていう言葉が⑧段落ともつながるね。

T：なるほど。だから、いきなり本論として「テレビで…放送しています。」という、今までの説明文にはあまりない書き出しだったんだ。

C：ありだと思う。今回はテレビのことなのでみんな知っていることだし、いきなり説明が始まっても読めました。

T：なるほど。「序論・本論・結論」の構成は、文章の内容をもとにして判断しないといけないことが分かったね。今日、学んだ読み方をまとめてみましょう。

板書のポイント

①子どもの発言を受けながら、青で囲っておいたA説・B説の欠点（誤読）、また新しい説の疑問点が解決していることを赤チョークで強調して「OK！」などと板書し、学習の納得度を高めていきたい。

②題名が序論となっていることを発見できたら、特に太い矢印で示し、そのような新たな見方ができたことを価値付けるようにする。

本時で目指す子どもの姿

文章全体の構成や段落同士の関係をとらえながら、文章を読む方法についてまとめている。

「ニャーゴ」（東京書籍・第二学年）

1 教材の特性

本教材は、子ねずみたちのことを食べようと思っていたねこのたまが、ねこの存在を知らない子ねずみたちの純粋で優しい行動と触れ合うことによって、最後には心のつながりが生まれるという物語である。作者である宮西達也さんの作品らしい、とてもハートウォーミングな物語である。

しかし、この物語は、二年生という発達段階において誤読が生じやすい傾向がある。例えば、「中心人物」のとらえである。「子ねずみたち」を中心人物ととらえる子どもが出てくることが多い。それは、幼児期から一年生の学びや自身の経験の中で、「中心人物ははじめに登場してくる」という物語スキーマをもっている子どもがいるからである。これらを新たに「中心人物とは、物語の中で大きく変化した人物である」ととらえ方の更新を図る必要がある。

それ以上に、誤読としてよく挙がる点が「最後のニャーゴは、『食べたかったなあ』という気持ちを表現している」というとらえである。これまで、たまに強く同化して読んでいる子どもは、「食べてやろう―食べられなかった」という変化で文章を読んでしまうのである。「小さな声」や挿絵の涙も悔しさととらえてしまう。しかし、「ももをだいじそうにかかえたまま」といった描写を関連付けるならば、最後のニャーゴは「ありがとう」や「また会おうな」など、子ねずみたちと心がつながったと読み取るほうが妥当と考えられる。

よって、あえて誤読も提示しながら、どちらが解として適しているかを話し合い、検討する中で「中心人物の変化」という物語の読みにおいて重要となる観点を子どもが得ることのできる大切な教材であるといえるだろう。

2 単元で目指す子どもの姿

◎読みの力：中心人物と対人物をとらえるとともに、はじめと終わりの中心人物の変化について大まかにとらえながら読むことができる。
○学びに向かう力：学習した物語の読み方をもとに、同じ作者の他の物語を読み、進んで紹介しようとする。

3　単元計画（全8時間）

第一次【「ニャーゴ」ってどんなお話？】

①今までに物語を読んで、どんな気持ちになったことがあるか出し合い、教材文に出合う。そして、「ニャーゴは○○と感じる物語」と感想をまとめ、交流する。

第二次【ニャーゴを分析してみよう】

②たまと子ねずみたちのどちらが大切な登場人物であるかを話し合い、心が変わった登場人物が中心人物、その人物に影響を与えた人物が対人物であると知る。
③題名の「ニャーゴ」は、三回の「ニャーゴ」のどれかを話し合い、一・二回目の「ニャーゴ」と三回目の「ニャーゴ」の意味合いの違いをとらえる。
④一回目の「ニャーゴ」と二回目の「ニャーゴ」の違いを考える。
本時 ⑤三回目の「ニャーゴ」の意味について、文脈に沿ってどのようにとらえたらよいのか考える。

第三次【宮西達也さんの物語を分析してみよう】

⑥自分の決めた宮西達也さんの作品（例：ティラノサウルスシリーズなど）を読む。
⑦自分の選んだ作品の中心人物と対人物、またその作品の中の変化を紹介する準備をする（例：ミニポスターを作るなど）。
⑧作品の紹介会を開くとともに、単元で身に付いた力を振り返る。

4 授業の実際（第5時）

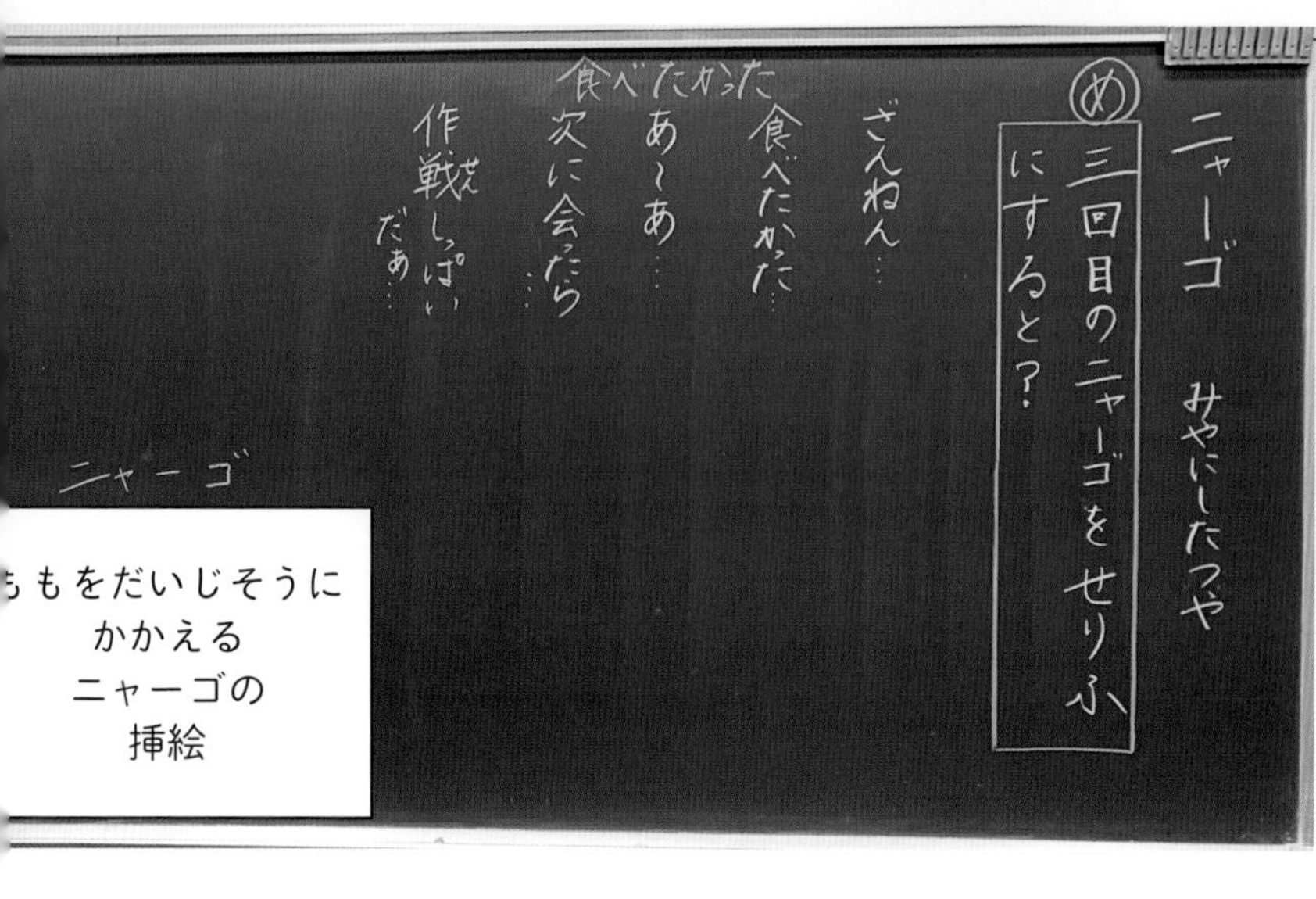

導入

1 これまでの学習を振り返り、三回目のニャーゴの意味について課題を見いだす

T：三回の「ニャーゴ」を比べていますね。どの「ニャーゴ」が特別でしたか。

C：三回目だよ。ほかの二つは「食べてやる」っていう気持ちで言っていたから。

C：同じです。これまでの二回は「食べてやる」で、三回目は「ごめんね」になっているからだと思います。

C：僕は、他の二つは「食べてやる」で、最後の三回目は「食べたかったなあ…」って残念になってるんだと思うよ。

指導のポイント

中心人物であるたまの子ねずみに対する心情が変わっているととらえている発言と、変わっていないととらえている発言を意図的に整理しながら板書して、ズレを演出する。

T：あれ？　今の三人の言っていることは同じでしたか？

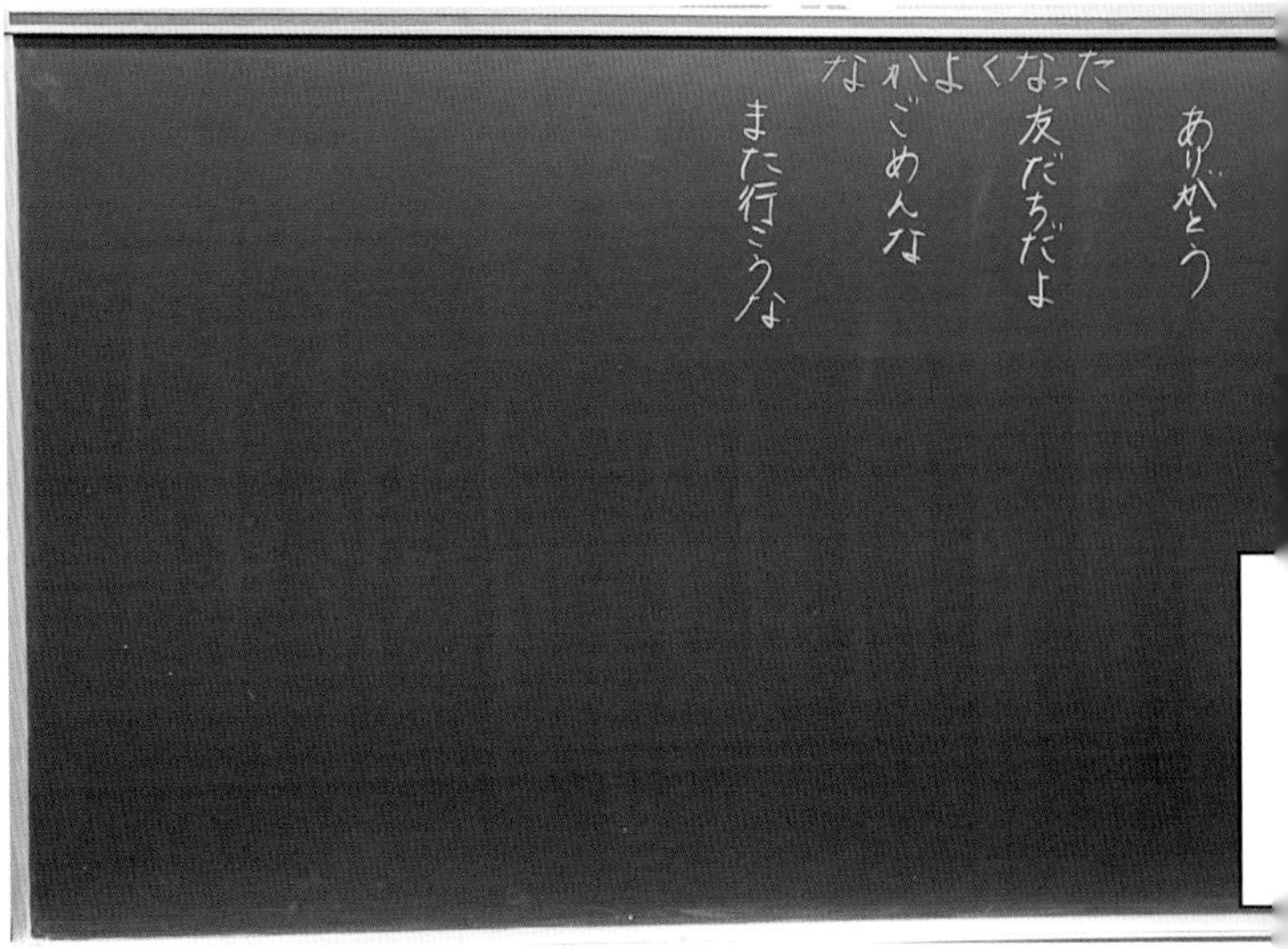

C：違っていました。優しくなっている感じとそうでない感じでした。

T：だったら、まずノートに三回目の「ニャーゴ」を人間の言葉のセリフにすると何になるか、一言で書いてみて交流してみよう。どうかな？

C：ぼくは、「あ～あ」です。

C：わたしは「これからは友達だよ」です。

C：ぼくは、「ありがとう」です。

C：わたしは、「次に会ったら食べたいな…」です。

T：ここまでの黒板を見て、気付くことはあるかな？

C：食べたかったという人と、仲よくなったという人がいます。

T：そうだね。では今日は、この三回目の「ニャーゴ」をセリフにするなら何がぴったりなのか考えていこう。

板書のポイント

①子どもの読みを分類しながら板書することで、読みの違い（ズレ）を明示していき、学習への課題意識を高めていくようにする。

②対立構造で板書することで、すべての子どもが自分の立場を選んで学習に取り組めるようにしていく。

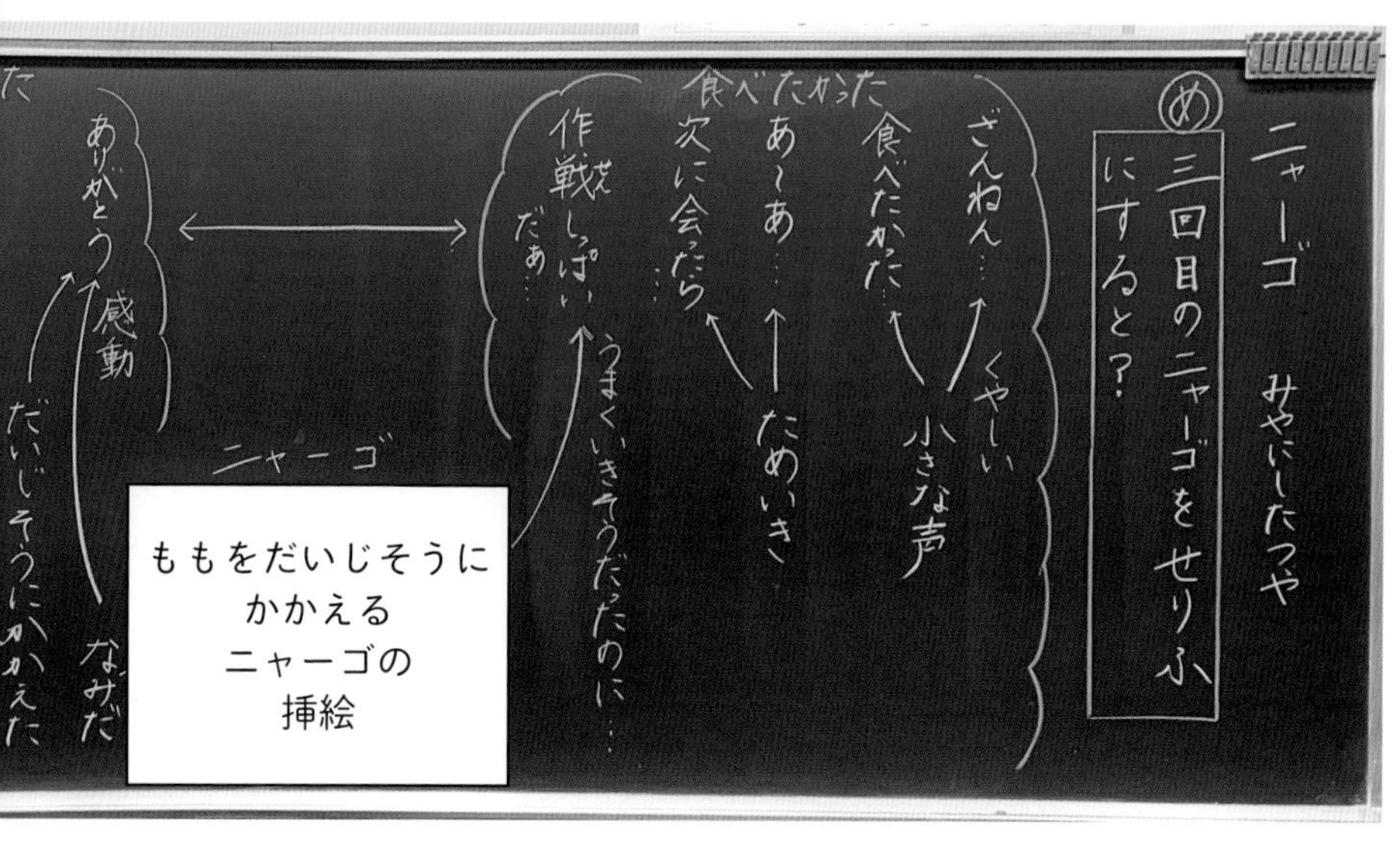

展開

② 自分の考えたセリフとその理由を話し合う

T：では、三回目の「ニャーゴ」をセリフにしてみて、なぜそう考えたのか理由をノートに書いてみよう。

指導のポイント

子どもには、先ほどノートに短く書いたセリフに理由を加えてもよいし、新たな考えをノートに書いてもよいことを助言する。

C：ぼくは「ざんねん…」にしました。文に「ちいさな声で」って書いてあって、これは悔しいからだと思います。

C：わたしは違って「ちいさな声」は「ごめんな」っていうことだと思います。その後に、ためいきもついているから、食べようとしてしまって悪かったっていうことだと思います。

C：ぼくは、ためいきは、「あ〜あ、食べたかったなあ」っていう気持ちだと思うよ。

C：うん、わたしもそう思う。だって、絵を見てみると、涙がたまっているでしょ。うまくいきそうだったのに作戦が失敗して泣きそうなんだと思うよ。

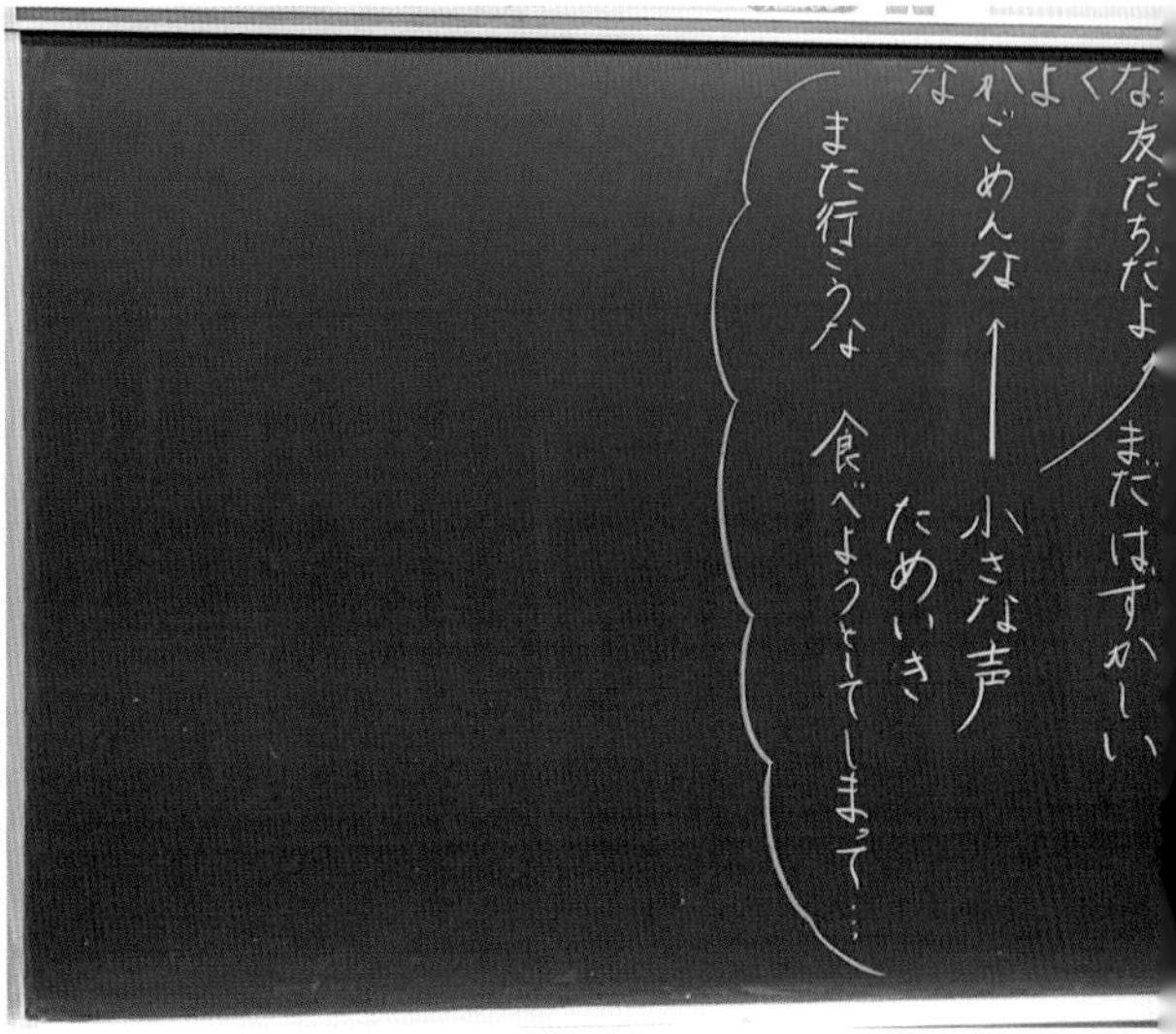

C：え？　そうかな。ぼくは、この涙は、子ねずみたちの優しさへのうれし涙だと思うよ。「だいじそうにかかえたまま」って書いてあるし。だから、この三回目の「ニャーゴ」は「ありがとう」なんだと思うよ。

T：ここまでを振り返り、黒板を見て何か気付いたことがある人はいますか？

C：セリフが違うのに、理由にしていることが同じ人がいます。

C：しかも、違う色（板書の赤枠・青枠）なのに…。

T：そうだね。同じ文章や言葉をもとにしているのに、反対の意見になるなんて、さらに困ってしまいましたね。だったら、「食べたかった」と「仲よくなった」ではない考え方の方がいいのかもしれないね。う〜ん…。

板書のポイント

①これまでの板書に、根拠を白、理由を黄色で書き加えていくようにする。特に、根拠について板書をするときには、どちらの立場においても同じ根拠に着目していることに気付けるよう同じ言葉で板書する。

②挿絵を貼り、それを根拠に考えを述べたい子どもを支援する。

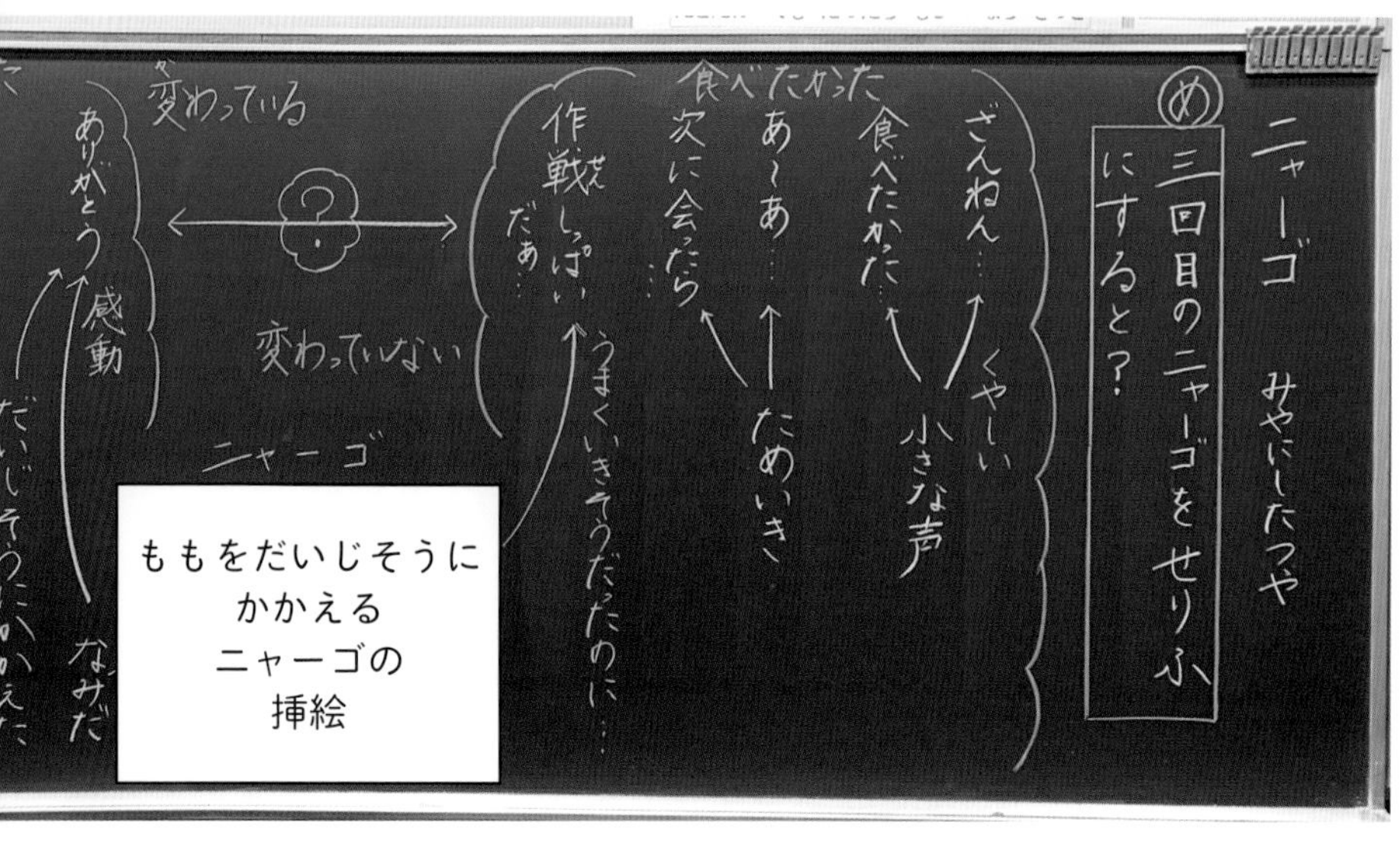

終末

3 中心人物が変わっているのかどうか考える

T：では、「食べたかった」の人たちは、はじめと終わりのたまをどう考えているのかな。

C：たまはずっと食べたかったと思っています。

T：つまり、「変わっていない」ということだね。

T：だったら、「仲よくなった」の人たちは？

C：「変わっている」と考えています。

T：なるほど。だったら、たまが「変わっている」、「変わっていない」という終わりではどちらがよいかな。

指導のポイント

つぶやきが生まれたことを見計らって、ペアで交流する時間を設定し、その後全体で交流していくようにする。

C：「変わっていない」でよいと思います。だって、ねこなんだから、ねずみを食べたいって思うのは普通です。

C：え…そうだけど…。

T：どういうことかな？

C：だってねこはねずみを食べるけど、これはお話だから…。

T：今の○○さんの気持ちが分かる？

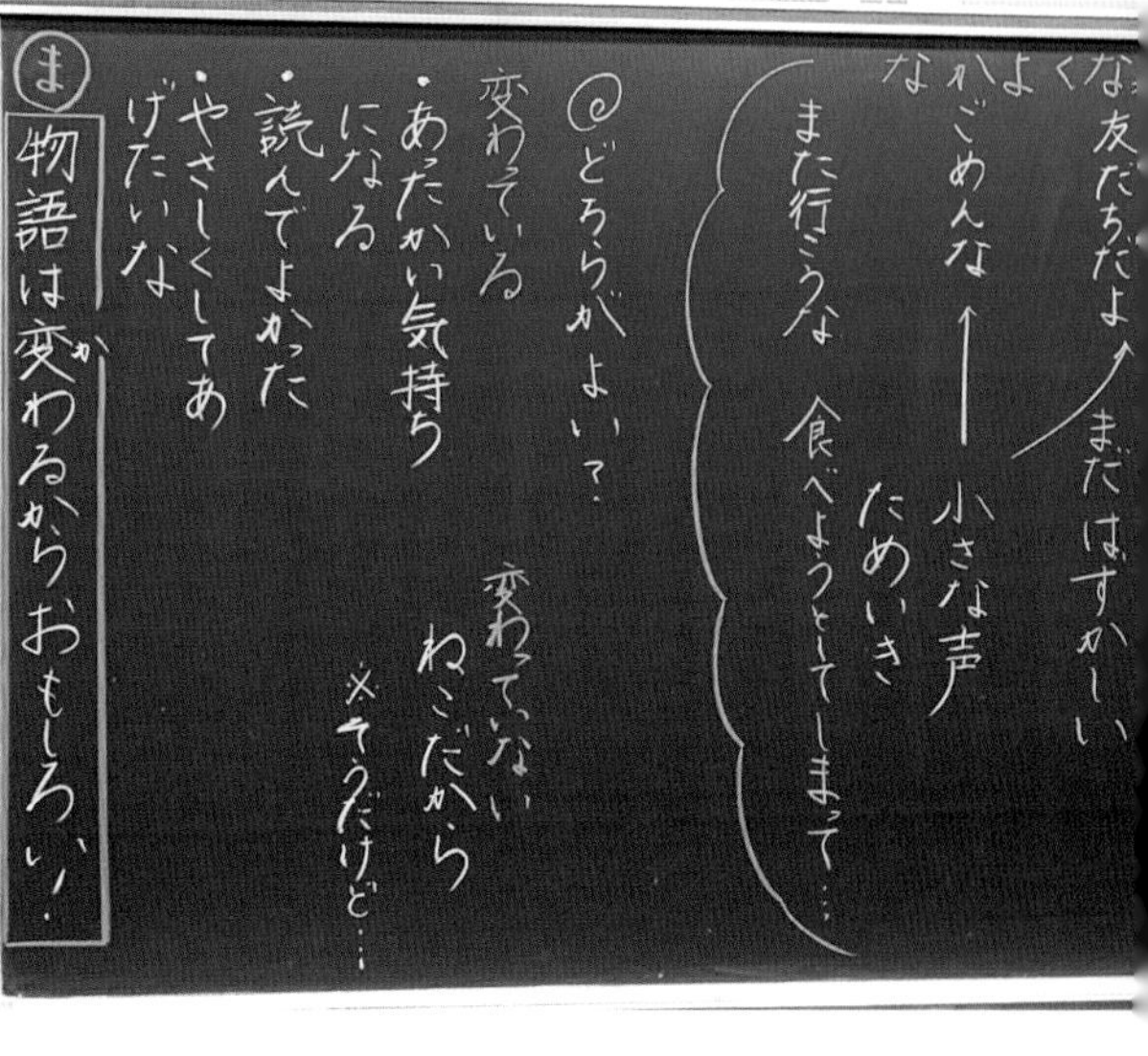

C：分かるよ。だって本当のねことねずみの話じゃなくて、たまと子ねずみたちの物語だから…。

C：そう。だから、「変わっている」がよいと思う。あったかい気持ちになれるし。

T：「変わっている」と考えられる一番の証拠は黒板にある？

C：「だいじそうにかかえたまま」です。だって悔しい気持ちだったらももを大事にはしないよ。うれしいんだと思う。

C：もしずっと「食べたい」のままだったらおもしろくないしね…。

T：なるほど。物語は「変わる」からこそおもしろいんだね。

C：でもなあ…。

T：まだ納得できていない人もいるみたいだね。それなら他の宮西さんの作品もはじめと終わりで変わっているか読んでみよう。

板書のポイント

①「仲よくなった」と「変わっている」、また「食べたかった」と「変わっていない」の色をそろえ、子どもに話し合っていることが何なのかとらえやすいようにしておく。

②「変わっている」と「変わっていない」を上下で対立的に板書し、意見を比較しやすいようにする。また、本時の学習のまとめは、子ども自身で行うことは難しいと考えられるので、子どもの声を拾いながらまとめていくとよい。

本時で目指す子どもの姿

はじめと終わりの中心人物の変化に着目する読み方のよさを見いだし、まとめている。

「人をつつむ形―世界の家めぐり」（東京書籍・第三学年）

1 教材の特性

本教材は、筆者である小松義夫氏が世界中をたずねて見てきた特徴的な家について、写真や絵とともに紹介している文章である。自分たちの生活している日本の家の様子とは全く違う世界の家々の様子に、子どもたちは驚きをもって読むことのできる楽しい教材である。

この教材の特性は三点ある。一つ目は、「はじめ」と「中」で構成された頭括型の文章構成になっていること、二つ目は、モンゴル、チュニジア、セネガルの三つの事例は、「家のつくりの工夫」が「土地の特徴や人々の暮らし」と関連付けて説明されていること、三つ目は、筆者の思いが題名である「人をつつむ形」に色濃く表現されていることである。特に、三点目の題名については、「すべての家が「人をつつむ形」といえるのかどうか」という、単元を通した読みの課題を設定する上で活かすことができるであろう。

そして、それぞれが「つつむ形」といえるのかどうか議論しようとすると、必然的にそれぞれの家のつくりの工夫と、その工夫を必要とする土地の特徴や人々の暮らしといった、事例のキーワードを読み取って比較し、判断していかなくてはならない。それぞれの家に違いはあれど、人々を守り、助けているという共通点を見いだしていく中で、筆者の付けた「人をつつむ形」という題名の表現の巧みさが実感できていくのではないだろうか。

本教材を扱う中学年の時期において、文章の中の抽象と具体の関係をとらえながら文章を読み取り、整理できることはとても重要である。しかし、その力を伸ばすためには、子どもが読み取った情報を整理したくなる状況を作れるのかどうかにかかっている。よって、それぞれの家のつくりのおもしろさに子ども自身が素朴に出合い、それらを吟味していく中で整理したくなる状況を生み出していくことが大切である。その結果として、抽象と具体の関係に着目しながら読む力の育成を図っていきたい。

2　単元で目指す子どもの姿

◎読みの力：事例同士の共通点や相違点について、文章の要点や大切な語に着目して読み取ることができる。
○学びに向かう力：読み取った事例同士の共通点をもとに、進んで新たな事例を書き表そうとする。

3　単元計画（全8時間）

第一次【題名について考えよう】

①題名である「人をつつむ形」とは何かを予想して教材と出合い、どの家がおもしろいと思ったのか感想を書く。

②感想を交流しながら、どの家も「人をつつんでいる」といってよいのかという問いを立てる。

第二次【三つの事例が「人をつつむ形」といえるのか話し合おう】

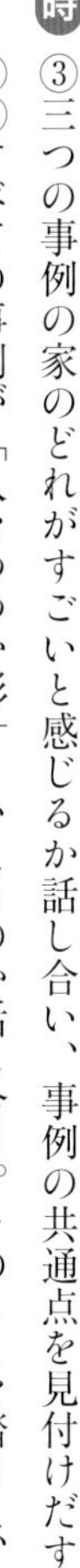

本時 ③三つの事例の家のどれがすごいと感じるか話し合い、事例の共通点を見付けだす。

④⑤すべての事例が「人をつつむ形」といえるのか話し合う。そのことを踏まえ、文章にまとめの段落を書き加える。

⑥筆者の述べ方のよさについてまとめながら、他の世界の家にも興味をもち、新たな事例を付け加えるという第三次の学習計画を立てる。

第三次【「人をつつむ形」を付け加えよう】

⑦関連図書をもとに他の国々の家を調べ、新たな事例として文章を書く。

⑧書いた文章を交流しながら、単元で身に付いた力を振り返る。

4 授業の実際（第3時）

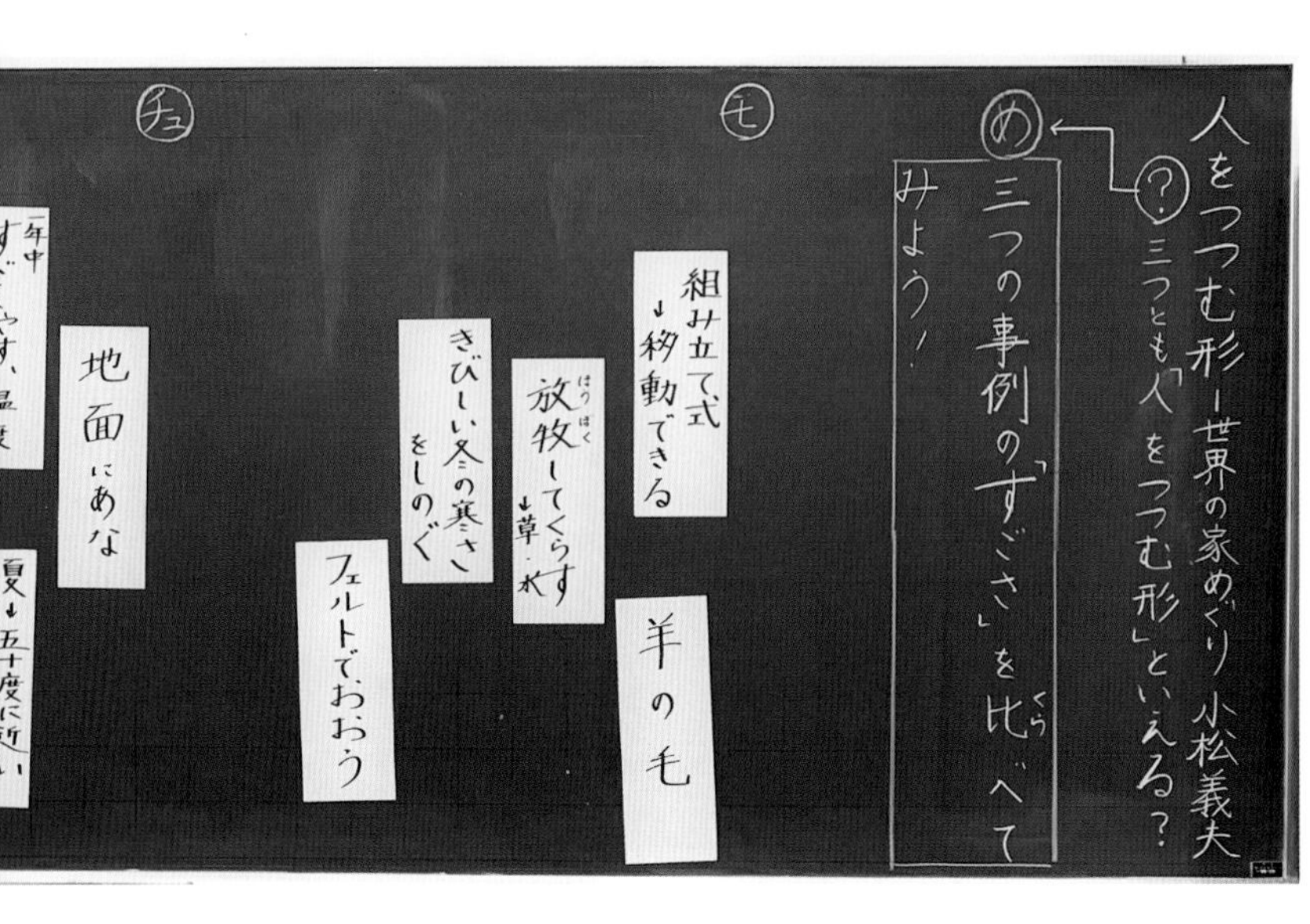

1 これまでの学習を振り返りながら本時の学習課題を設定し、どの家が一番すごいか考える

T：前回は、三つの事例がすべて「人をつつむ形」といってよいのかどうかという疑問を見付けましたね。

C：わたしは、すべて人をつつむ形だと思っているよ。

C：ぼくはすべてではないと思うな。つつんでいない家もある。

C：人をつつんでいてすごいなと思う家もあれば、そうじゃない家もあるというか…。

T：すべて同じぐらいすごいわけではないということ？

C：そうです。

T：なるほど。では、今日は事例の三つの家が「人をつつんでいる」といっていいか、「すごさ」で比べてみよう。

指導のポイント

一度自分の考えを挙手で発表させ、考えのズレを演出してから、個別にノートに書かせてもよい。

T：どの家が一番すごいと思いましたか？

「人をつつむ形ー世界の家めぐり」（東京書籍・第三学年）

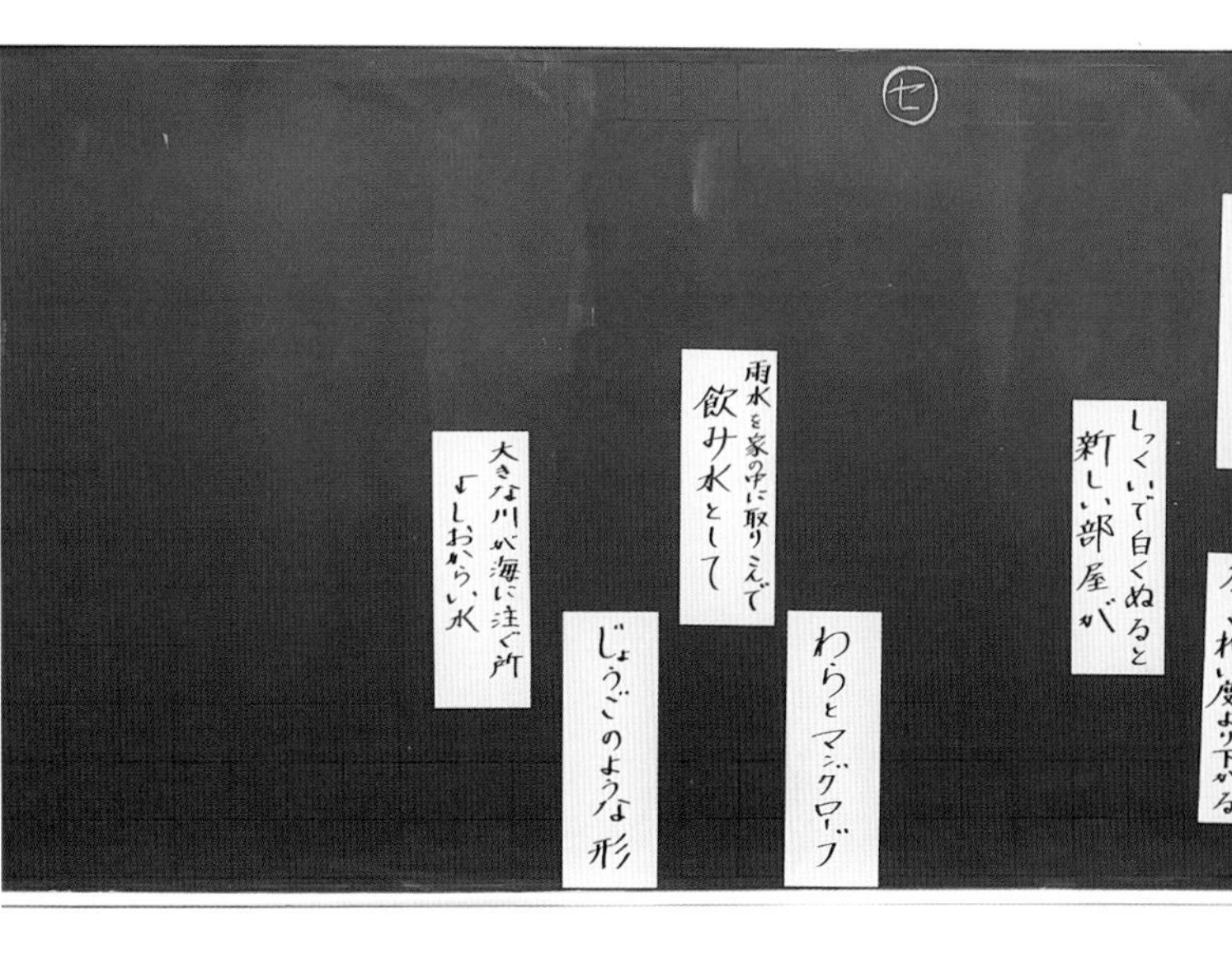

C：モンゴルの家です。組み立て式で移動できるなんてすごいと思います。

C：ぼくも同じです。組み立てだからスカスカかと思ったけど、厳しい冬の寒さを羊の毛でしのげるなんて、すごい機能だと思います。

C：わたしはチュニジアの部屋です。部屋を増やせるのがうらやましいです。わたしも自分の部屋が欲しい…。

C：ぼくもチュニジアです。だって、穴を掘った部屋が一年中過ごしやすいなんて、びっくりしました。

C：ぼくはセネガルです。飲み水が家から作られるなんてびっくりしました。エコな生活の仕方ができてすごいです。

C：そう。じょうごのような形にしているのもすごい。日本だったら大雨で大変なことになりそうだけど。

指導のポイント

まずは、子どもそれぞれが強く関心をもったことを表現させ、板書にそれぞれの家の特徴に関する情報が並ぶ状態を作る。

板書のポイント

①子どもが根拠として示した叙述を短冊にして、それぞれの国名の下に雑然と貼っておくようにする。

②学級の実態によっては、この後の2の活動の布石になるよう、あえてそれぞれの家の「工夫しているところ」に関わる短冊を黒板上部に貼っておいてもよい。

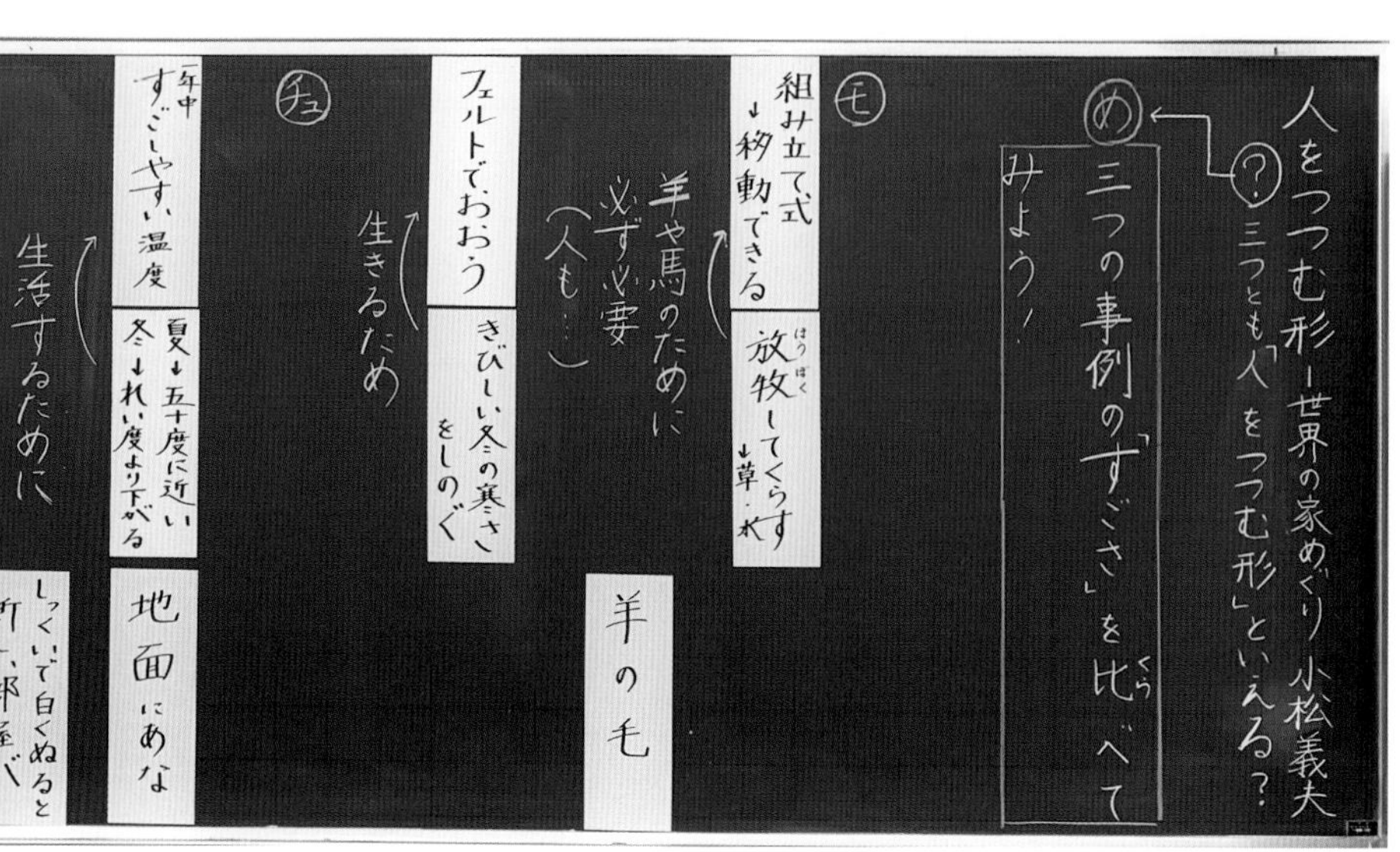

展開 2 三つの事例の共通点を見付け、整理する

T：それぞれの家のすごいところが見付かりましたね。今、悩んでいる人はいますか？

> **指導のポイント**
> 他の展開として、はじめから一つに決められない子どもを見付けておき、意図的に指名することも考えられる。

C：なんだか、どの家もすごいなと思えてきて…。

T：どういうこと？

C：どの家もいいところというか、その場所にぴったりというか…。

T：○○くんが言いたいことは分かる？

C：はい。その場所に合うよう、どの家も工夫しているんだと思います。

T：二人が注目しているのは、それぞれどのカードなのだろう。横の人と黒板を指さしながら話し合ってみよう。

> **指導のポイント**
> この後の、カードを整理する場面では、子どもを黒板の前に来させて実際に動かしながら説明させるとより効果的である。

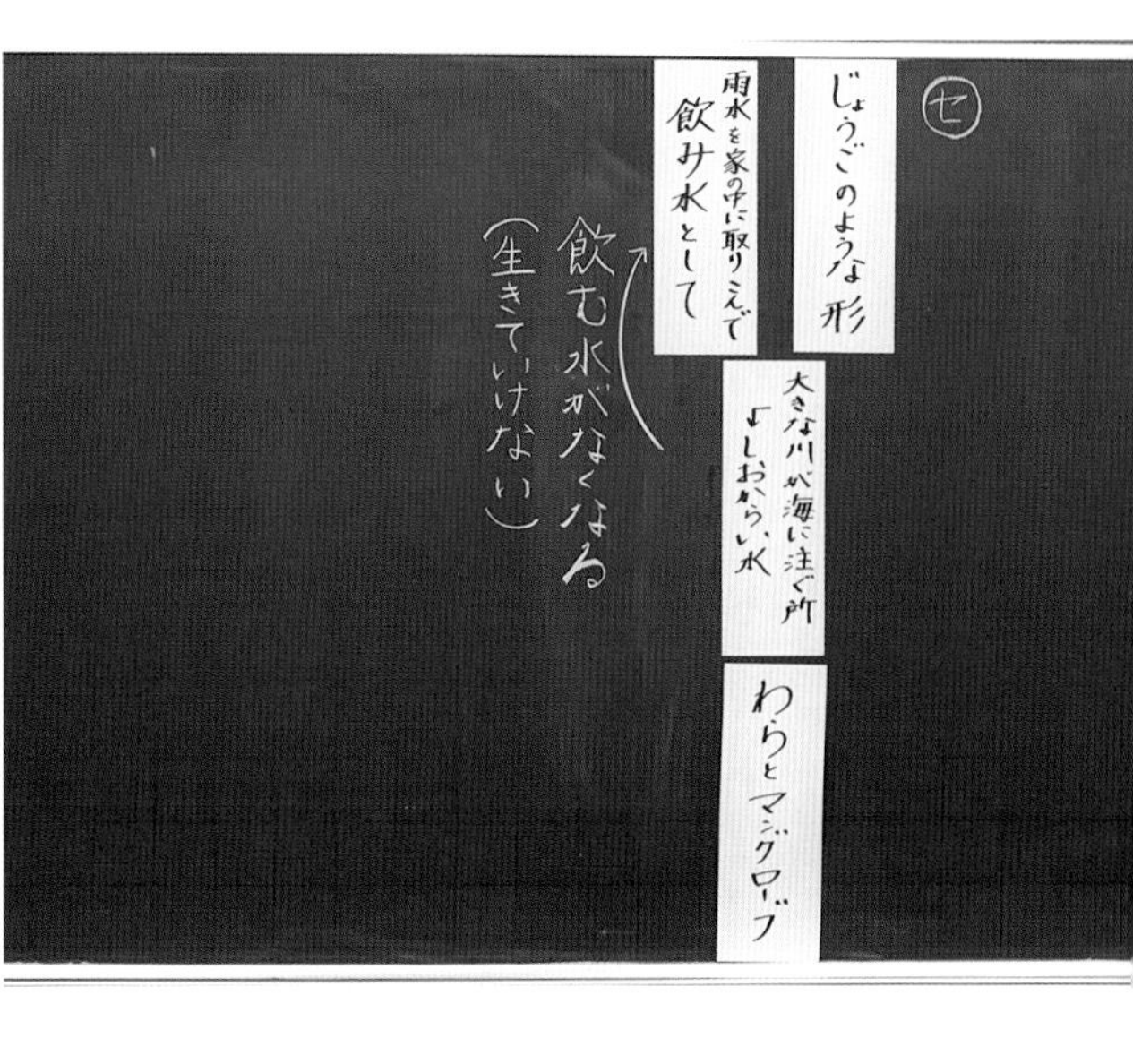

C：二人が注目しているのは、例えばチュニジアだったら、このカード（「一年中すごしやすい」）だと思います。なぜなら、夏は五十度近く、冬はれい度より下がるから、一年中過ごしやすいのは、そこで生活しようと思ったらそうなっていないと困ると思うからです。

C：セネガルだと、このカード（「飲み水として利用」）です。だって、井戸を掘っても塩からい水しか出ないんだから、雨の水を集めないと飲む水がなくなって生きていけないよ。

指導のポイント

それぞれの事例の中で、家のつくりの工夫と土地の特徴や人々の暮らしを関連付けさせていくようにする。

板書のポイント

①事例の大切な語が書かれたカードをもとに、考えを交流させていくようにする。その中で、子ども自身にカードを整理させていくようにしたい。

②土地の特徴や人々の暮らしについてのカードと、家のつくりの工夫についてのカードを、それぞれの事例において同じ並び方にして矢印でつなぐことで、3の活動で述べ方の特徴を見付けるヒントになるようにする。

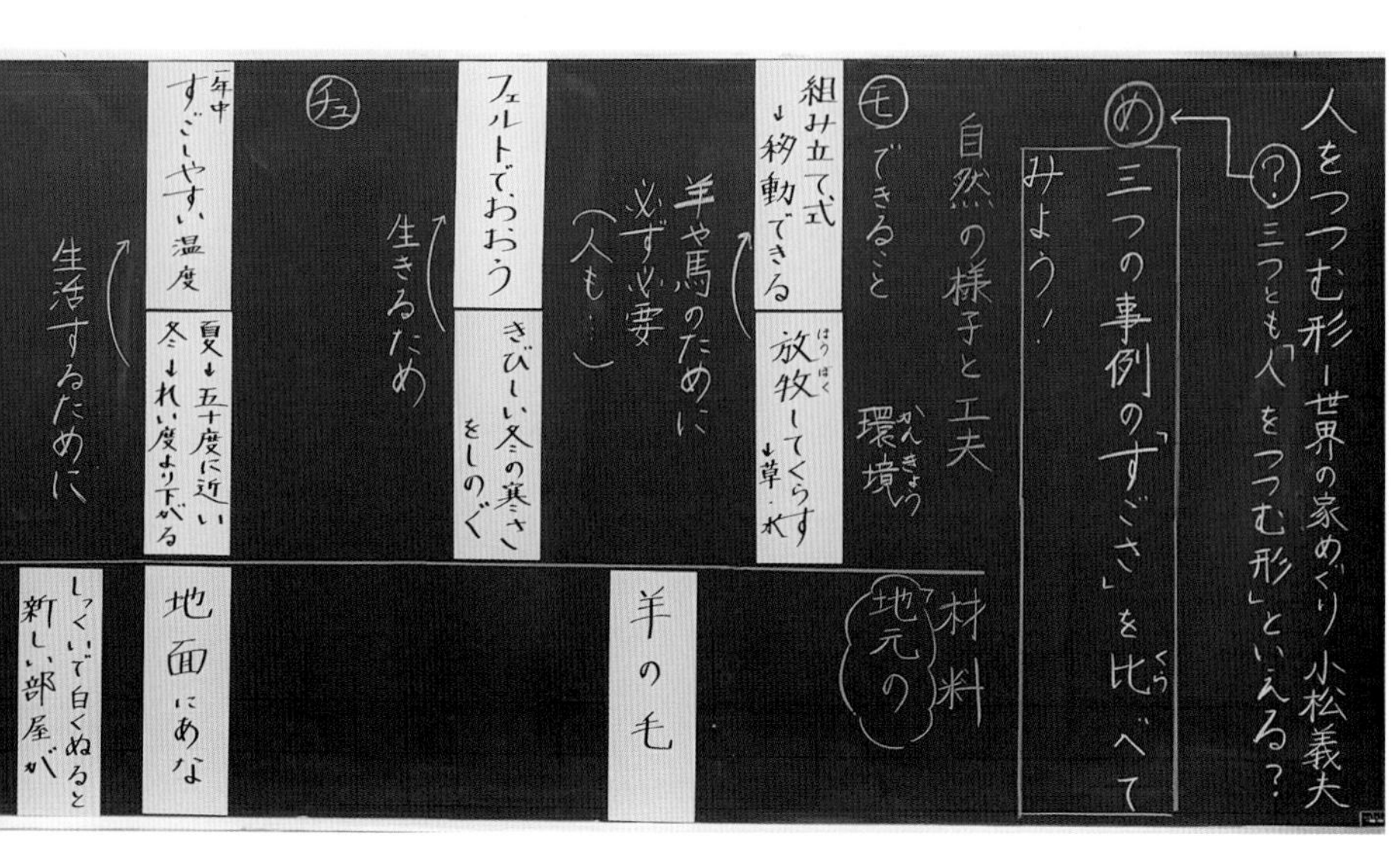

展開

3 事例の共通点をさらに見付け、事例の述べ方の特徴に気付く

T：みんなのおかげで、表のようになったね。上の段は何の仲間かな？

C：「自然の様子と工夫」です。

指導のポイント
ここでは子どもの言葉で整理しておく。

T：なるほど。では、黒板の中で、他にも赤で書きこんだらいいと思うところはある？

C：下の段には「材料」って書くといいです。

C：たしかに。あ！「地元の材料」のほうがいいよ。だって、どの家も、その場所の材料を使っているから。

T：なるほど！　ますます整理された表になったね。この黒板を見て気付いたことはありますか？

C：全部の家が同じことを説明していたんだなと思いました。

T：そうだね。だから、どの家もすごいとみんなが感じるんだろうね。でも、実は筆者が、「同じように説明するよ」と教えてくれているところはない？

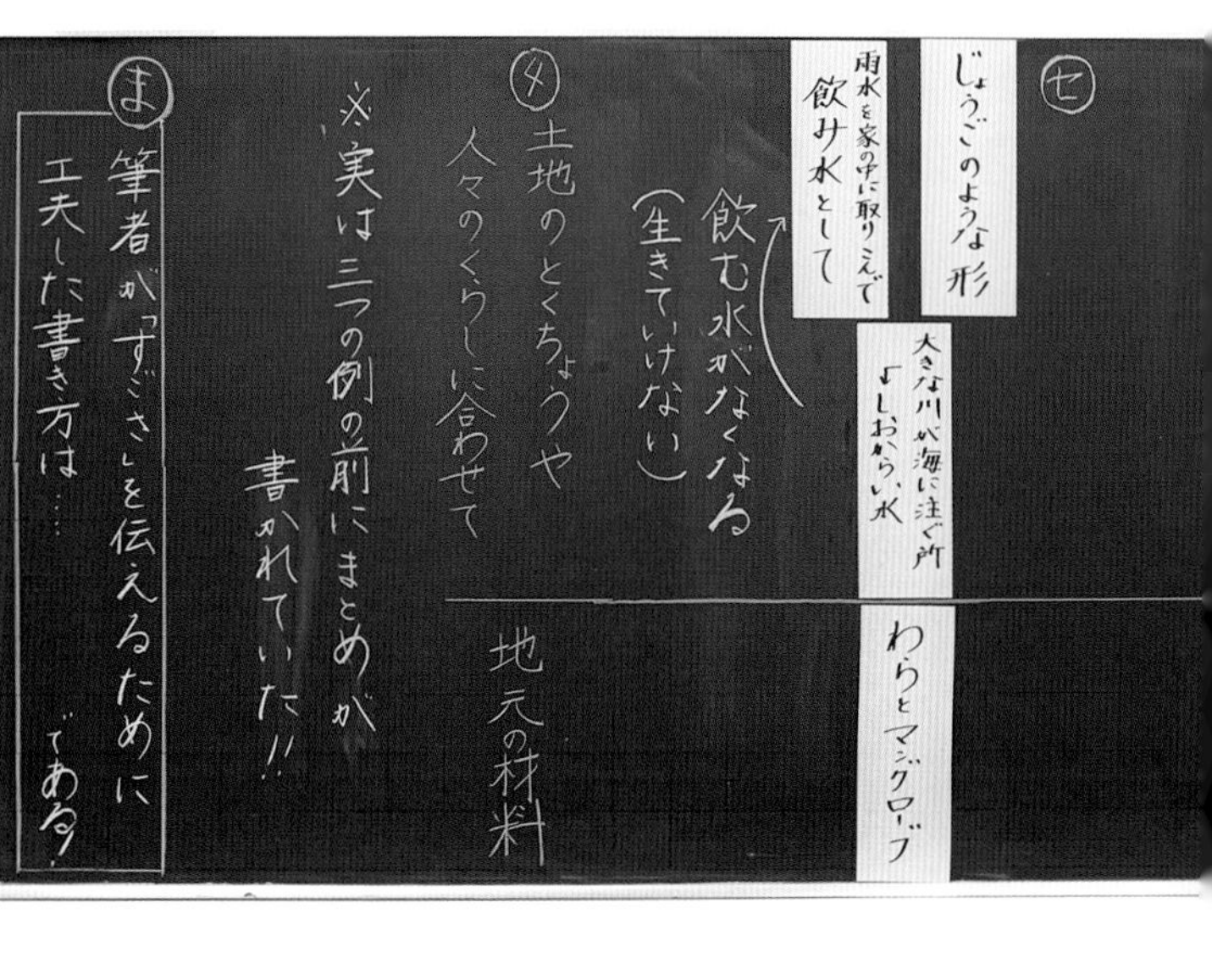

指導のポイント

ここでは子どもに教師から仕掛け、学びを深めていきたい。文章を読み返す時間を確保しておく。

C：あ！　④段落だ！　「土地のとくちょうや人々のくらしに合わせて」とか「地元のざいりょう」って書いてある。

T：なるほど。この文章を三つの事例の前にまとめとして書いてくれているおかげで、それぞれの家のすごさが自然と読めたのだね。では、今日見付けた、筆者の述べ方の上手なところをまとめてみよう。

（まとめを交流しながら）

C：でも、まとめって最後にある感じがしていた。

T：そうだね。みんなだったらどうしている？

C：最後にまとめの段階を書いている！

T：だったら、次回、改めて「人をつつむ形」という題名について考えて、みんなでまとめの段落を書いてみよう。

板書のポイント

①表の縦軸は赤チョークで記入し、子ども自身が見付けだした共通点として強調しておくようにする。

②④段落の筆者のまとめも赤チョークで記入し、子どもの言葉と比較できるようにして学びの実感を高める。

本時で目指す子どもの姿

大切な語をもとに事例同士の共通点を見付けて、述べ方のよさとしてまとめている。

「世界で一番やかましい音」（東京書籍・第五学年）

1 教材の特性

本教材は、やかましい音が大好きな王子様の誕生日の贈り物に、世界中の人が叫ぶという計画をするが、「自分だけは…」という考えが広まったせいで町中が静寂に包まれ、そのおかげで自然の音のすばらしさに王子様が気付くという物語である。先の気になる展開や、予想外の結末など、子どもにとって掛け値なしにおもしろい作品である。

この教材の特性は、「設定・展開・山場・結末」および「クライマックス」という物語の基本的な構成が分かりやすいことである。王子様の名前であるギャオギャオや、けたたましい音を好む町等の「設定」、世界で一番やかましい音を誕生日に聞きたいと言い出し物語が動き出す「展開」（発端）、世界中が静かになり王子様や町の人が変化をする「山場」における「クライマックス」、そして、平和で静かな町を自慢するようになる「結末」。それぞれに物語をおもしろくしている要素がちりばめられている。また、クライマックスへの伏線となるある町のおばさんの存在も欠かせない。「別に悪気はなかったのですが」が少しずつ広まっていく描写は、読み手を「この後はどうなるのだろう…」と物語の世界へ引き込んでいく。そして、物語の結末は冒頭と真逆ともいえる大きな変化が起きている。つまり、簡潔にいえば、「典型的な物語の型がとても効果的に用いられている作品」といえるだろう。

よって、子ども自身がおもしろいと実感できたところを交流し合う中で、物語の基本となる構成や、伏線の効果について気付いていくことができる教材である。

2 単元で目指す子どもの姿

◎読みの力：物語の基本となる構成や、山場で起きたクライマックスの変化について読み取り、その効果を評価することができる。

○学びに向かう力：物語の基本となる構成を活かして、文章を書こうとする。

3　単元計画（全8時間）

第一次【まねして創ろう！　おもしろい物語】

①題名クイズ〔『世界で一番○○な○』さて○○、○には何が入る？〕を行った後、物語に出合う。おもしろさを数値化して交流しながら、教材を真似ておもしろい物語を書く学習計画を立てる。

第二次【おもしろい物語を創るコツって？】

本時 ②おもしろいと感じたところを交流し、整理していくことで、物語の基本となる構成とその効果を見付ける。

③クライマックスでの変化について、たくさん変化したものの中からどの変化が一番大切であったか話し合うことを通して、王子様の変容と町の変化を関連付けて読み取り、まとめる。

④はじめと終わりの立て札を比較して、作品から強く伝わってくることを考え、静かな町の歌を創作する。

第三次【チームで『世界で一番○○な○』を書こう】

⑤グループで物語の全体像を決めて、「設定・展開①（発端）・展開②（伏線）・山場・結末」の内容を話し合い、その中で自分が書くところを分担する

⑥⑦役割分担に沿って物語を書く（班での交流を適宜行う）。

⑧作品を読み返して推敲するとともに、他のグループと作品を読み合う。そして、単元で身に付いた力を振り返る。

4 授業の実際（第2時）

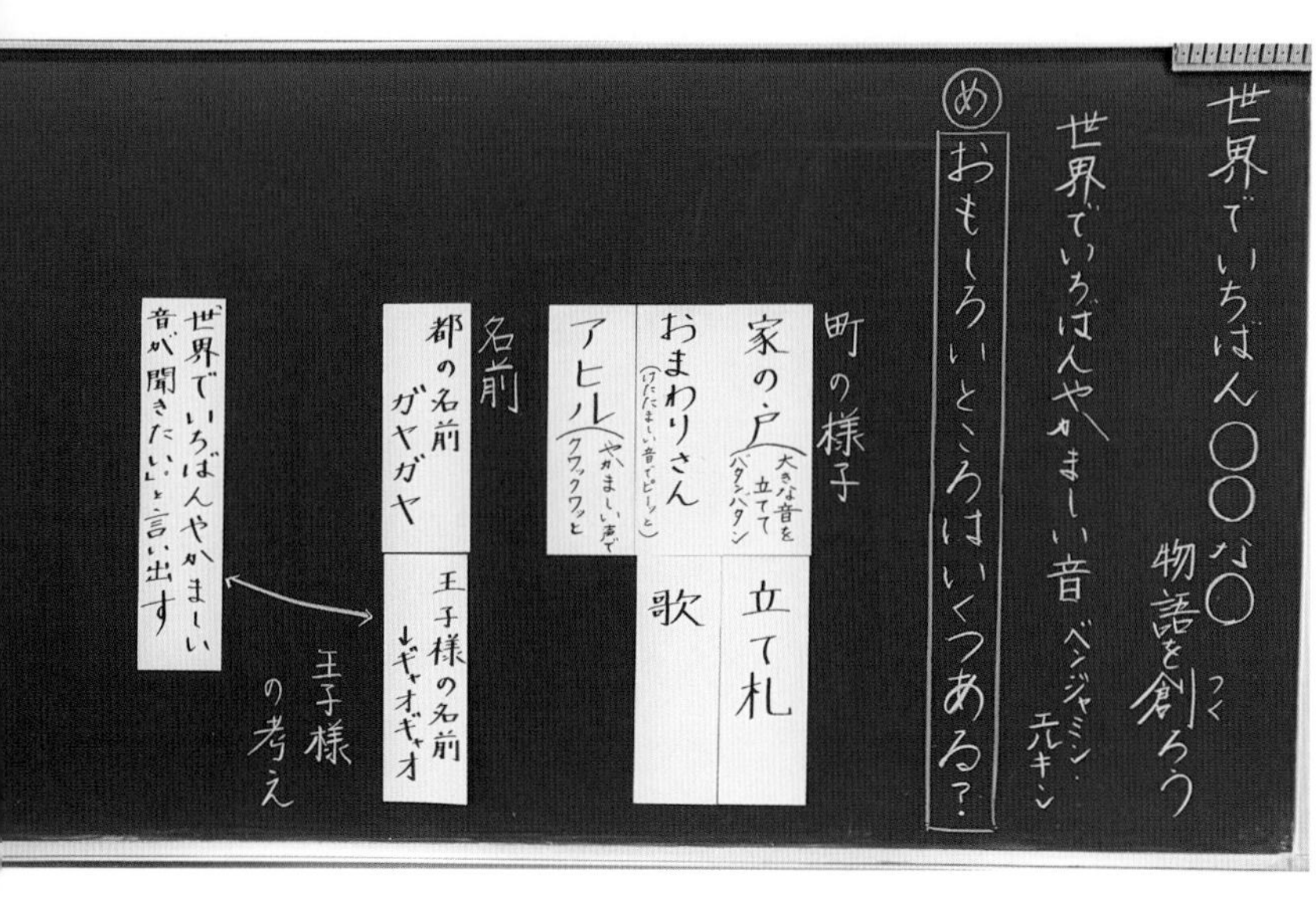

導入 1 物語の中でおもしろいと感じたところを出し合い、分類する

T：おもしろい物語を書くことを目指して学習をスタートしたね。では、この「世界で一番やかましい音」にはおもしろいところがいくつあった？

C：ぼくは四つです。

C：わたしは六つあったよ。

T：人によって数が違うね。では、今日は、この物語のおもしろいところを見付けていこう。

> **指導のポイント**
> めあてを板書した後、子どもにはおもしろいと感じたところと、その理由をノートにメモするよう指示する。

T：まずは、おもしろいと感じたところを出し合おう。

C：家の戸が大きな音を立ててバタンバタンと閉まるところがおもしろいです。

C：王子様がおもしろいよ。名前や、「世界でいちばんやか

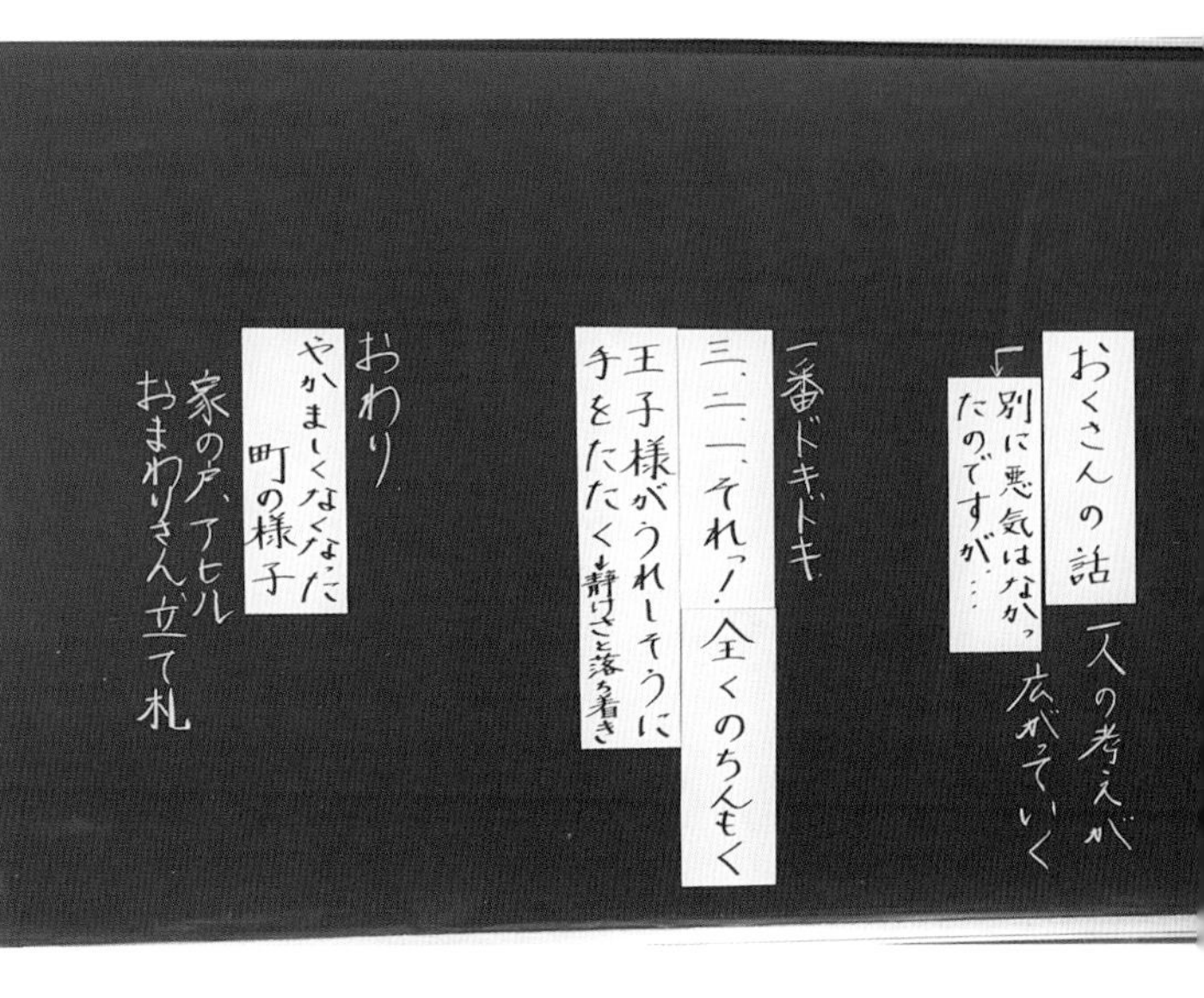

ましい音が聞きたい」と言い出すのがおかしいし。

C：途中で、「別に悪気はなかったのですが」が繰り返されるのもおもしろいね。

C：最後に全くやかましくなくなるのもおもしろいです。

指導のポイント

まずは、子どもがおもしろいと感じたところを多様に出させるようにする。

T：たくさんおもしろいところを見付けられたね。でも黒板がぐちゃぐちゃだね…どうする？

C：仲間分けできそうです。

T：どうやって仲間分けできますか？

C：「おくさんの話」と「別に悪気がなかったのですが、…」は一人の考えが広がっていく仲間だよ。

C：「三、二、一、それっ！」とか「全くのちんもく」は読んでいて一番ドキドキするところの仲間です。

板書のポイント

①子どもが発表したおもしろさを用意しておいた短冊に書き、黒板に貼る。その際、あえてバラバラに貼ることで、子どもの「整理したい」という思いを引き出すようにする。

②短冊を整理するときは、意図的に物語の展開に即してまとめておき、授業後半で構成について学ぶときにとらえやすくしておく。

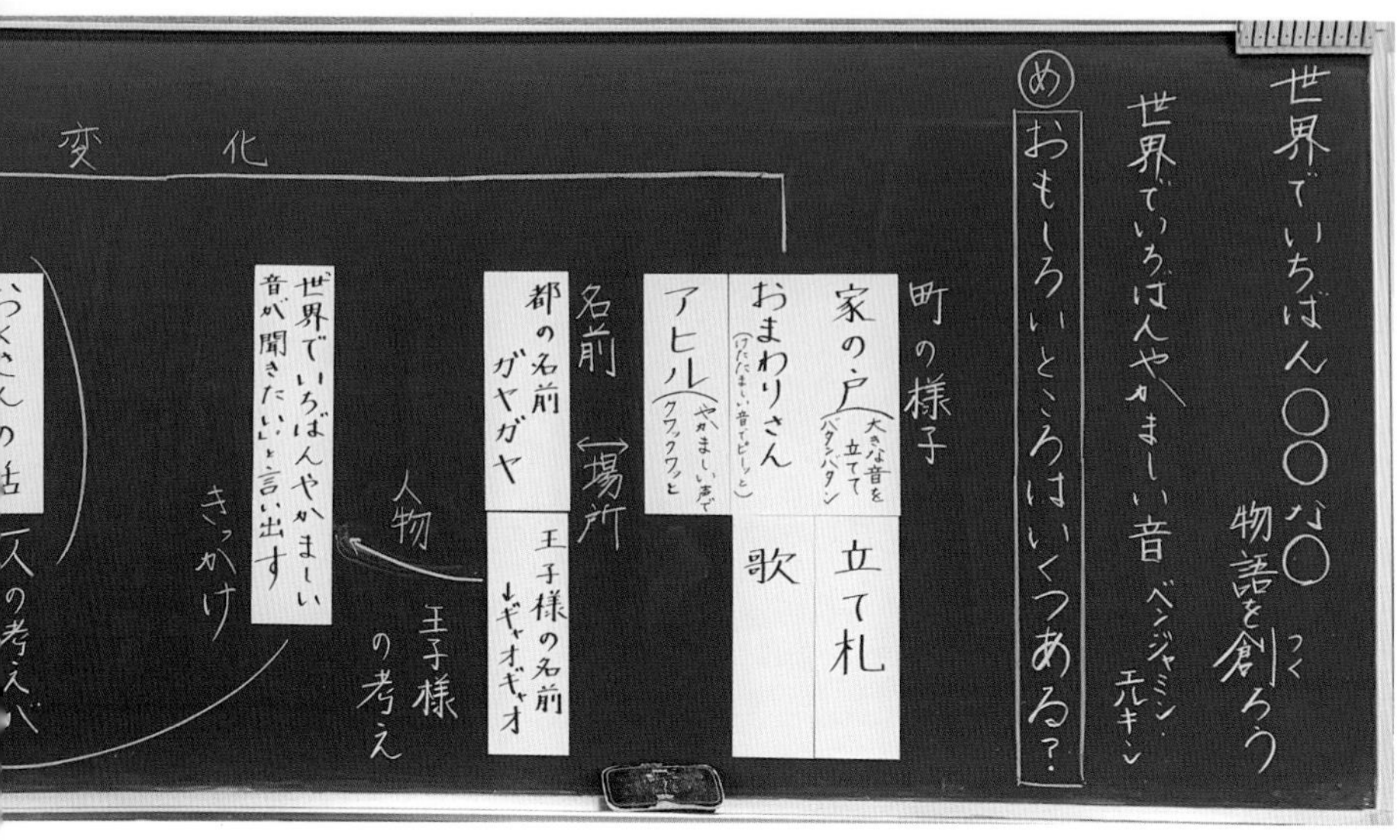

展開 ② 見付けだしたおもしろさを関連付ける

T：なるほど。大きく分けると六つのおもしろさが見付かったのだね。さらに、「このおもしろさと、このおもしろさはつながっているな」と思うところはありますか。

C：はじめに家の戸や立て札とかの、町がうるさい様子と、都の名前があって、これは場所のおもしろさということでつながっていると思うよ。

C：王子様がこれだけうるさいのが好きな人物だから、「世界でいちばんやかましい音が聞きたい」っていう考えが出てきていると思います。

C：「世界でいちばんやかましい音が聞きたい」と言い出すのと「三、二、一、それっ！」や「全くのちんもく」もつながっていると思います。だって、王子様が言い出さないと、このドキドキの出来事は起きていないから。

T：物語のきっかけということだね。

指導のポイント

子どもの発言の意図を確かめたり、価値付けたりしながら学習を展開していく。

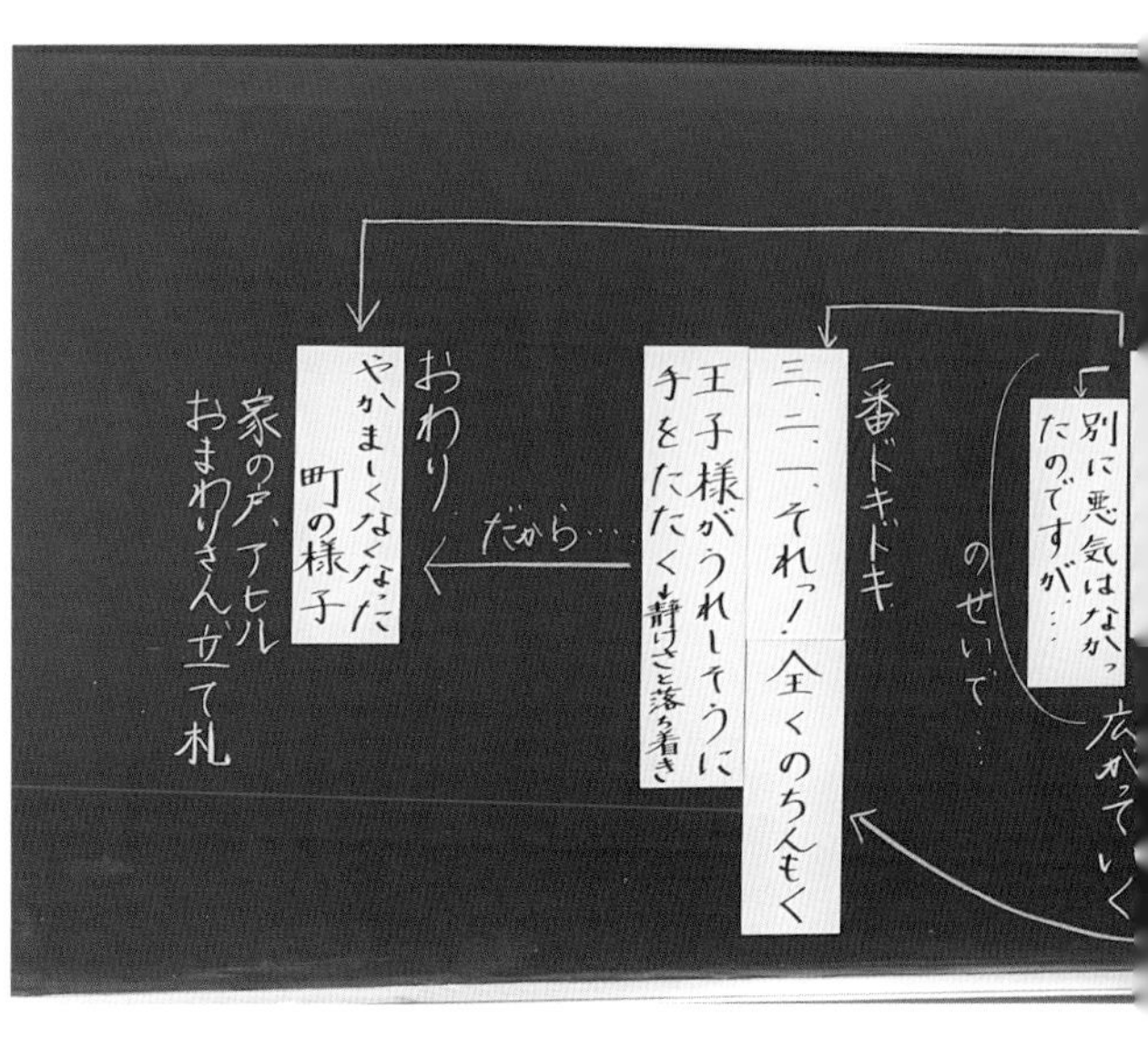

T：さらにどうかな。

C：「おくさんの話」と「別に悪気はなかったのですが」があるせいで、「三、二、一、それっ！」のところとつながって、とてもドキドキするんだと思うよ。この後は、どうなるんだろうっていう感じで。

C：そうだね。そして、その後にやかましくなくなった町の様子がくるから、「だから、そうなったのかぁ」って思えるね。

C：それでいうと、はじめの町の様子と終わりの町の様子もつながっていると思います。だって、はじめも終わりも、家の戸やアヒル、おまわりさんや立て札が出てくるけど、全部真逆くらい変わっているよね。

T：なるほど。みんなで話し合うことで、見付けだしたおもしろさ同士がつながっていることが分かったね。

板書のポイント

①おもしろさを関連付ける中で、物語の構成やその効果に関わる内容を子どもが発言したときには、そのキーワードを黄色のチョークで強調して板書しておく。

②矢印を使っておもしろさをつなぐ中で、それぞれが独立しているのではなく、関連付いて物語が構成されていることを視覚的にとらえられるようにしていく。

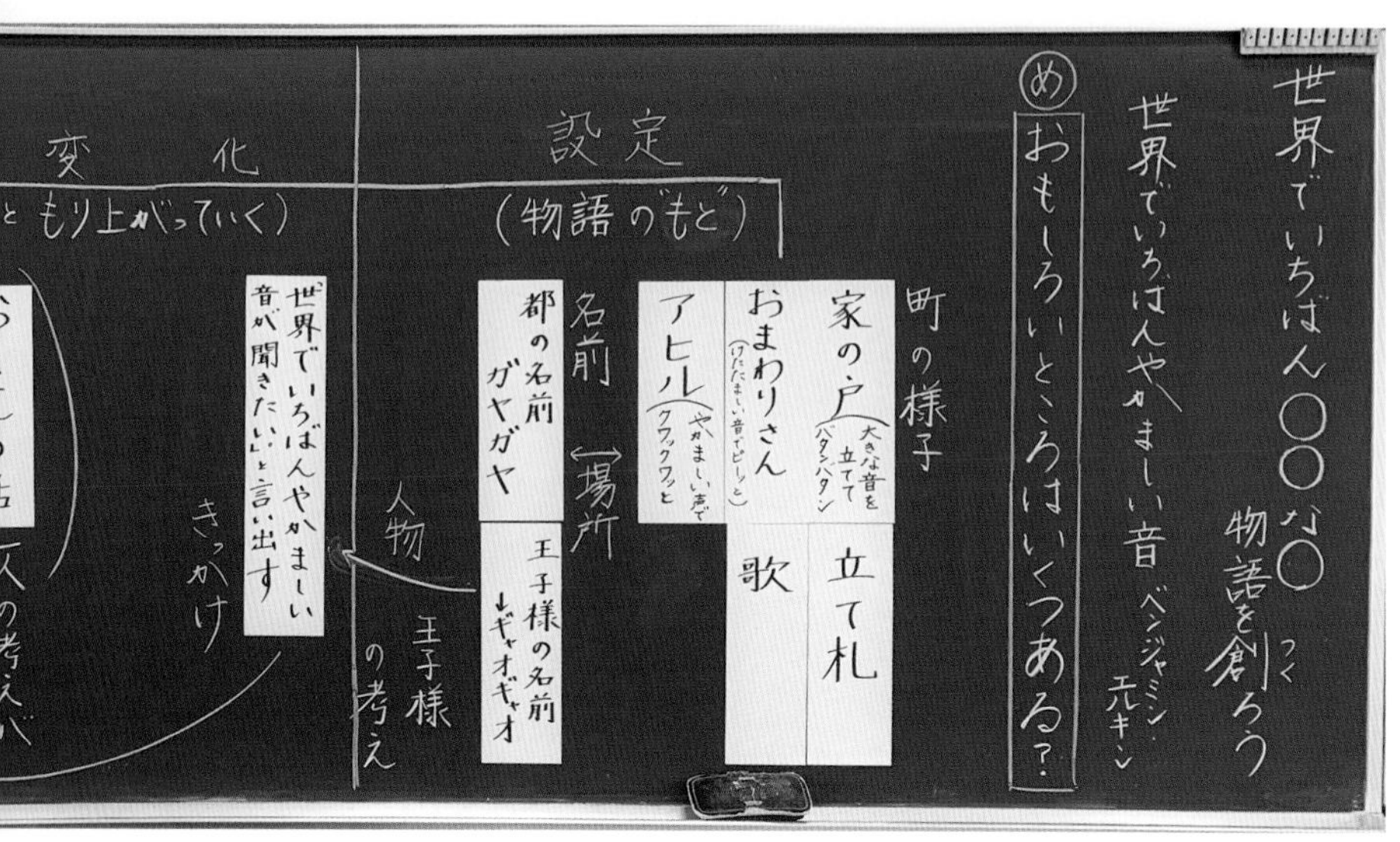

終末

③ 物語の基本的な構成とその効果を見付けだす

T：だったら、この六つのまとまりを、さらに大きくまとめることはできないかな？

指導のポイント

子どもの状況や展開によっては、四つに分けられないかと数を指定して問うことも考えられる。

C：はじめの町の様子や名前などのところは、物語のはじめというか…説明というか…。

C：物語の『もと』になっているようなところだよね。

T：なるほど。ここまでが、物語の『もと』なんだ。

指導のポイント

赤色のチョークで縦に線を入れ、分かれ目を作っていく。

C：王子様がやかましい音が聞きたいと言い出すところと、おくさんの話のところもまとめていいと思います。だって、だんだんと物語が盛り上がっていくところだから。

C：そう。それで沈黙する一番の盛り上がりの場面がくるから。

「世界で一番やかましい音」（東京書籍・第五学年）

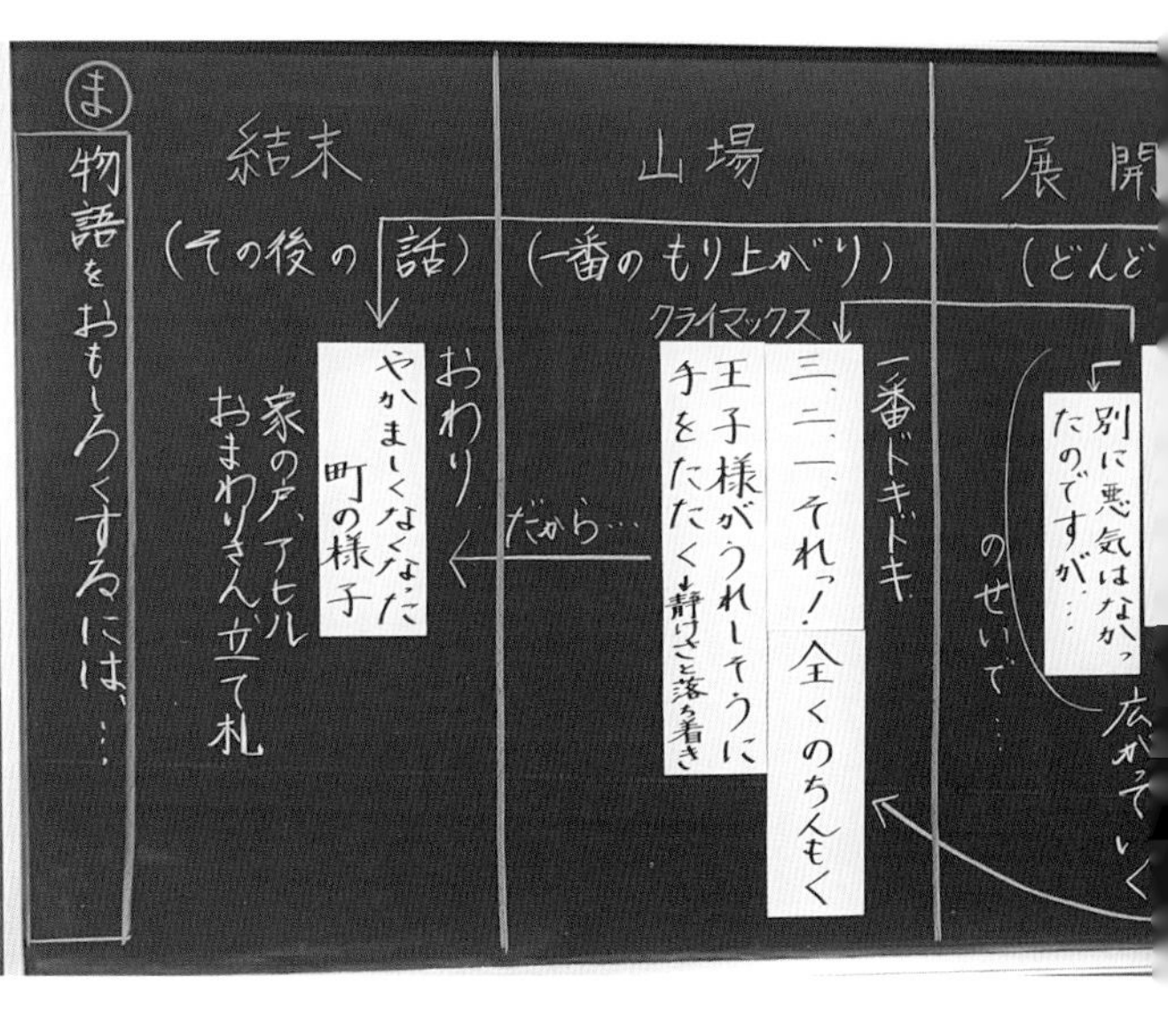

T：だんだんワクワクが高まっていくまとまりがあって、一番の盛り上がり、つまり「クライマックス」を迎えるということだね。この一番の盛り上がりのところと、やかましくなくなった町の様子はまとめられる？

C：いや、まとめられないです。終わりのところは、はじめと比べて変わった後というか…「その後の話」っていう感じがするから、これは別にしておいたほうがいいです。

T：だとすると、六つのまとまりを四つのまとまりに変えることができましたね。みんなが見付けてくれたこの四つのまとまりには、それぞれ物語の基本のつくりとして「設定・展開・山場・結末」という名前がついています。身の周りの物語でもこのようになっているものがあるかな？　では、今日の学習を通して見付けた物語をおもしろくするコツをまとめておこう。

板書のポイント

①縦に赤色のチョークで線を引きながら分けるとともに、物語の構成に関わる用語も赤色で示すことで、学習用語とその効果を視覚的にとらえやすくする。

②まとめは単元のゴールとなる物語の創作で活用しやすいよう、毎時間同じ書き出しを提示する。

本時で目指す子どもの姿

物語の基本的な構成について理解し、その読み手に与える効果についてまとめている。

「手塚治虫」（東京書籍・第五学年）

1 教材の特性

本教材は、手塚治虫の一生を綴った伝記である。いじめに絵を使って立ち向かったり、手塚のまんがを褒めてくれた乾先生との出会いがあったりした小学生時代、戦争の苦しみを味わった中学生時代、そしてまんがの新たな描き方を見いだし、さらにはアニメーションも作っていくまんが家時代と、様々なエピソードを通して手塚治虫の一生が描かれている。「伝記」は基本的に第五学年の教科書に掲載されており、教科書の中でこの文種に出合うのはこのときだけである。伝記は、あこがれの生き方を見付けたり、自らの生き方を考え直したりできる、とても素敵なジャンルである。是非、子ども自らが伝記に手を伸ばすきっかけとなる学習を展開していきたい。

では、伝記とは何なのであろうか。辞書には「①個人の生涯にわたる行動や業績を叙述したもの。②古くから伝えられている事柄の記録。」（デジタル大辞泉）と説明されている。よって、伝記はその人物の生涯で起こった出来事を説明していくことが基本である。では、伝記を読んだということは、ある人物の行った業績などの事実を確かにとらえることだけなのだろうか。やはり、その描かれている出来事の中での人物の思いに想像を広げたり、人物がとった行動について自分と比較したりしながら読んでいくことが、伝記の豊かな読み方ではないだろうか。そう考えると、伝記は、いわゆる説明的な文章の読み方と文学的な文章の読み方とが混在しており、その両面を活かして読んでいくことが大切であるといえるだろう。

よって、これまでに学習してきた説明的な文章の読み方、また文学的な文章の読み方を活用させていくことが伝記を教材として扱うポイントの一つといえる。子どもの読む力の育成につながる伝記の授業を作り上げていきたい。

2　単元で目指す子どもの姿

◎読みの力：描かれている人物の功績やエピソードをとらえ、自分自身と関連付けながら読み取ることができる。
○学びに向かう力：伝記という文種に興味をもち、自分の選んだ本を紹介しようとする。

3　単元計画（全10時間）

第一次【伝記ってどんな本？】
①伝記の読書経験や伝記で取り上げられている人物で知っている人を交流しながら、なぜこれらの人物が伝記で取り上げられているのか予想し、教材文と出合う。

第二次【「手塚治虫」を読み、伝記のよりよい読み方を見付けよう】
②「手塚治虫」を読んだ感想を交流し、感想を「読み方」に着目して分類する。
③伝記は文学的な文章の読み方と、説明的な文章の読み方のどちらが合うのか話し合う。
④説明的な文章の読み方として、手塚治虫の生涯を伝えるために挙げられているエピソードのうち、どのエピソードが重要か話し合う〈事例の挙げ方を読む〉。
本時 ⑤文学的な文章の読み方として、手塚治虫はどのような人といえるのか話し合う〈人物像を読む〉。
⑥これまでの学習を振り返りながら、第三次の学習計画を立てる。

第三次【伝記ビブリオバトルをしよう】
⑦⑧ビブリオバトルの方法を理解し、自分の選んだ伝記を読んで準備をする。
⑨⑩ビブリオバトルを行う。また、その活動を振り返りながら、単元で身に付いた力を考える。
（※学習指導要領の「A　話すこと・聞くこと」(2)の言語活動を行う単元と関連付けるカリキュラム・マネジメントを行うと、より効果的である）

4 授業の実際（第5時）

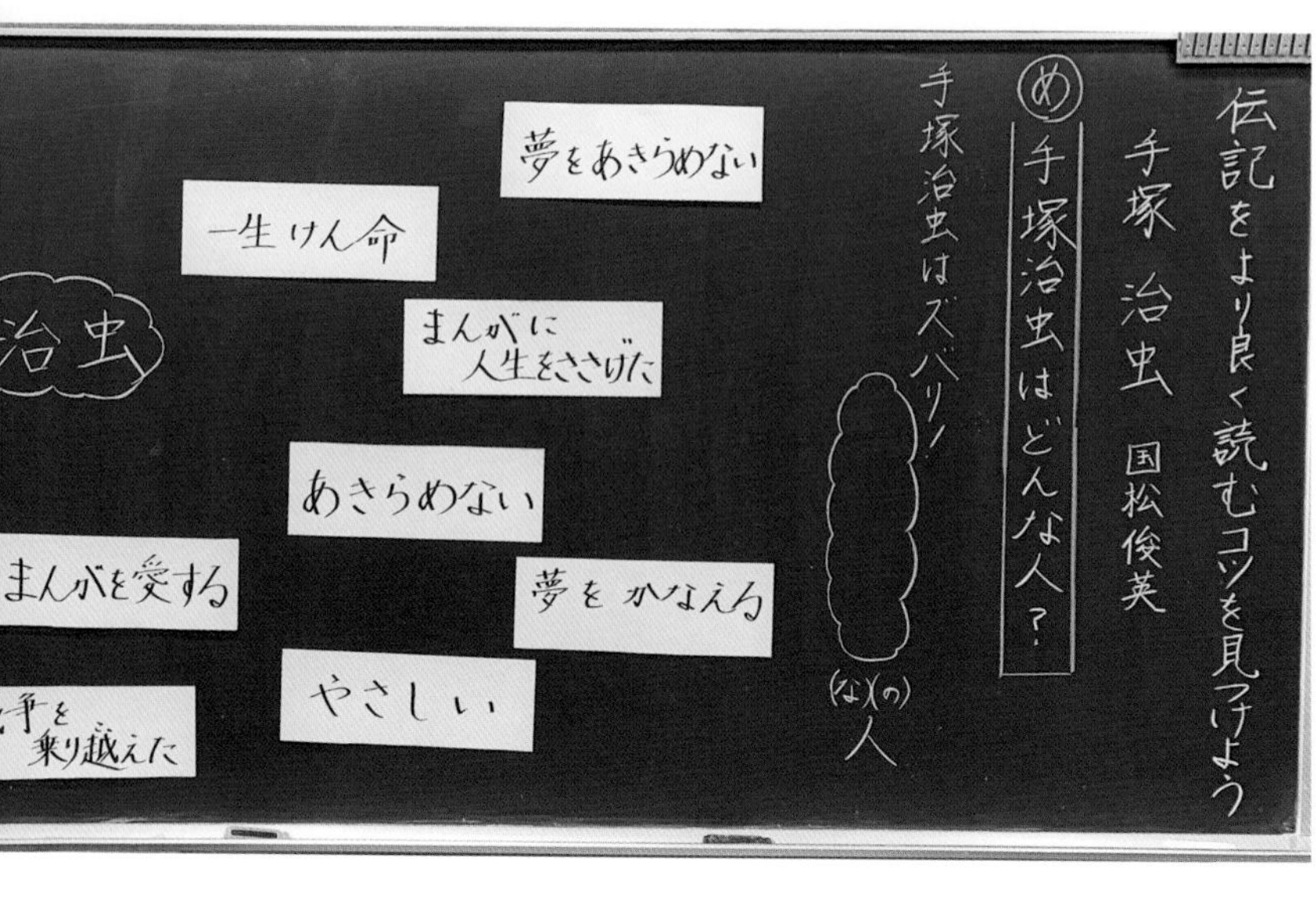

1 手塚治虫はどのような人といえるのか考える

T：前時では、説明文の読み方のようにエピソードの取り上げ方について読みましたね。今日はどのように伝記を読んでみますか。

C：物語の読み方です。どのような人物といえるのか話し合っていきたいです。

T：では、手塚治虫はどのような人といえるのだろう。手塚治虫は「ズバリ！［　］（な）人」と表現してみよう。

C：「ズバリ！夢をあきらめない人」だと思います。なぜなら、まんが家としての夢もそうだけれど、アニメーションを作る夢も叶えているからです。

C：「ズバリ！努力し続けた人」です。亡くなる最後の最後まで鉛筆を持って新しい作品を作ろうとするなんて、なかなかできることではないからです。

C：ぼくは、「まんがへの情熱でいっぱいの人」だと思う。理由は○○さんに似ていて、亡くなる直前までまんがを描けるということは、それぐらいまんがを描くことに情

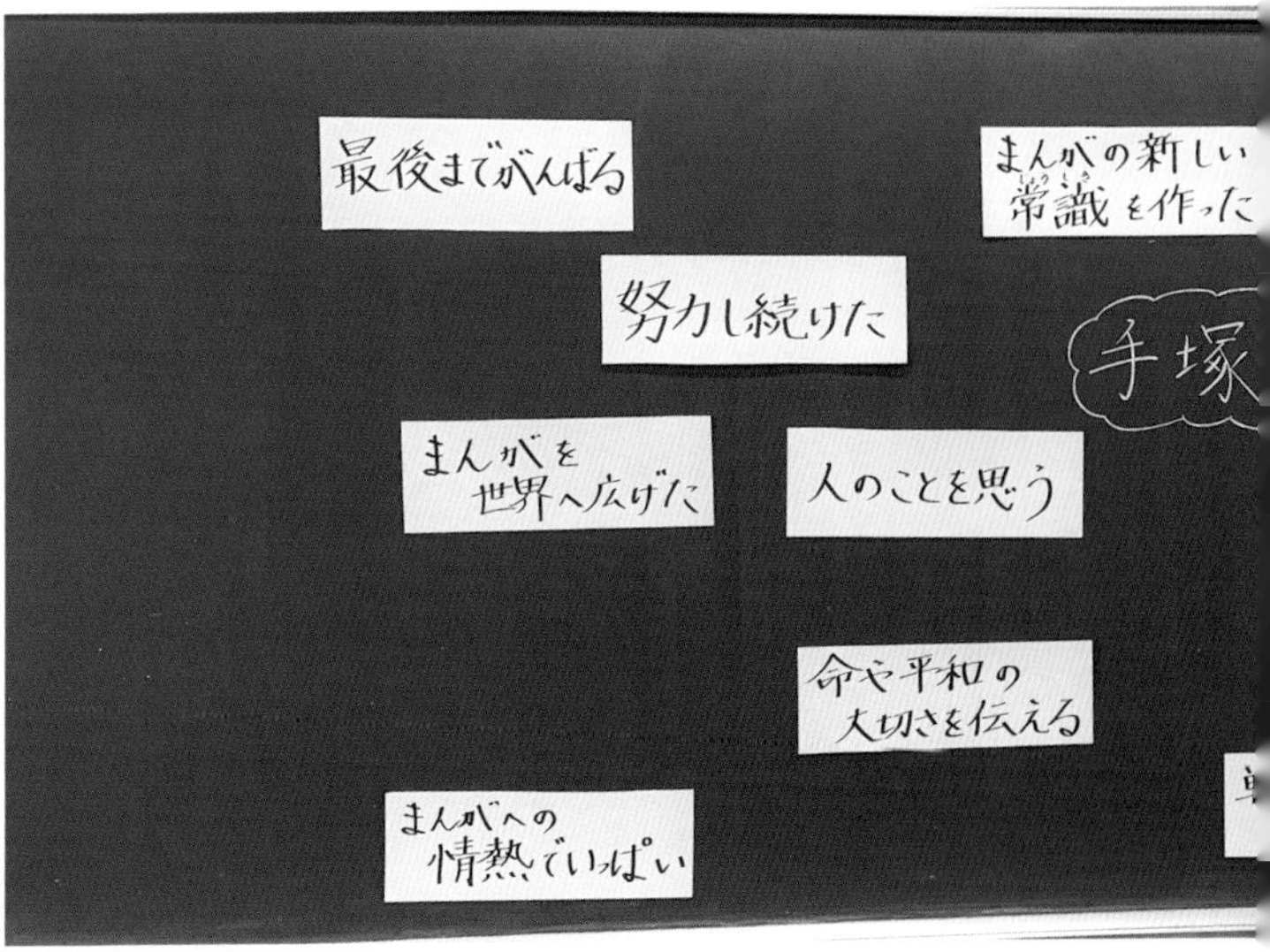

熱がないとできないし、それは戦争の中でも描いていたこととつながると思うから。

C：わたしは「優しい人」だと思うな。人を楽しませようと戦争の中でトイレにまんがを貼って仲間を励ますなんて、自分も大変なのにすごく優しいなと感じたから。

C：ぼくは、「命や平和の大切さを伝える人」だと思います。なぜなら、自分自身が経験した戦争の体験を、まんがを生み出すパワーに変えて、いろいろな作品を作っているからです。

指導のポイント

これらのような、「解釈」を含んだ考えもあれば、叙述を抜き出しただけのようなものも出てくるであろう。まずは、黒板に多様な叙述や子どもの解釈でいっぱいになる状況をつくっていきたい。

板書のポイント

①短冊を用意し、子どもの発言を書いて貼っていく。子ども自身に短冊を渡して書かせて、黒板に貼り出し、「気になるものはある?」と発問して交流させていくという学習展開もよいだろう。

②短冊はあえてバラバラに貼っていき、分類・整理したくなるようにする。

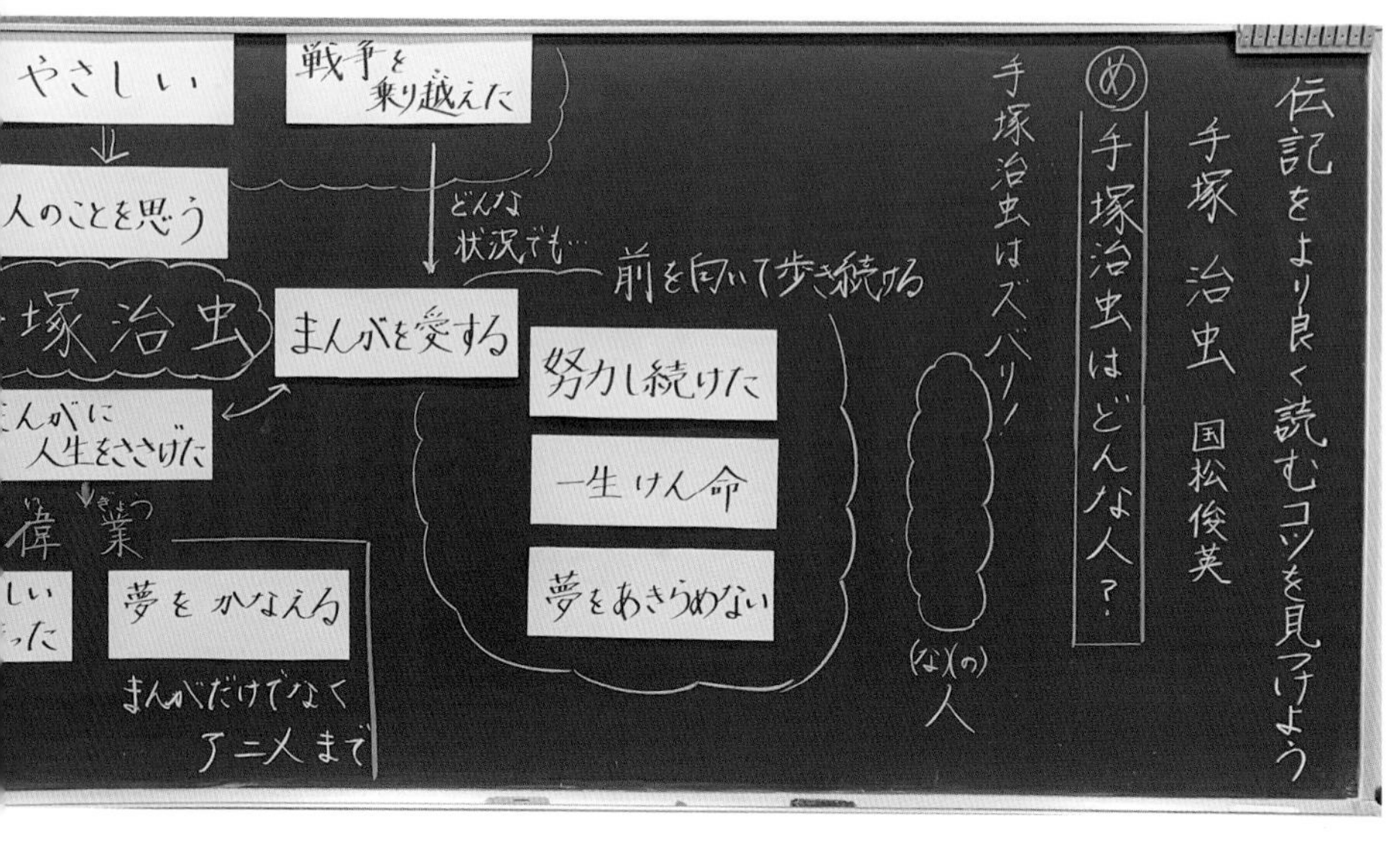

展開

② 短冊を分類・整理し、まとめていく

T：黒板にみんなの考えがあふれているね。どうしたい？

C：整理したいです。

T：では、これらの中で手塚治虫さんの「真ん中」にあるものはどれだろう？

C：わたしは、「まんがに人生をささげた」だと思うよ。だからこそまんがの新しい常識をつくって、すごい作品が生まれたのだと思う。

C：〇〇さんの考えに似ていて、そういう強い思いをもっていたから夢が叶ったのだと思う。

C：しかも、まんがのことだけではなくアニメーションまで作っているからね。ここが手塚治虫さんの偉業だね。

指導のポイント

このように、人物の「真ん中」にあるものを問うことで、子どもは他の言葉を関連付けだすであろう。それを受けて、短冊を動かし、必要に応じて、キーワードを板書したり、矢印でつなげたりしながら授業を展開していく。

C：ぼくは「まんがを愛する」だと思うよ。愛しているから

「手塚治虫」（東京書籍・第五学年）

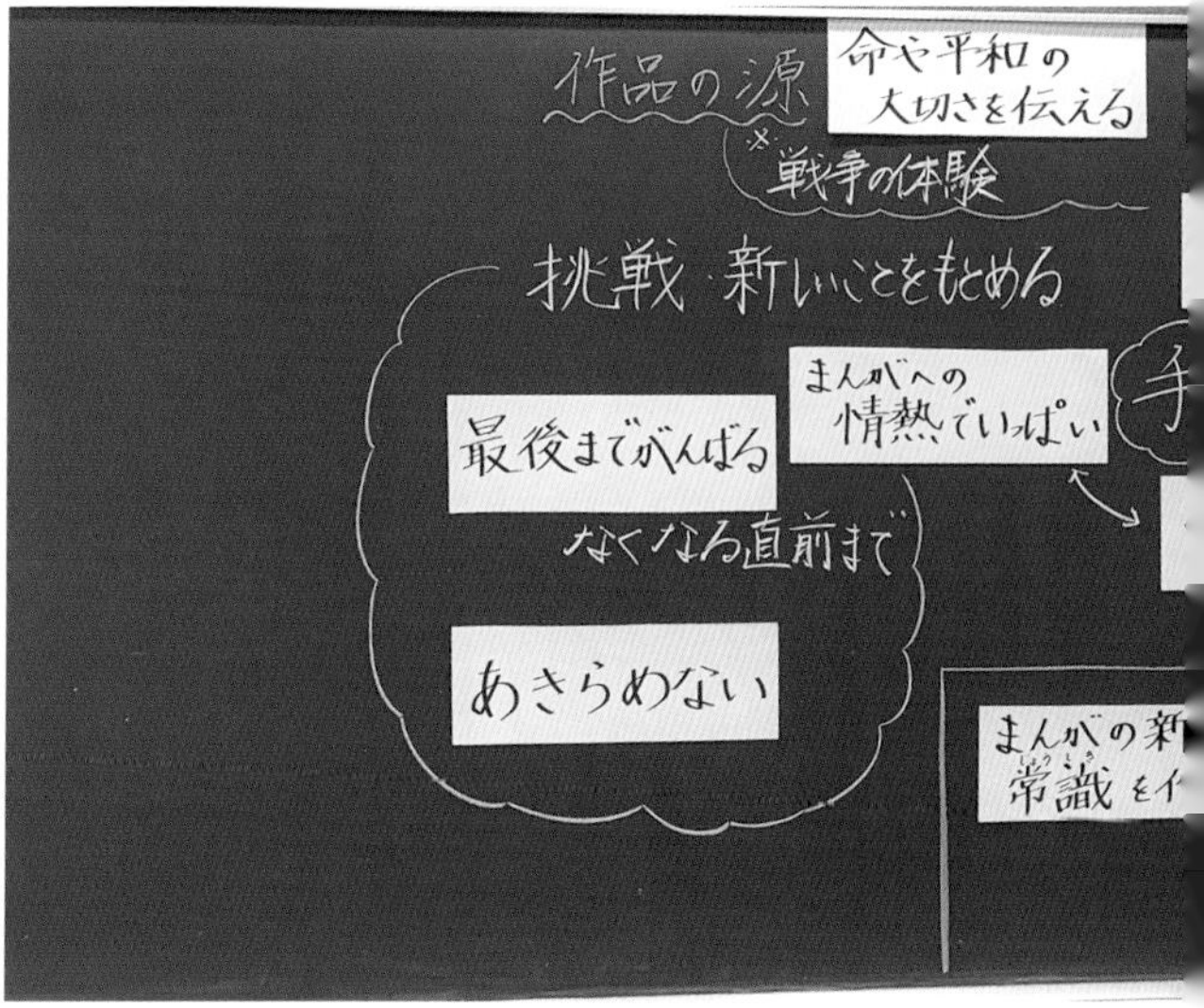

こそ、努力し続けることができたと思うし、どんな状況でも前を向いて頑張れたのだと思う。

C：わたしは、「まんがへの情熱でいっぱい」だと思うな。「愛する」と似てはいるんだけど、好きでも情熱がないと亡くなる直前という最後の最後まで頑張れないし、新しい挑戦をしようという気持ちにはならないと思うな。

C：ぼくは、「人のことを思う」だと思う。戦争を体験したとしても、それを作品の源にして伝えていこうと思えるのはすごいことだと思う。ぼくだったらできない。やっぱり人のことを思える優しい人だからこそ、こんなすごいまんがを作れたのではないかな。

T：みんなの考えのおかげで、いろいろな言葉がつながって手塚治虫さんがどのような人か一目で分かるイメージマップが出来上がったね。手塚治虫さんが伝記で取り上げられた理由が気持ちの面からもはっきりしたね。

板書のポイント

①短冊を動かし、関連付けながら板書に整理していくようにする。子どもの発言の解釈のキーワード、特に自分と関連付けているようなものは聞き逃さないようにし、板書に残していくようにする。

②最後に、色チョーク等を使って枠を書いてグルーピングし、手塚治虫という人物がなぜ伝記として取り上げられたのかをとらえやすくしておく。

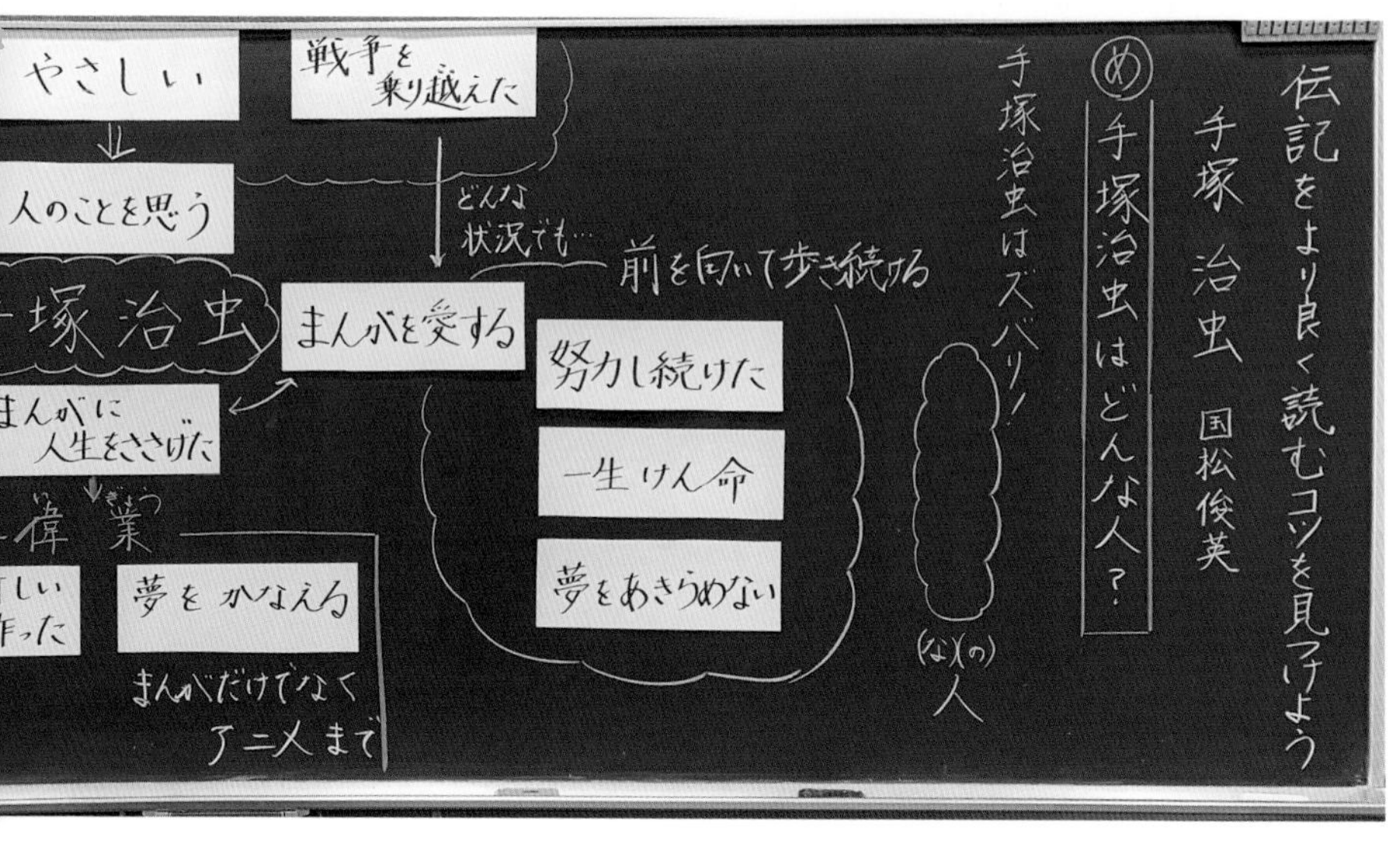

終末 3 本時で見付けた伝記の読み方についてまとめる

T：では、今日は物語の人物像の読み方を活かして、手塚治虫さんがどのような人物といえるのかについて話し合いました。「伝記の人物がどのような人か」考えながら読むよさをノートにまとめて交流してみましょう。

C：わたしは伝記の人物がどのような人か考えると、その人のすごいところが見えてくると思いました、例えば、今日の授業でいうと、手塚さんはまんがに対してすごい情熱をもっていて、そういうものはまだ自分にないからすごいなと感じたからです。

C：ぼくは、伝記の人物がどのような人か考えると、エピソードのつながりが見えるなと感じました。中学校のときの戦争の体験とまんがへの情熱とかがつながっていて、手塚治虫さんの気持ちとかが詳しく分かってきました。

C：あと、伝記の人物がどのような人か考えるときに、自分と比べている人もいたので、それもいいことだなと思いました。手塚治虫さんから大切なことを学べたと思います。例えば、わたしはダンサーになりたいんだけど、手塚治虫さんのように人を楽しませることのできるダン

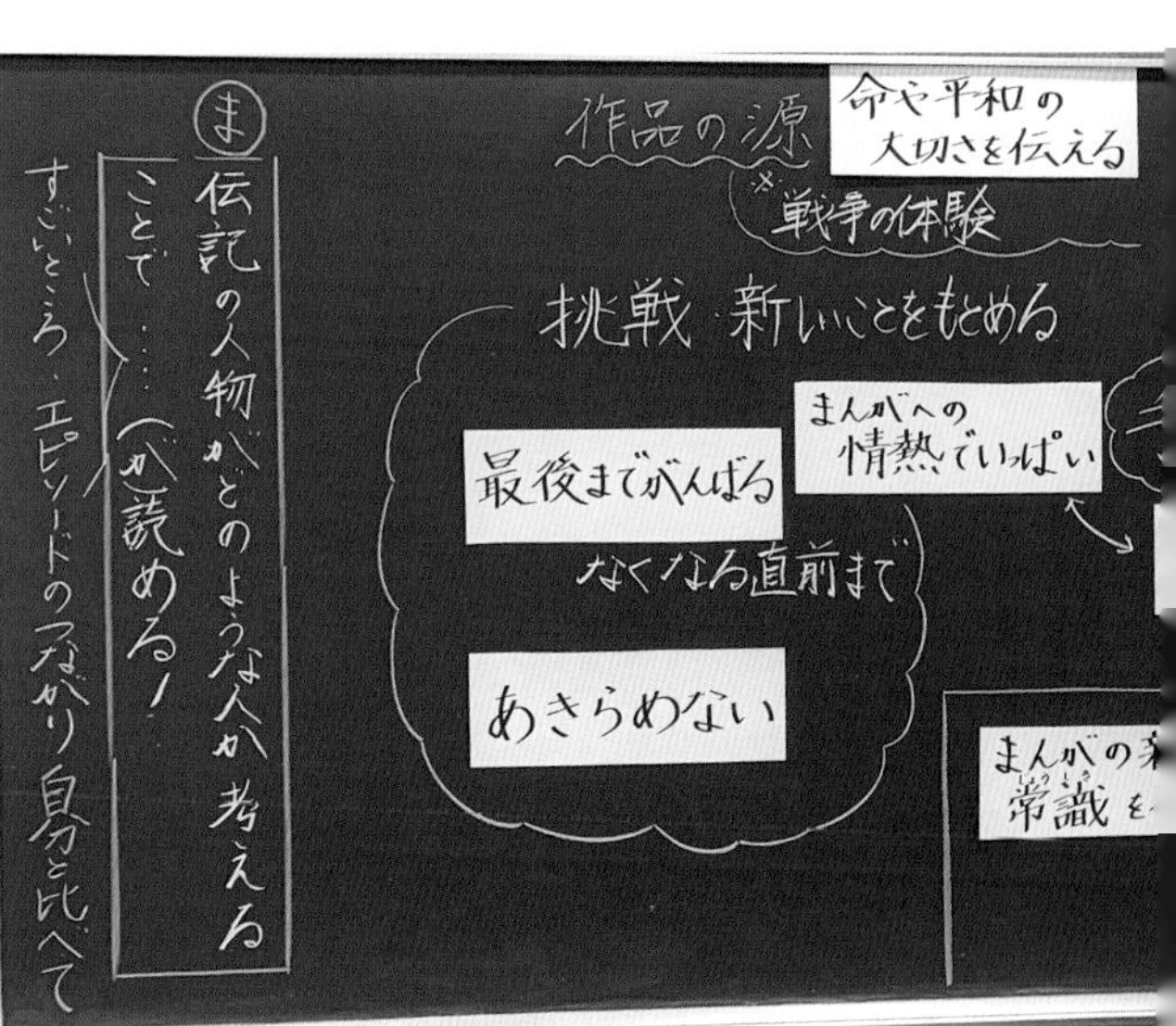

サーになりたいなと思いました。

指導のポイント

子どもの学びの実感のある読み方になるようにしていきたい。また、「自分と比べる」という読み方については、子ども側からは出てこないことも考えられる。その場合は、②の活動のときの数名の発表を再現し、共通点を探らせることで読み方として整理していきたい。

T：伝記の素敵な読み方を発見できたね。だったら、もっと他の人の伝記も読んでみたくなってきたかな。次回は、これまでに身に付いた力を振り返りながら、今後どのような活動がしたいか考えていこうね。

板書のポイント

①自分自身の読み方を振り返ってまとめることは、高学年の子どもにとっても難しく感じられる場合がある。そのとき、あなうめにして板書に示し、まとめやすくするようにしていく。

②読み方については板書で明示化し、自分たちで見付けた読み方として子どもが感じられるようにすることが大切である。

本時で目指す子どもの姿

自分自身と関連付けることなど、伝記のよりよい読み方を見付け、まとめることができる。

「海のいのち」（東京書籍・第六学年）

1 教材の特性

本教材は、漁師の家系に生まれた少年「太一」が、あこがれの「父」や漁師の師である「与吉じいさ」の死を乗り越え、母の思いも背負いながら村一番の漁師へと成長する作品である。中心人物である太一が、太一の父親や与吉じいさ、母親などの登場人物との関わりの中で、太一の「海」に対する考え方が変化し、最後には幸せな家庭をもった「一人前」の漁師になっていく姿が描かれている。これを踏まえると、本教材は中心人物の変容について、人物同士の関係に着目しながら読み解くことが重要である。そして、それらをもとに、物語から強く伝わってきたこと（いわゆる「主題」）を自分の言葉でまとめ、表現することのできる力を育成していきたい。

この物語を授業で扱うと必ず話題となるのが、「なぜ太一は瀬の主をとろうとしなかったのか」ということである。初読の段階では、このことにすっきりとした自分の答えを見いだせる子どもは少ない。また、「瀬の主がおとうに思えたから」という答えをもつ子どももいる。しかし、これは誤読である。「こう思うことによって、太一は瀬の主を殺さないですんだのだ。大魚はこの海のいのちだと思えた。」という叙述から、父だと自分に思い込ませたことが分かる。しかし、このクライマックスに至るまでの文章を「父の敵討ち」という側面のみでとらえている子どもは、これでは、この作品のもつテーマ性に迫ることは難しい。どのように太一が葛藤し、そして変容したのか。「おとう、ここにおられたのですか。…」というセリフに強く影響を受け、敵討ちをやめただけととらえがちである。それを読むには、太一と他の登場人物との関係を、太一の「葛藤」と関連付けて解釈していく必要がある。

よって、本実践では、太一の「変容」（なぜ変わったのか）よりも、「葛藤」（父と思い込まないといけないほど、どのように悩んでいたのか）を課題にすることを提案する。この「葛藤」を構造化することで、「変容」の理由は明確になっていくと考えられる。問いたいことを直接問う以上に、解釈が深まる問いを探っていきたい。

2　単元で目指す子どもの姿

◎読みの力：中心人物の変容について、他の登場人物との関係と関連付けながら読み取るとともに、物語が自分に最も強く語りかけてきたこと（主題）について考え、表現することができる。
〇学びに向かう力：自分が獲得した読み方を活かして、他の作品の自分に最も強く語りかけてきたこと（主題）を考え、まとめようとする。

3　単元計画（全10時間）

第一次【「海のいのち」の謎を見付けよう】
①「海のいのち」を読み、初発の感想と「謎だと思ったこと」を交流し、「なぜ太一は瀬の主をとろうとしなかったのか」を読み解くことを課題として設定する。

第二次【「海のいのち」の謎を解決しよう】
②物語を場面に分けて「〇〇する太一」とまとめ、あらすじをつかむ。
③④太一と他の登場人物（「父」「与吉じいさ」「母」）の関係を図に表し、太一への影響の大きさを比べる。
本時　⑤太一のクライマックスでの葛藤した心の中を考え、変容の理由をまとめる。
⑥結末があることで何が強調されているか読み深め、物語が自分に最も強く語りかけてきたこと（主題）についてまとめる。

第三次【学んだ読み方を使って、立松和平のシリーズを読み解こう】
⑦⑧立松和平の他の「いのちシリーズ」の本に出合い読む。一冊を選び、物語が自分に最も強く語りかけてきたこと（主題）と、そう考えた理由をまとめる。
⑨⑩それぞれ違う本を選んだ人で班を作り、本を紹介し合う。単元で身に付いた力を振り返る。

4 授業の実際（第5時）

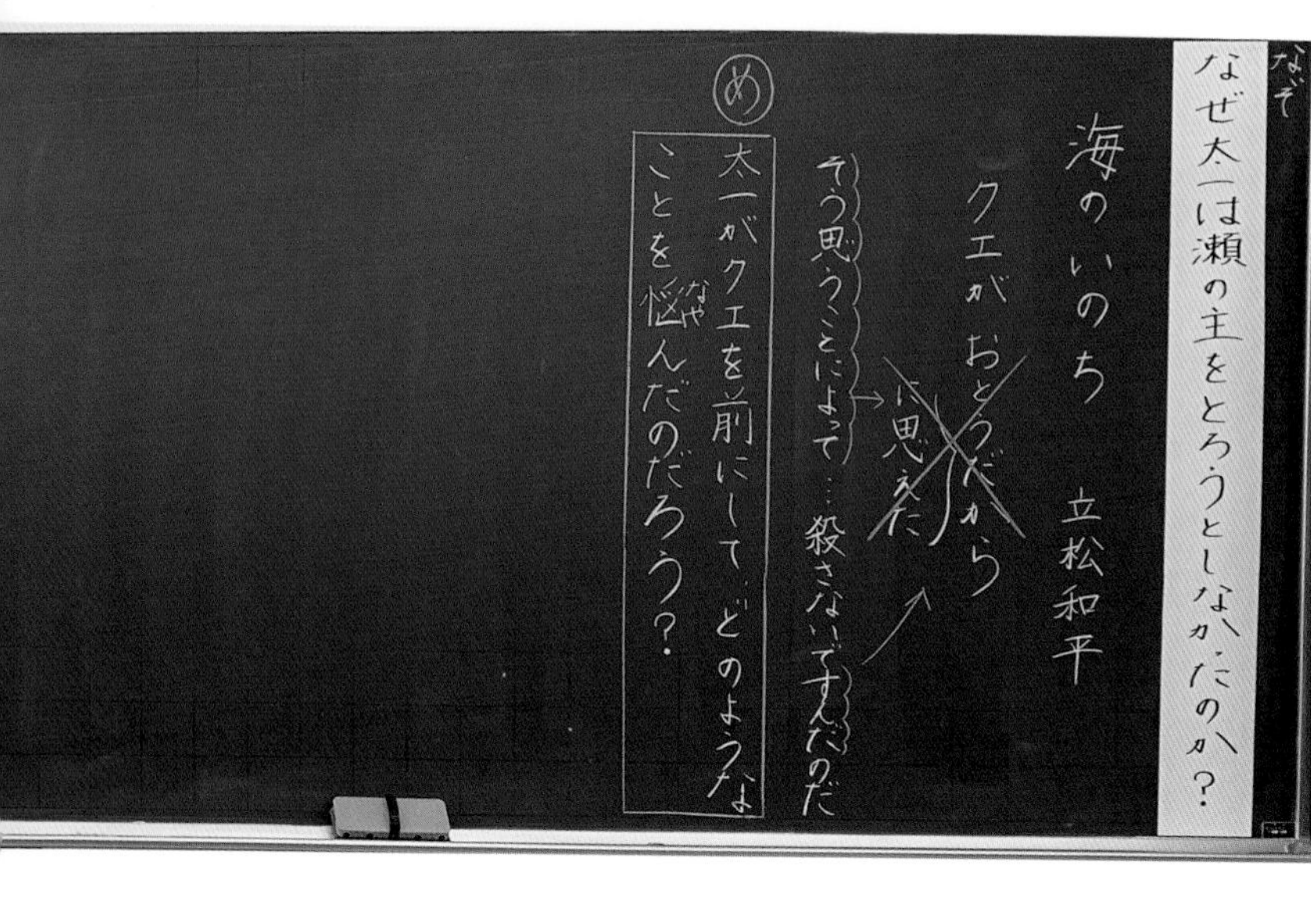

導入 1 太一の葛藤に着目し、課題を設定する

T：ここまで、「なぜ太一は瀬の主をとろうとしなかったのか」という謎を解決するために、太一の人物像や、他の登場人物との関係を読んできましたね。自分の答えは見つかりましたか？

C：まだ、よく分からないな…。

T：そういう人も多いよね。そこで、まずスタートとして、この答えは正しいといえるかどうか話し合ってみよう。

> **指導のポイント**
> 太一が瀬の主をとろうとしなかった理由について、「クエがおとうだから」と板書する。

C：おかしいよ。クエはおとうではないよ。

C：おとうだと思ったから打たなかっただけで、本当のおとうではないよ。

T：なるほど。こういうことだね。これでいい？

指導のポイント

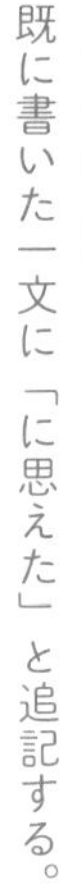

既に書いた一文に「に思えた」と追記する。

C：いや。まだ違うよ。だって、「こう思うことによって」や「殺さないですんだのだ。」と書いてあるから、本当におとうだと思ったのではないよ。

C：そう。おとうと思い込んで、とりたい気持ちを抑えたんだよ。

T：だったら、そう思い込まないといけないくらい、太一はどんなことを悩んでいたんだろうね。

C：う〜ん…たしかに…。

C：本当の一人前の漁師にはなれないのだと、「泣きそうになりながら」思っているし…。

T：じゃあ今日は、「太一がクエを前にして、どのようなことを悩んだのだろう？」ということを考えて、太一が瀬の主をとらなかったことへの自分の答えを見付けよう。

板書のポイント

①単元全体の問いとして、板書の右側には毎時間「なぜ太一は瀬の主をとろうとしなかったのか？」という問いを短冊にして示しておく。

②教師の示した誤読例は黒板に残し、「太一が思い込むことで瀬の主を殺さずにすんだこと」を強調しておく。

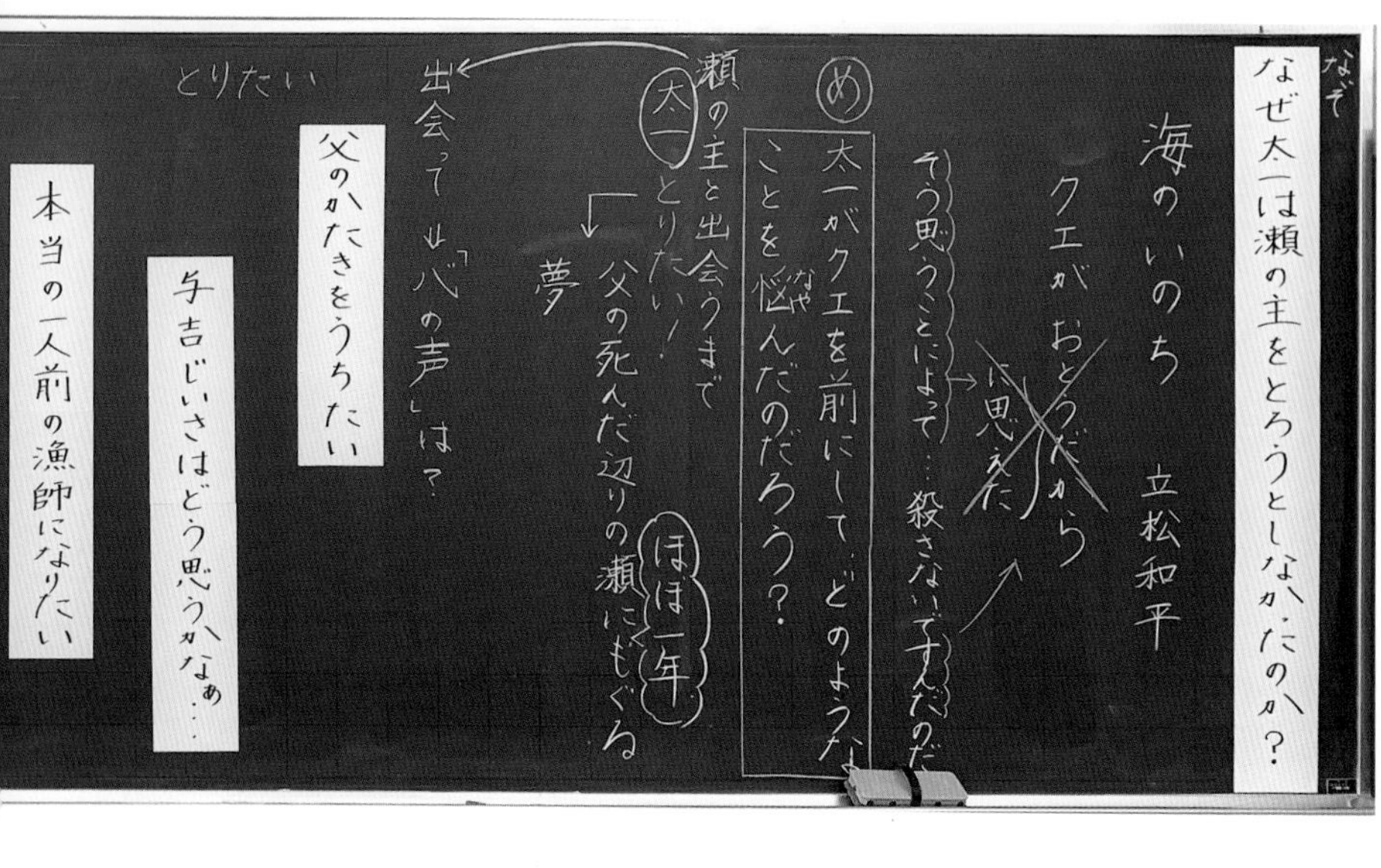

「海のいのち」（東京書籍・第六学年）

展開  太一の葛藤している心の中を考える

T：では、それぞれで考える前に一つだけ確認をするね。太一は、クエと出合うまでは「瀬の主をとろう」と思っていたのは合っているかな。

C：はい。父が死んだ辺りの瀬にほぼ一年潜っているし。

C：「不意に夢は実現するものだ。」とあるから、父を殺したクエを打つのは小さなころからの夢だったのだと思います。

T：なるほど。だとすると、太一の悩みは？

C：「とりたい」または「とらない方がいい」だと思います。

T：では、それぞれの立場で悩んでいる太一の「心の声」をたくさん想像して、書き出してみよう。

C：「父の仇をうちたい」です。あこがれのおとうを殺したクエを倒したいという気持ちが強いと思ったからです。

C：「本当の一人前の漁師になりたい」です。自分が追い求めてきた魚をとってこそ、漁師としてやっと一人前だと太一は思っていると思います。

C：「与吉じいさはどう思うかなぁ…」と考えました。千匹に一匹でいいという与吉じいさの教えと、この瀬の主を

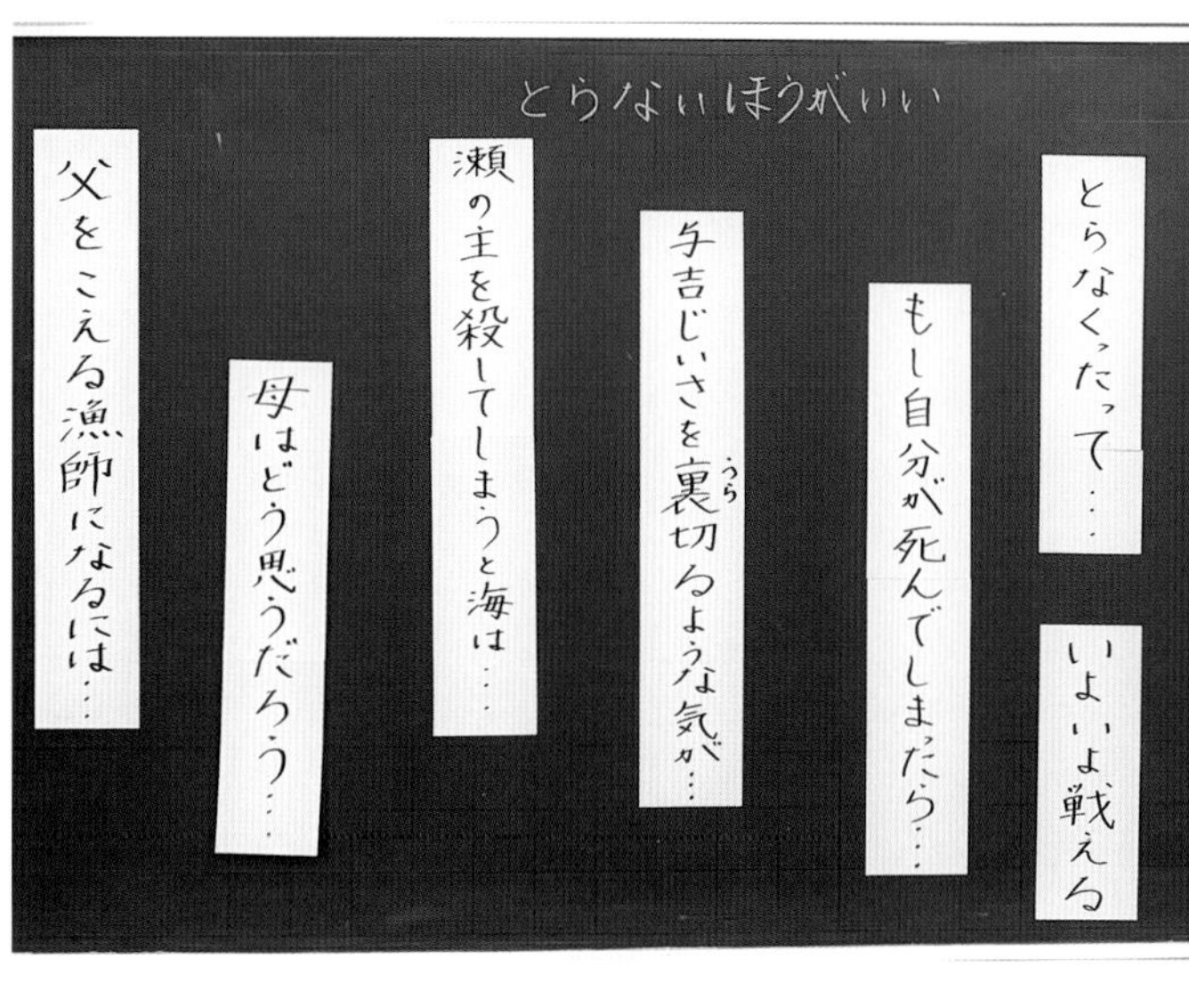

とることは関係ないと思っているんじゃないかな。

C：自分も似ていて「与吉じいさを裏切るような気が…」です。だって、与吉じいさは、この海をおまえの海だと言ってくれていたのに、その主のようなクエを打つことは、海を壊すことになるんじゃないかと思っているのではないかと思います。

C：「とらなくたって…」です。だって、与吉じいさに海で生きていく方法は教えてもらっているから、このクエをとらなくても、漁師として太一は生きていけるからです。

C：「もし自分がおとうと同じように死んでしまったら…」と考えました。だって、おとうが命がけで挑んだ瀬の主をとることは難しいことです。自分が瀬の主をとろうとして死んでしまったら、一人ぼっちになってしまう母のことも頭に浮かんでいるのではないかと思います。

板書のポイント

①黒板の上部に赤と青で「とりたい」と「とらない方がいい」と書いておく。

②子どもそれぞれの発言のポイントを短冊にしてあえてバラバラに黒板に貼っていくようにする。できる限り多様な考えが黒板にあふれるようにしたい。また、机間巡視をしておいて意図的に指名し、少数派の考えも出させ、板書していくようにする。

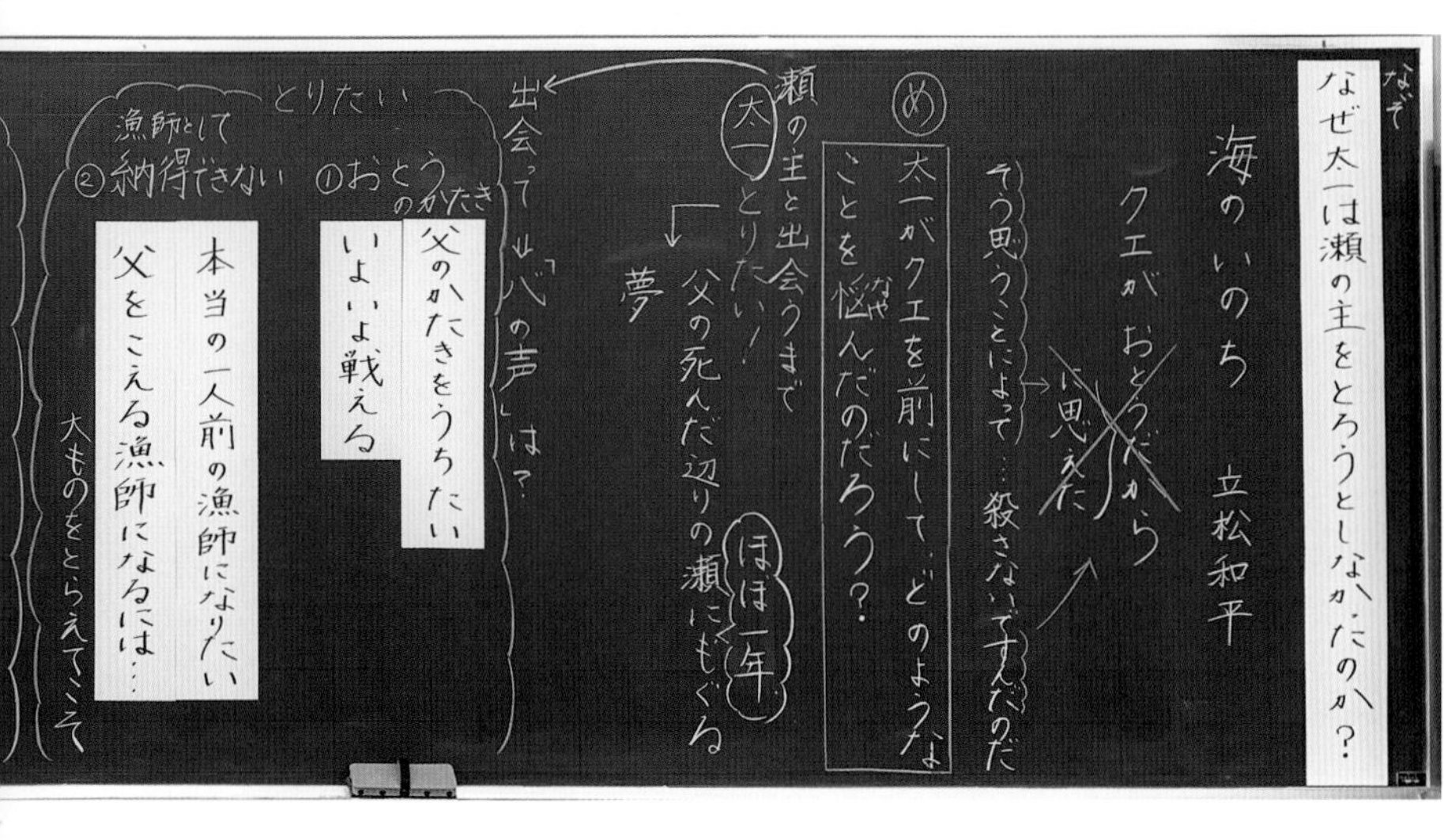

終末

3 短冊を分類・構造化し、太一が瀬の主をとろうとしなかった理由をまとめる

T：黒板を見てみて。たくさん出た考えを整理できないかな。
C：ひとまず「とりたい」と「とらない方がいい」に分けたらいいと思います。
T：さらに分けられそうなところはある？
C：「とりたい」はおとうに関するものと、自分が納得したいっていうようなものがあると思います
C：「とらない方がいい」は与吉じいさに関するものと、母に関するものに分けられます。
C：与吉じいさのグループの中に、特に「漁師としての生き方」っていうグループもあると思います。
T：○○くんの言いたいことはわかる？
C：はい。太一が魚を「とる」ことよりも、海を「守る」ことを大切にしようとしているっていうことだと思います。

指導のポイント

ここでは、上に示した展開例と同じようにまとまらなくてもよい。子ども自身の言葉で、太一の葛藤が構造化されていることを大切にしたい。

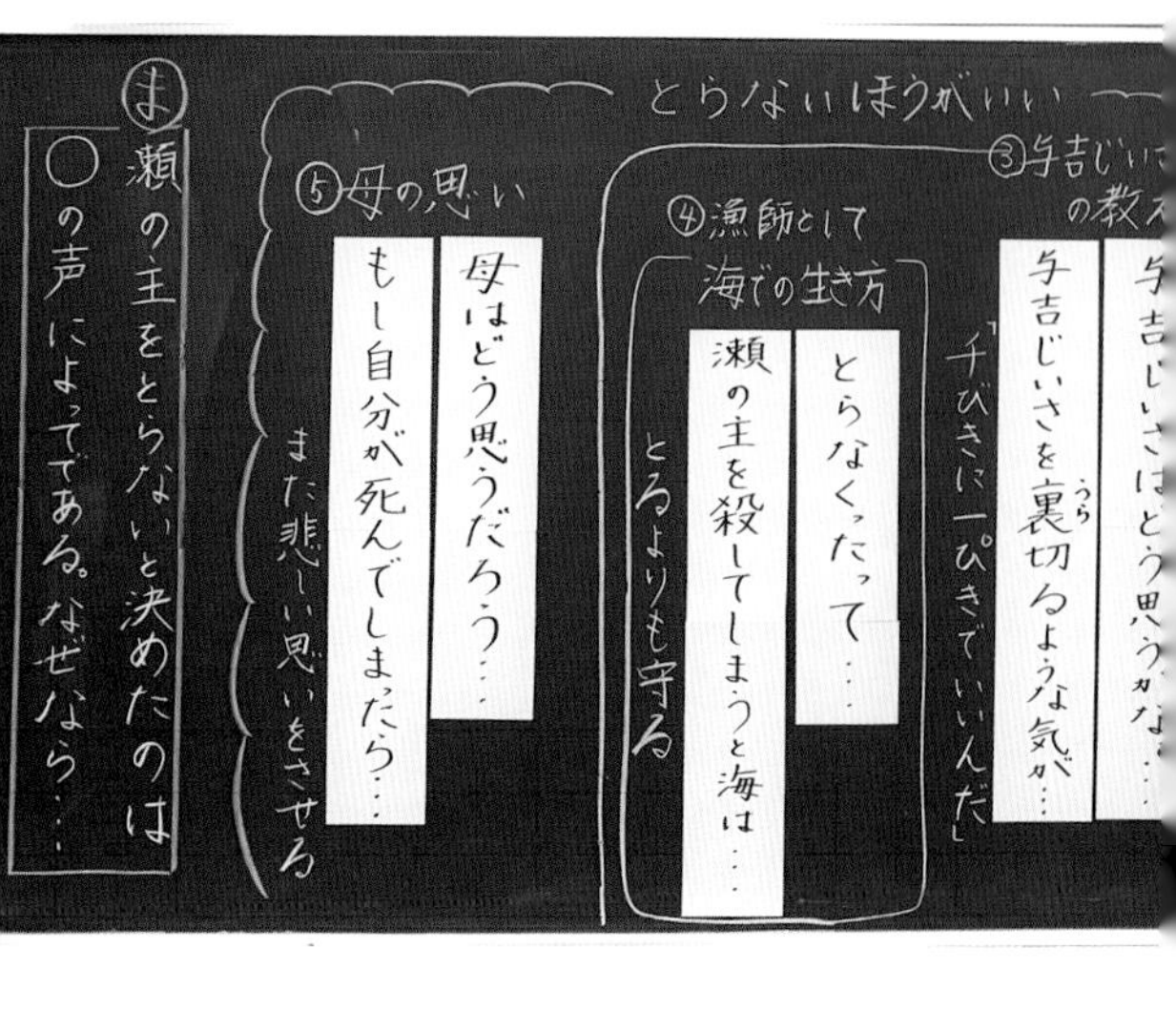

T：だったら、太一が瀬の主をとらないと決めたとき（ふっとほほえんだとき）、これらの声（※今回は五つ）の中で、どの声によって決断できたのだろう。「なぜ太一は瀬の主をとろうとしなかったのか」という謎の答えとしてまとめてみよう。

C：ぼくは、「③与吉じいさの教え」を選びました。やっぱり、これからもずっと海で生きていく道を教えてくれた与吉じいさの考えが、自分の「瀬の主を倒したい」という考えより大きくなったと思ったからです。

C：わたしは、「④漁師として海での生き方」を選びました。これまでのおとうの敵を討とうと海に立ち向かっていくことより、海を守り、その中で生きていく道を太一が選んだように感じたからです。

板書のポイント

①短冊を整理することは、教師が行っても子どもが行ってもよいが、子ども自身が整理し、ラベリングしたと感じられるように配慮する。また、グループをラベリングした言葉は黄色で強調しておく。

②今回の板書のねらいは、一つの読みの答えを示すことではなく、読み手一人一人に解釈をもたせるための材料を示すことである。最後は、黒板をじっくり見ながらノートを書く時間を大切にしたい。

本時で目指す子どもの姿

中心人物と他の登場人物との関係と関連付けながら、変容の理由について自分の読みをまとめている。

「たんぽぽのちえ」（光村図書・第二学年）

1　教材の特性

本教材は、たんぽぽがどのように種を飛ばして仲間を増やしているのか説明した文章である。子どもは、身近な植物であるたんぽぽが、種を飛ばす様々な工夫をしていることを知り、驚きをもつことであろう。

低学年の説明文のキーワードの一つが「順序」である。学習指導要領（平成二十九年告示）国語編においても、第一学年及び第二学年では「〔知識及び技能〕(2)情報の扱い方に関する事項　ア共通、相違、事柄の順序など情報との関係について理解すること。」と示されている。さらには「〔思考力・判断力・表現力等〕C　読むこと(1)　ア時間的な順序や事柄の順序などを考えながら、内容の大体を捉えること。」とあり、説明的な文章の読み方のポイントとして「順序」が挙げられる。

そこで、本教材を順序を視点に分析してみると「二つの順序」が見えてくる。まず、時間的な順序である。文章には「春になると」「二、三日たつと」「やがて」「このころになると」「よく晴れて、風のある日には」「しめり気の多い日や、雨ふりの日には」と時間の変化に着目して読むことができるキーワードがある。子どもはこれらに着目しながら時間の経過をとらえ、たんぽぽの変化を読むことができる。次に、事柄の順序である。例えば「じくが地面に倒れる→じくが起き上がる」という順序は、綿毛を飛ばす上で大切であり、この順序自体が新しい仲間を増やすという目的につながる「たんぽぽのちえ」の一つである。つまり、順序の意味について、「ちえ」と関連付けて読むことができるのである。

この時期の子どもは、文章を「点」でとらえることが多い。本教材でも、「たんぽぽのちえ」として、かしこく感じたところは、一部分の叙述でとらえているだろう。そこに順序、特に事柄の順序の意味について考える場を設定していくことは、文章に書かれていることを受けとめるだけでなく、その意味について推論する力を育むことができるだろう。低学年の時期から、文章をもとに自ら判断し、考えを表現する力を育むことが大切である。

2　単元で目指す子どもの姿

◎読みの力：時間的な順序や、事柄の順序とその意味を読み取ることができる。
○学びに向かう力：植物の生態について説明している本を進んで読み、順序に着目しながら読み取ったことをまとめようとする。

3　単元計画（全8時間）

第一次【たんぽぽのすごいところを見つけよう】
①題名の「ちえ」とはどういう意味か考えて文章を読む。
②読んだ感想と、初めて知ったことを交流する。

第二次【たんぽぽの『ちえ』を探そう】
③たんぽぽのかしこいと思ったところはどこか、なぜかしこいと思ったのかを交流する。
本時 ④「たんぽぽのちえ」がいくつあるのか、挿絵を並び替えながら話し合う。
⑤これまでの学習で身に付いた力を振り返りながら、他の植物にも「ちえ」があるのか関心をもち、三次の学習計画を立てる。

第三次【自分で選んだ植物の『ちえ』をまとめて紹介し合おう】
⑥⑦自分の興味をもった植物の本を読み、「ちえ」を見付け、ポスターにまとめる。
⑧ポスターを交流し合い、単元で身に付いた力を振り返る。

4 授業の実際（第4時）

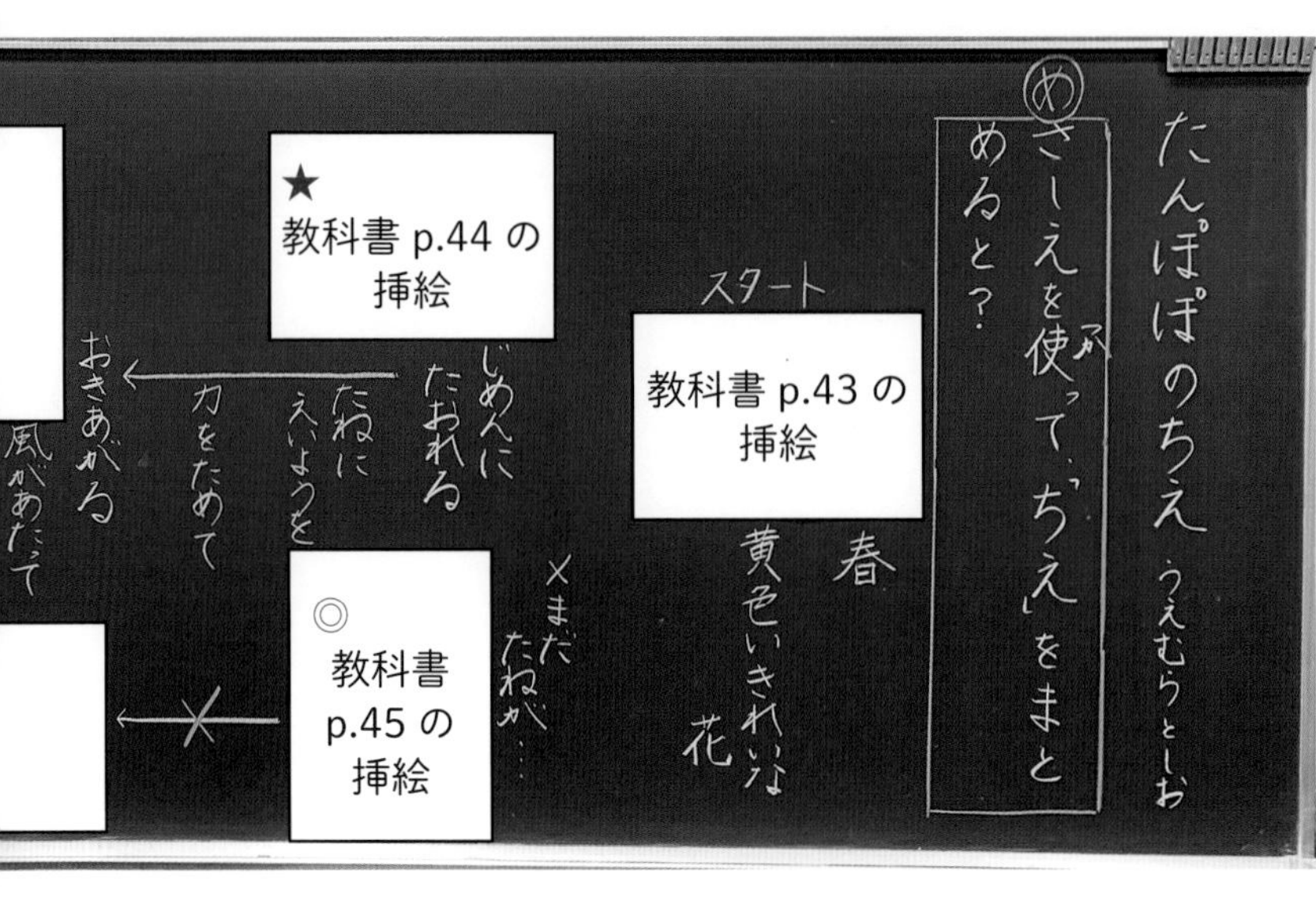

導入

1 前時までの学習を振り返りながら本時の課題を設定し、挿絵の並び替えをする

T：前の時間はたんぽぽのかしこいところを見付けましたね。どんなところがかしこかった？

C：綿毛を遠くまで飛ばせるようにしていたところです。

C：倒れていても種をどんどん太らせていたところもだよ。

T：なるほど。たくさんかしこいところがあったんだね。では、結局たんぽぽの「ちえ」はいくつ？

C：三つかな。

C：いや、もっとあるよ。四つかな。

T：人によって違うみたいだね。では、今日はこの挿絵を使って、たんぽぽの「ちえ」をまとめてみよう。

指導のポイント

めあてを板書し、挿絵をバラバラに黒板に貼っていく。また、各挿絵をもう一枚手元に用意しておき、多様な発言に対応できるようにしておく。

T：では、まず挿絵を並び替えてみよう。誰か前に来て並び替えてください。（スタートはこれで…などと貼らせる）

C：あれ？　それは反対だよ。

T：これ（★地面に倒れたたんぽぽの挿絵）とこれ（◎起き上がっているたんぽぽの挿絵）はどういう順番？

C：地面に倒れているのが先で、起き上がっているのが後。

T：そうなの。なぜこの順番じゃないといけないの？　こちらではだめ？

指導のポイント

間違った順序の挿絵も提示する。

C：だめです。これじゃまだ種ができていないのに起きてしまっているよ。

C：種ができても倒れていたら、風が当たらないし。

C：先に倒れているから種に栄養を貯められて、そのあと力を付けてふわふわと飛ばせるのだと思うよ。

板書のポイント

①事柄の順序の意味を考えることができるよう、正しい場合と間違っている場合を上下に並記して比較できる板書にし、子どもの思考を刺激する。

②正しいと判断した意見だけでなく、間違っていると判断した意見も板書に残し、学びを深めていく。

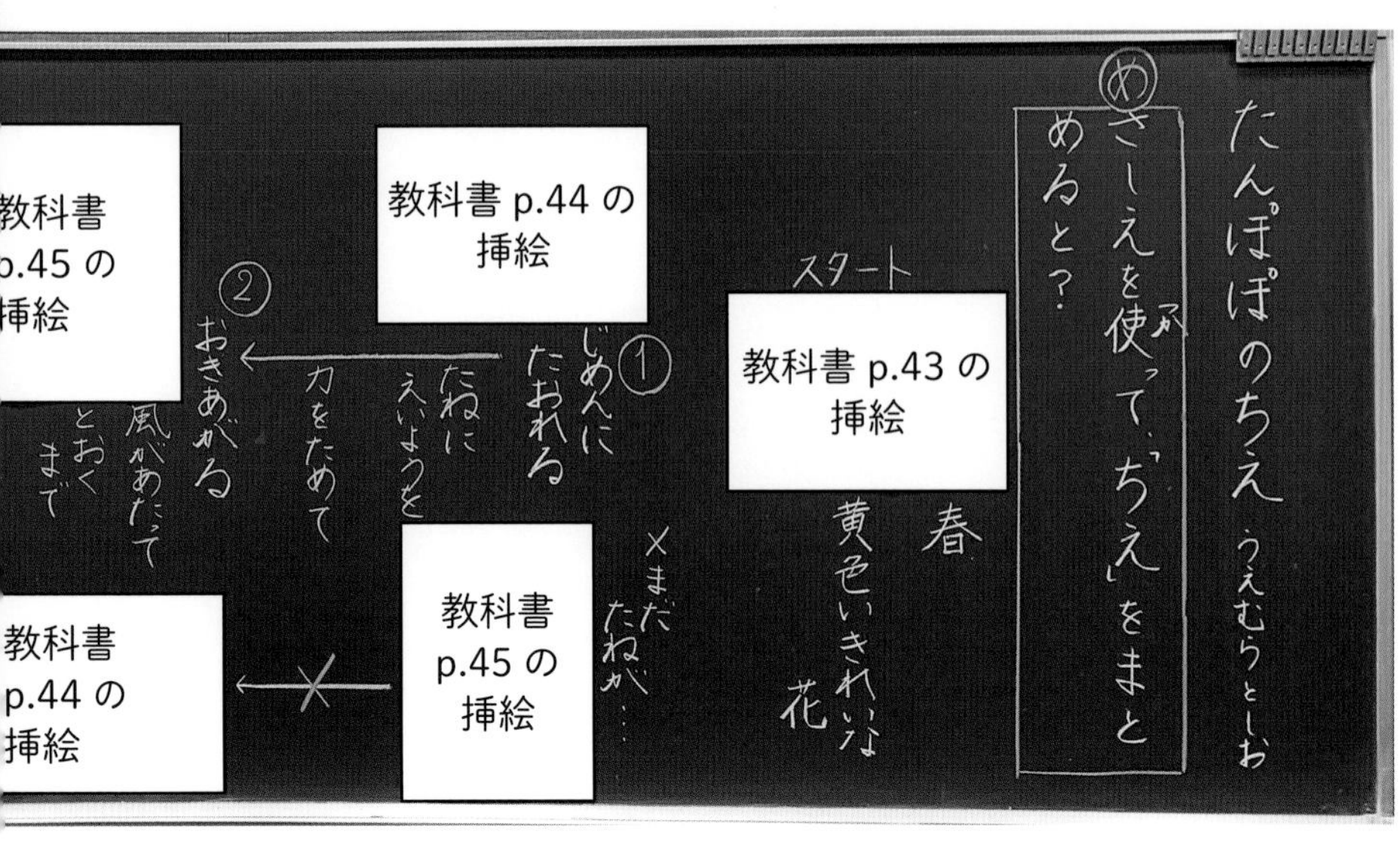

展開 ② 挿絵に着目しながら、順序から分かる「たんぽぽのちえ」について考える

T：では、最後はこの挿絵でいいですか。
C：うん。最後に種を飛ばすからね。
T：でも、綿毛の絵は二つもいる？　一つでもよいのではないかな？
C：いや、二つともいるよ。
C：二つないと晴れて風のある日と、湿り気の多い日や雨ふりの日に違うことが分からないから。
C：せっかく種を作っても、しっかり飛ばないといけないからね。
T：日によって違うことってそんなに大切なの？
C：大切です。だって、湿り気の多い日や雨ふりの日は遠くまで飛ばないからしぼんでおいて、晴れて風のある日は思いっきり綿毛をひらいて遠くまでよく飛ばすからです。
T：ここまで話し合ってきて、「たんぽぽのちえ」はいくつ見えてきたかな？

指導のポイント
ペアで黒板を指さしながら、いくつの「ちえ」があるか話し

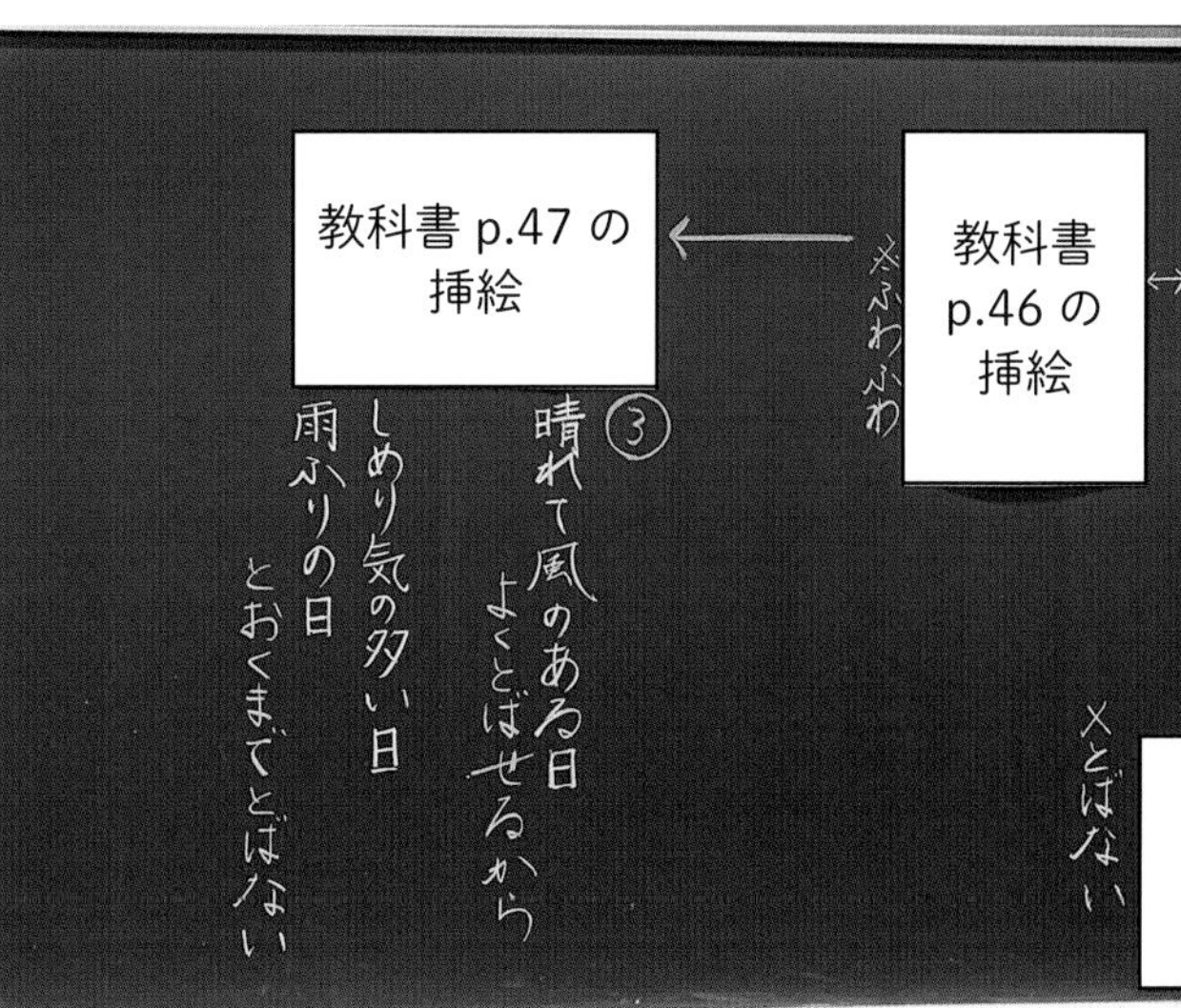

合うよう指示する。

C：三つです。
T：黒板のどこに番号を書いたらいいかな？
C：（指をさしながら）そこが①です。地面に倒れて力を貯める「ちえ」。
C：そこが②。背を高くして風を当てる「ちえ」。
C：最後にそこが③です。綿毛を遠くまで飛ばす「ちえ」。
T：ここまでの話し合いをまとめると、たんぽぽは順番に気を付けながら、この三つの「ちえ」を使って種を散らしているのだね。

指導のポイント

矢印や番号を書き込みながら整理していく。

板書のポイント

①三つの「ちえ」のまとまりと矢印は赤チョークで板書し、大きなまとまりと事柄の順序の意味について思考してきたことを強調しておく。
②黒板の上部にあえてスペースを空けておくことで、次の学習活動への伏線とする。

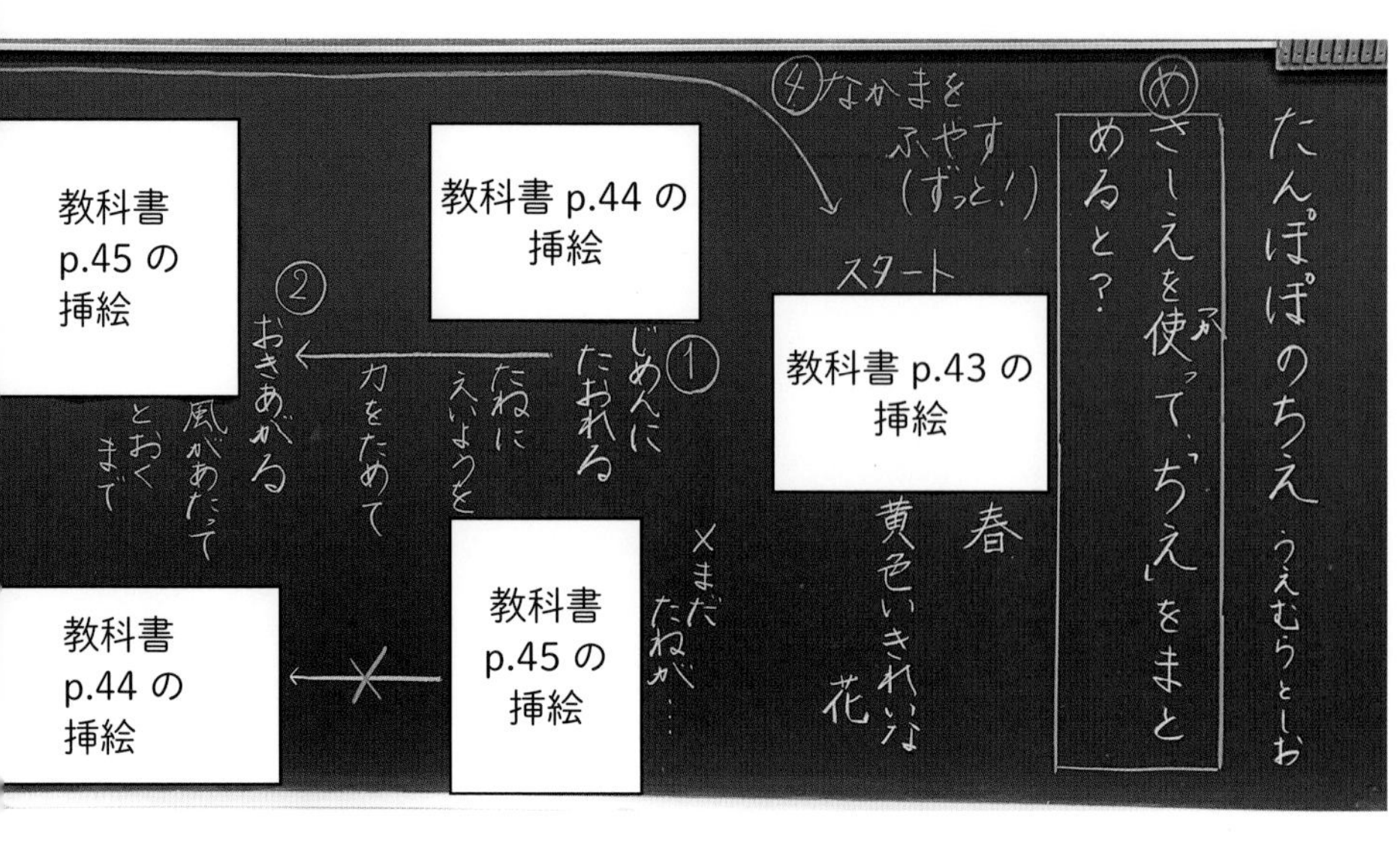

終末

3 さらに「たんぽぽのちえ」が隠されていないか考える

T：さらに、この黒板の中に「たんぽぽのちえ」が隠されていないかな。

C：え、どこだろう…あ！　分かった！

T：どうしたら分かりやすくなるかな？

C：矢印を書いたら分かるよ。

> **指導のポイント**
>
> ペアでどこに矢印を書いたらよいか、その矢印はどういう意味なのかを話し合うよう促す。

C：最後の綿毛の挿絵から、最初のたんぽぽが咲いているところにつながります。

C：仲間を増やして、きれいな花を春に咲かせていることが分かるよ。

C：あと、たんぽぽがぐるぐると回ってるってことも分かるよ。

T：今の○○さんが言った「ぐるぐる」の意味は分かる？

C：分かります。種が飛んでいって、そこで花が咲いて、ま

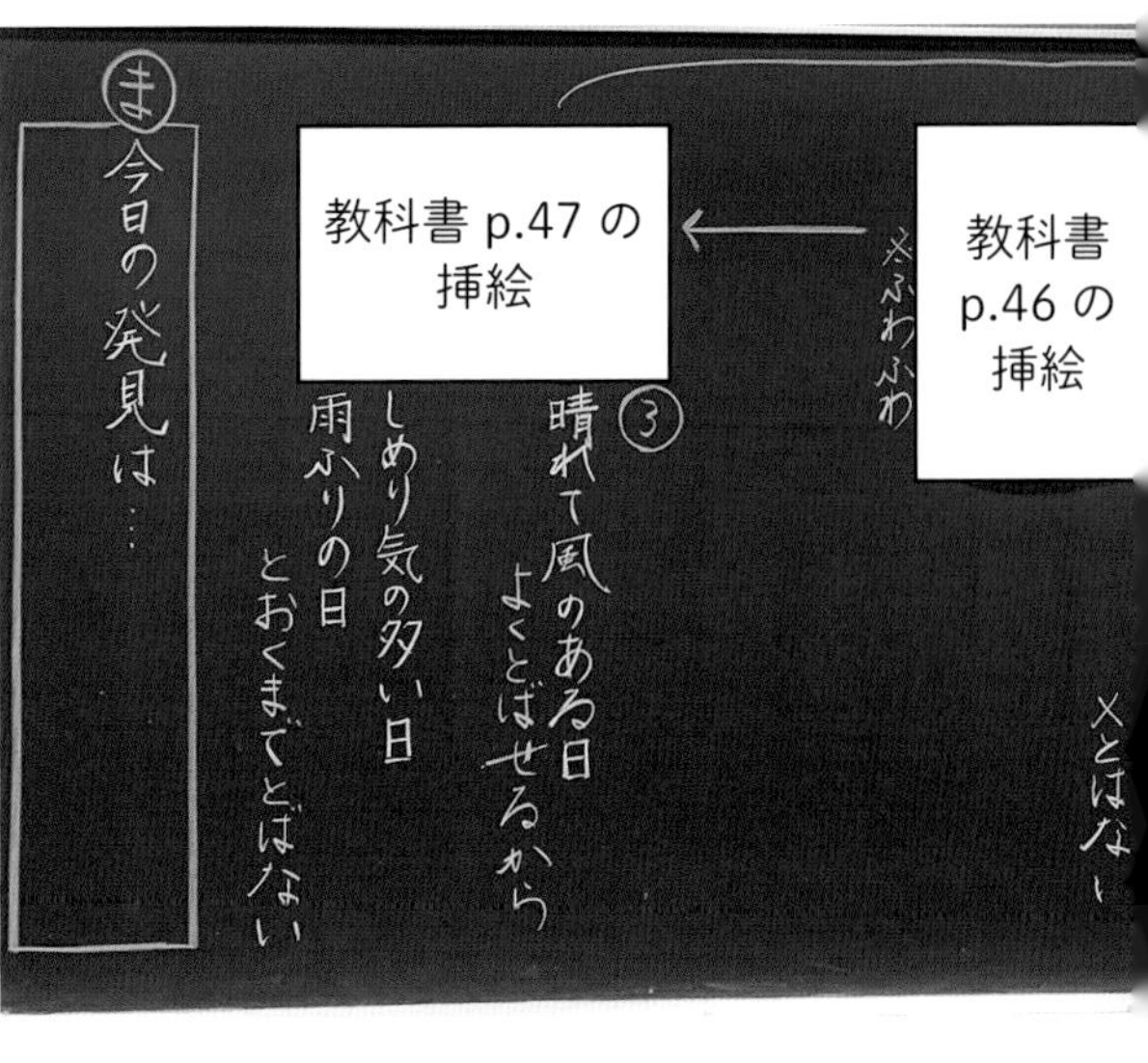

た種が飛んで…。

T：そうそう。こうやって、ずっとぐるぐる回っているからたんぽぽがいつも春にあるってことだよね。

C：あ！　だからたんぽぽって帰り道とか畑の近くとかいろんなところにあるのか！

T：みんなの力で、新たな四つ目の「ちえ」が見付かったね。これはどんな「ちえ」？

C：仲間をいろいろなところに増やして、たんぽぽをなくさない「ちえ」。

C：ずっとたんぽぽがいるための「ちえ」。

T：なるほど。では、今日は挿絵を使って四つの「たんぽぽのちえ」を見付けることができましたね。自分が今日の学習で発見できたことをまとめてみましょう。

板書のポイント

①空けておいた上部のスペースに赤色で矢印を書き、見いだした新たな読みを板書に表していく。また、その矢印を書き込む際に、少し曲線で描くなど工夫することで、「ぐるぐる回っている」というような、「新しい仲間を増やす」という、たんぽぽが「ちえ」を働かせる目的に気付けるようにしていく。

②もし黒板の左側にスペースが残っていれば、「ほかの植物でも？」などと書き、次時への予告に板書を活用することもよいだろう。

本時で目指す子どもの姿

たんぽぽが種を飛ばす順序とその意味についてとらえ、自分の発見としてまとめている。

「年めぐり―しりとり唄―」（オリジナル教材・第三学年以上）

1 教材の特性

本教材は、一月から十二月までの季節の様子をリズムよく描いている詩である。教科書には掲載されていない詩ではあるが、詩や言葉のおもしろさを味わうことができる作品であり、よりよい学習材になると考え、本実践を行った。

ではこの「年めぐり〜しりとり唄〜」の詩には、どのようなおもしろさがあるのか。それは三点ある。まずはリズムである。すべてが三・四・五でできており、声に出して読んでも楽しい詩である。次に、ひと月が一行ずつで書かれていることである。その月をイメージする言葉が選ばれており、子どもの語彙の広がりにもつながるであろう。最後に、「しりとり」という言葉のつながりである。すべての言葉が行を超えてしりとりでつながっており、工夫されたつくりになっている。さらに気付きにくい点として、十二月と最後の言葉と、一月のはじめの言葉もしりとりでつながっており、しりとりが詩全体で「ぐるぐる回る」ようにできている。このような言葉のつながりを自分たちで発見できたとき、子どもは本教材のつくりの巧みさをより実感をもって味わうことができただろう。さらに、言葉のつながりを見いだすことのおもしろさも感じることができる。

よって、本教材は題名がすべての答えになっているといえる。ゆえに、題名には出合わせずに詩を読むほうが「謎解き」のような要素が増し、楽しく読めるであろう。さらに、あえて行をバラバラにして詩を提示することで、子どもの思考はさらにゆさぶられる。

教科書に掲載されていない教材だからこそできることがある。このような仕掛けを設定し、子どもの言葉による見方・考え方を働かせていきたい。

年（とし）めぐり
――しりとり唄――

阪田寛夫

かるた　たこあげ　げんきなこ
こけし　しもやけ　けやきのめ
めだか　かげふみ　みずすまし
しがつ　つみくさ　さくらもち
ちまき　きつつき　きりのげた
たうえ　えひがさ　さくらがい
いなか　かなかな　なつやすみ
みさき　きいちご　ごむぞうり
りんご　ごいさぎ　ぎんやんま
まつり　りんどう　どうわげき
きのみ　みのむし　しかのこえ
えいが　がいとう　おおみそか

2　単元で目指す子どもの姿

◎読みの力：詩のリズムや構成の工夫、言葉のつながりを読み取ることができる。
○学びに向かう力：詩のおもしろさを見付けようとする。

3　単元計画（全3時間）

本時 ①「年めぐり」の詩を読む。
②リズムや詩の構成に着目しながら、自分のお気に入りの詩を図書館で探す。
③お気に入りの詩を紹介し合い、単元で身に付いた力を振り返る。

4 授業の実際（第1時）

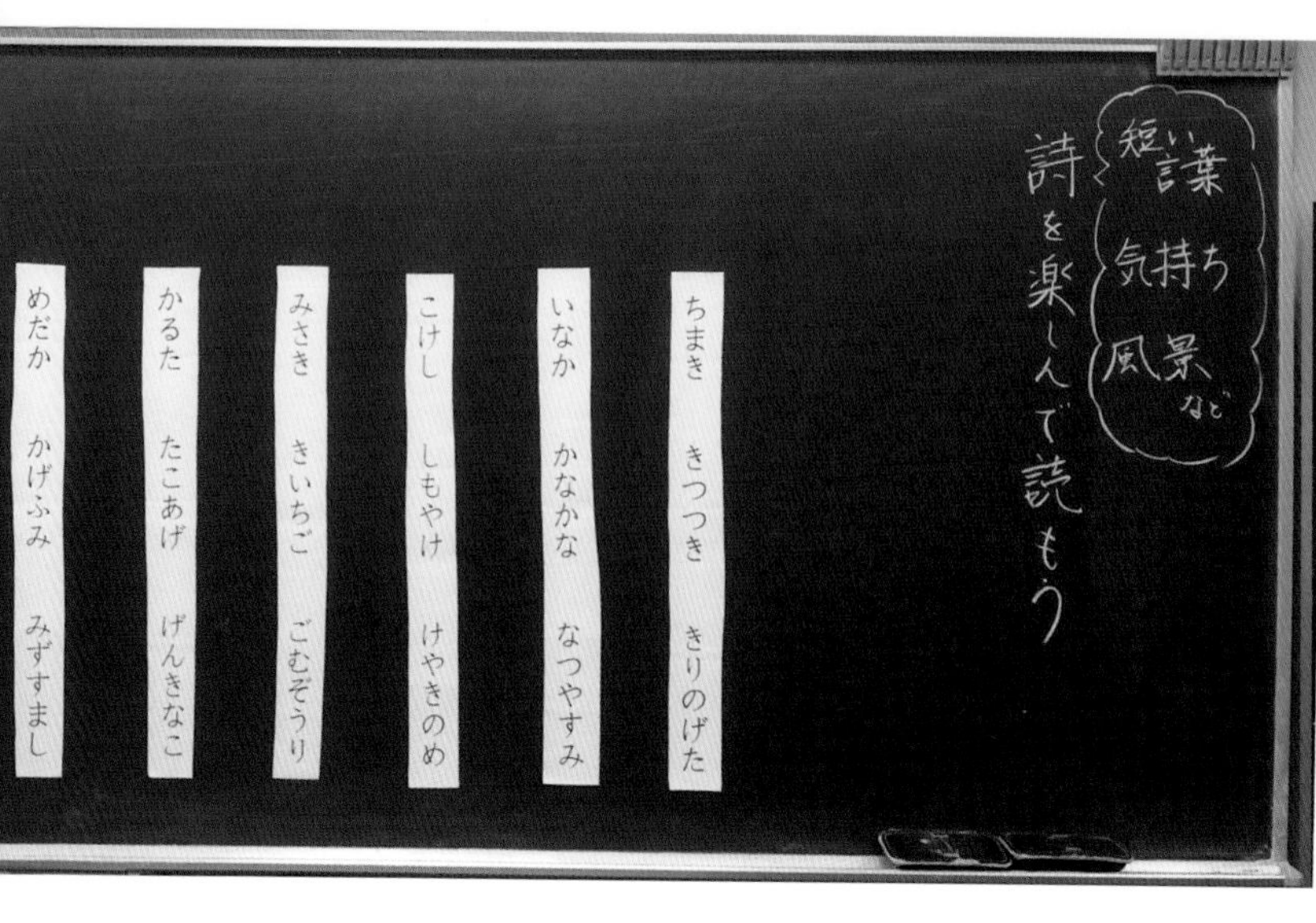

1 一行ずつ提示された詩を読みながら、学習課題を設定する

T：今日から、詩を読む学習をしましょう。詩を読むことが好きな人はいますか？

C：はい。おもしろい言葉があるから好きです。

T：反対に、好きではない人は？

C：意味がよく分からないときがあります。

T：なるほど。では、今回は今まで以上に詩を楽しんで読める自分になることを目指して学習していこう。ちなみに、詩とはどのようなものですか。

C：短い言葉で書かれています。

C：書いた人の気持ちが込められていることがあります。

C：風景について書かれていることもあります。

C：連というまとまりがあります。

指導のポイント

詩に対する子どもの率直なイメージと知識を共有しながら、詩を読んでいこうとする意欲を引き出すようにする。

「年めぐり—しりとり唄—」（オリジナル教材・第三学年以上）

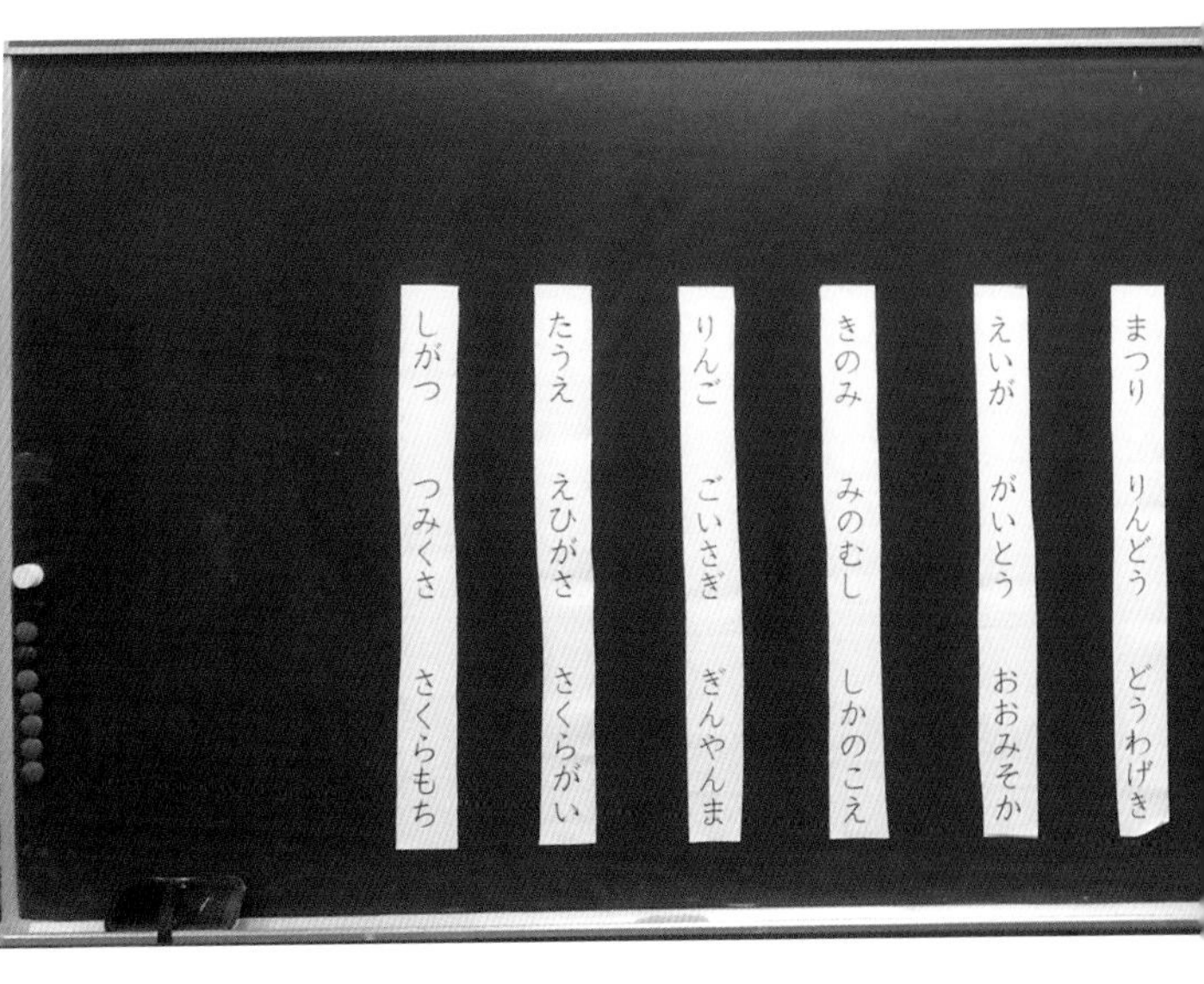

T：なるほど。では、今日は私のお気に入りの詩を紹介します。とってもおもしろい詩だよ。どんなところがおもしろいのか、ぜひ見付けてみてください。

T：では、一行ずつ詩を貼っていくので声に出して読んでみてください。（「貼る→音読する」を繰り返す）

C：あ！　分かった！

C：おかしいよ！

指導のポイント

読み進めていくと、右のように自然とつぶやきが生まれてくる。それをあえて拾うことなく、まずはすべての行を音読し、提示していくようにする。

T：あれ？　何か気付いた人がいますか。（多くの反応が見られることを確かめつつ）では、それらを交流しながら詩の楽しみ方を見付けていこう。

板書のポイント

①題材である詩を本来の作品とは違う形で（バラバラにして）提示をすることで、子どもの「?」（疑問）を引き出していくようにする。

②一行ずつ音読しながら詩を提示する際には、黒板に短冊を貼った後、少し間を空けて子どもの表情を確かめるなどしながら進めていき、子どもの気付きを促していくようにする。

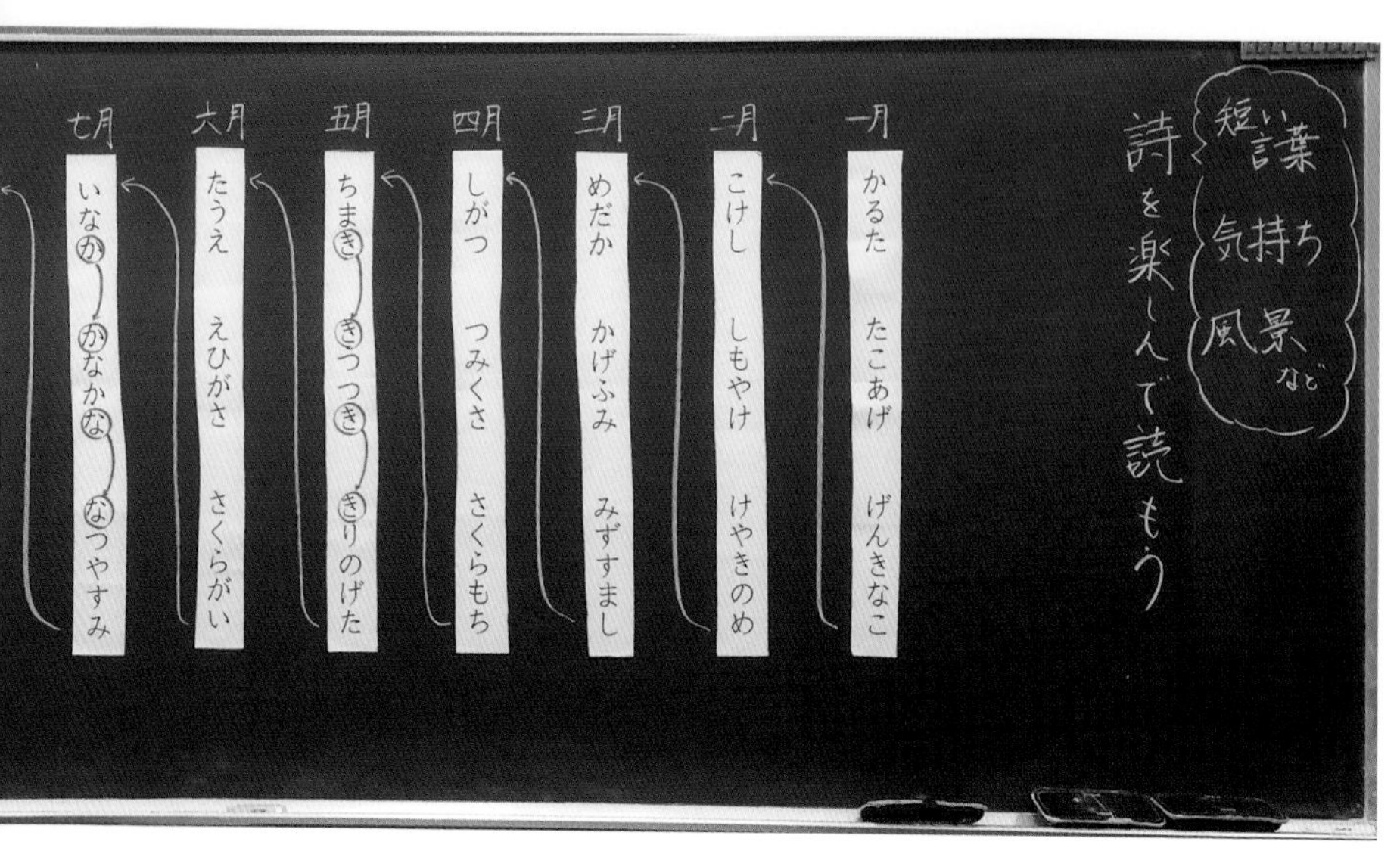

展開

2 詩のきまりや構成の工夫を見付ける

T：では、気付いたことを教えてください。

C：きまりがあります。

C：詳しく言うと、言葉の数が三・四・五になっています。

T：三・四・五だと何かよいことはあるのかな？

C：音読しやすいです。リズムに乗って読めます。

指導のポイント

詩のきまりや特徴を見付けていくとともに、そのよさも考えさせていくようにする。

T：さらにどうかな？

C：いろいろなところがしりとりになってるよ。

C：例えば、ちまきの「き」と、きつつきの「き」や、いなかの「か」と、かなかなの「か」とか…。

T：なるほど。しりとりという言葉のつながりを見付けたんだね。

指導のポイント

数か所確認するとともに、「りんどう」と「どうわげき」のように、伸ばす音でしりとりになっているところも確かめておく。

C：順番が違うと思う。
T：どういうこと？　○○さんの気持ちが分かる？
C：はい。カレンダーのように、それぞれの行が月を表していると思います。ここが一月で、これは四月で…。
T：では、黒板を指さしながら、ペアで本当に二人の言う通りになっているか確かめてみよう。

指導のポイント

いくつかを全体で確かめた後、ペアでの学習を設定してもよい。「なぜ○月といえるのか」も合わせて考えるよう声をかけていく。

T：では、黒板まで来て並べ替えてみてください。

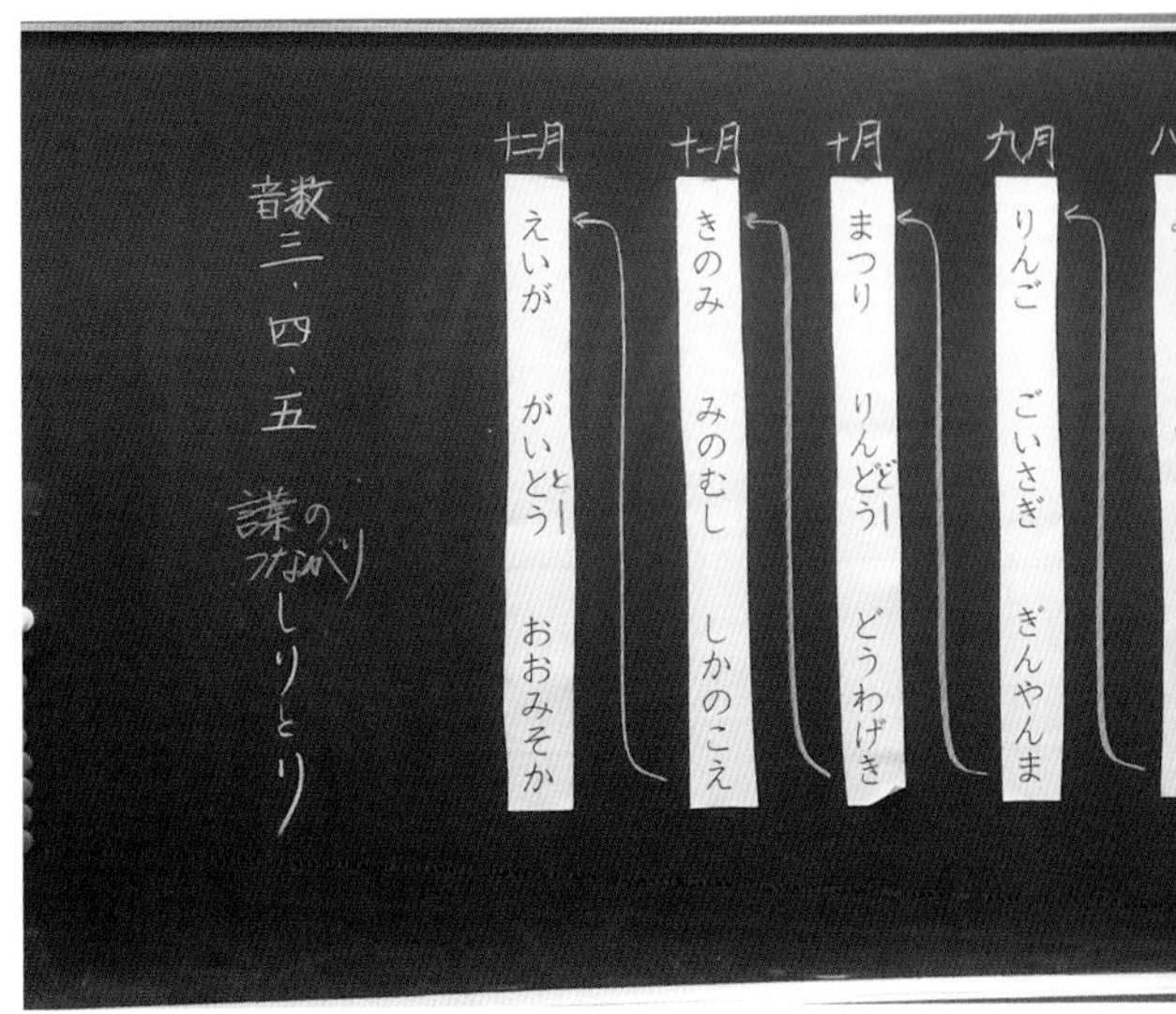

板書のポイント

①子どもが見付けた詩のきまりや構成の工夫は、黒板の左側にまとめて書き、詩の読み方として残しておく。
②子ども自身にしりとりになっているところにペンで書き込んだり、短冊を動かしたりさせるなど、子どもを参加させつつ板書を作っていく。

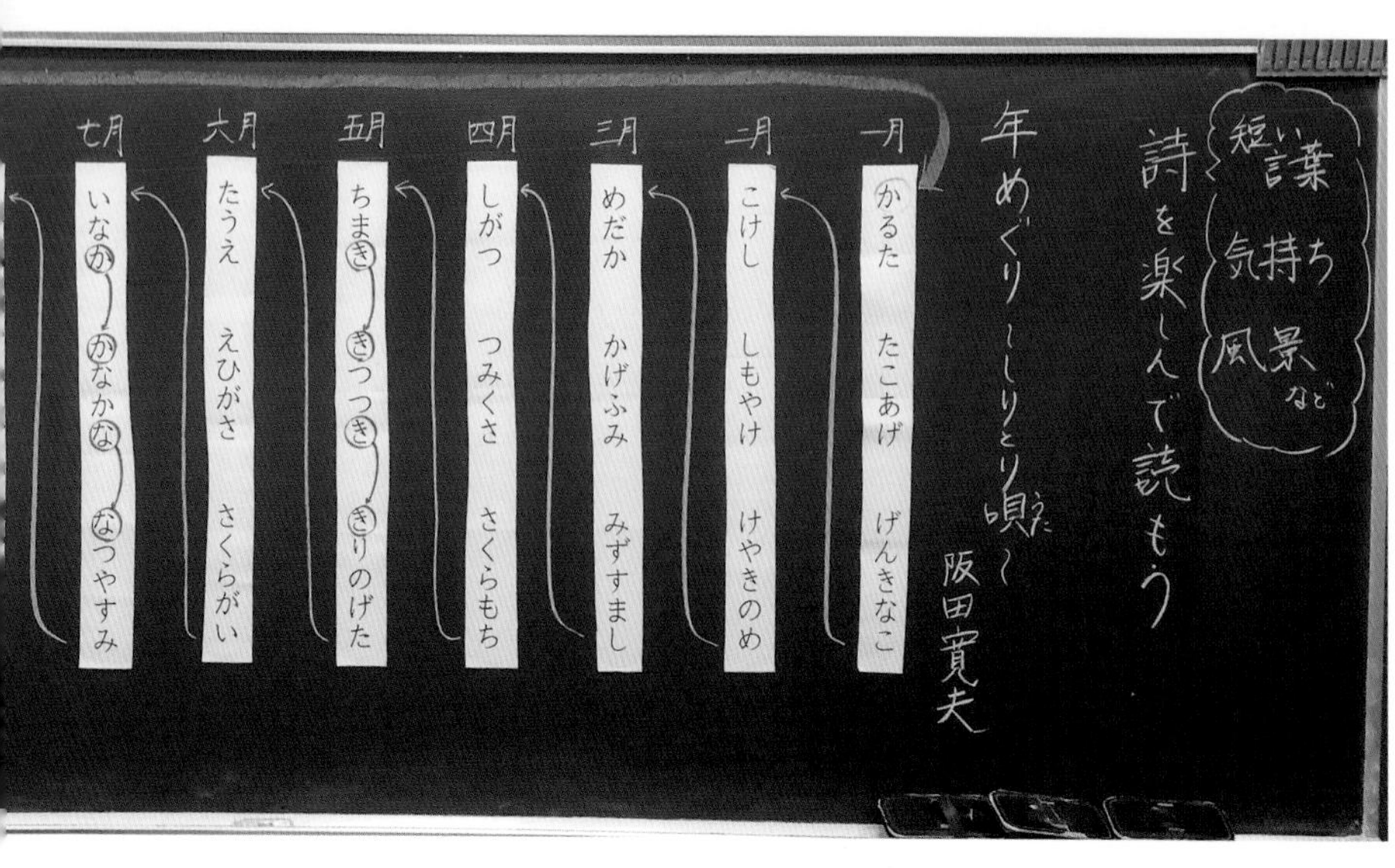

終末

3 さらに詩に隠された言葉のつながりを見付ける

C：あ！　新しい「しりとり」を見付けた！

T：どういうこと？　黒板を使って説明してくれる？

C：ここにも「しりとり」があります。

C：一月の最後と二月の最初とか、月と月もしりとりになっているってことです。

T：すごい！　みんなで並び替えたから見付かった言葉のつながりですね。

指導のポイント

このときに一つ一つを矢印でつなぎ、しりとりでつながっていることを可視化しておく。

C：あっ！　もう一つ「しりとり」を見付けました！

C：もう一つ矢印を入れるところがあります。

T：どういうことかな。ペアの人と黒板を指さしながら相談してみて。

指導のポイント

もし子ども側から気付きが出てこない場合は、「矢印はこれで全部だよね？」とゆさぶってもよい。

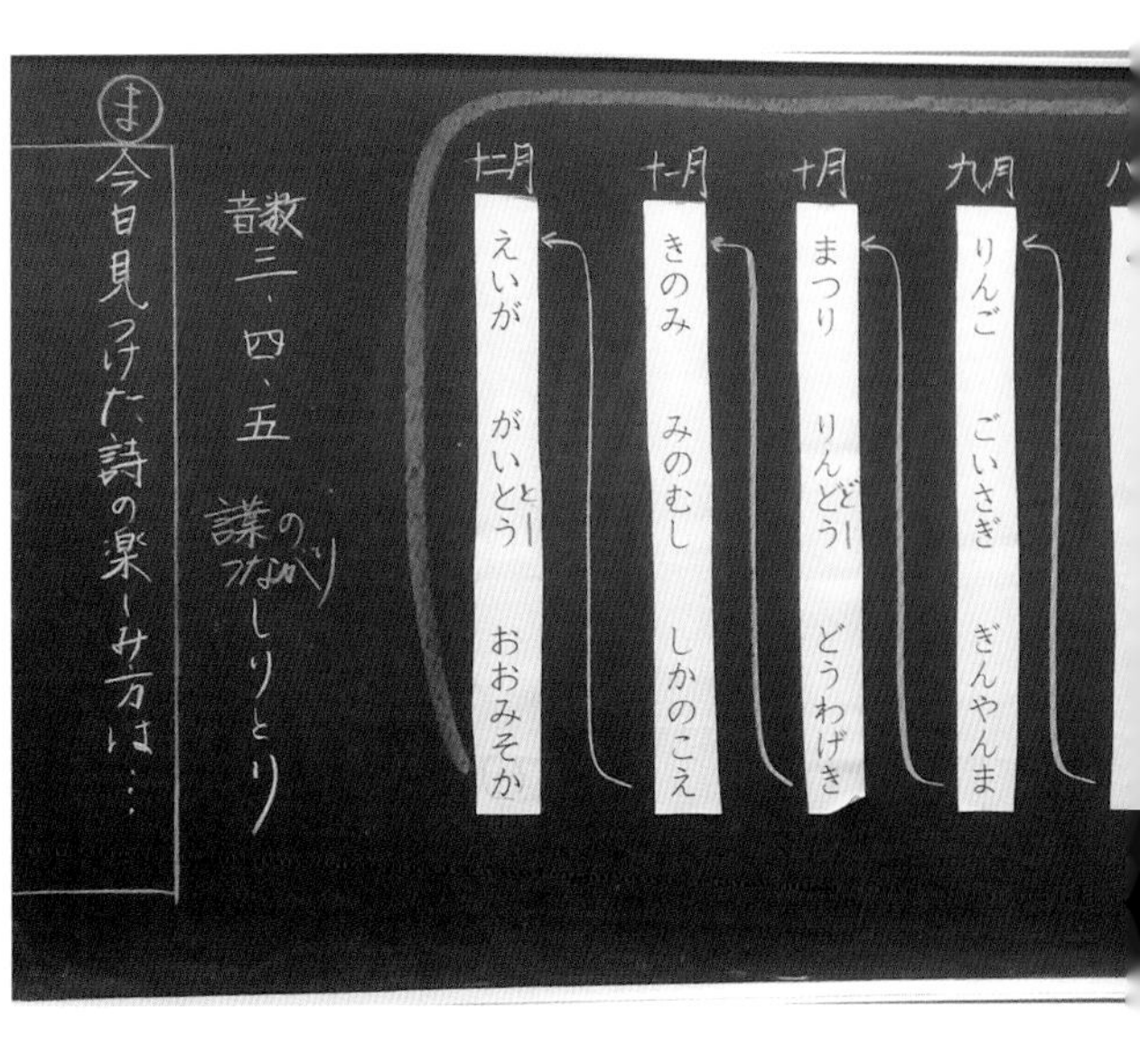

C：分かった！　最初と最後だ！

C：そうか！　十二月と一月か！

T：二人の発見を黒板の中にどう書けばいい？

C：ここ（十二月の文末から一月の冒頭）に矢印を書くと分かりやすいよ。

C：そうか！　ぐるぐる回っているってことだね。

T：どういうこと？

C：一月から十二月までと、十二月の最後と一月のはじめがつながっているから、ずっとぐるぐると回るということです。

T：みんなの力で、この詩のおもしろさを見付けることができましたね。実はこの詩の題名は、「年（とし）めぐり―しりとり唄―」といいます。今日の学習を通して、これから詩を読むときにも大事にしたい楽しみ方をまとめておこう。

板書のポイント

①月と月のしりとりのつながりについては、子ども自身に黄チョークで矢印を書かせていく。その過程を通して、十二月の最後と一月の初めのつながりへの気付きを促していく。

②十二月の最後と一月のはじめのしりとりのつながりは赤チョークで板書させ、子どもの力によって見付けだされた読みと感じられるように強調する。

本時で目指す子どもの姿

詩を読むときには、詩のリズムや構成、言葉のつながりに着目していこうと考え、まとめている。

「くらしの中の和と洋」（東京書籍・第四学年）

1　教材の特性

本教材は、私たちが日本で暮らしている中で、和と洋がどのように取り入れられているかについて、和室と洋室を例に説明した文章である。筆者は、和室と洋室の違いとそれぞれの良さを述べながら、私たちが「その両方の良さを取り入れて暮らしている」と説明している。

この教材の大きな特性は「対比」である。和室と洋室での過ごし方や使い方を対比しながら説明することで、それぞれの良さがはっきりと伝わるように述べられている。なお、他社の中学年の説明文教材を分析しても、この時期は「対比」を用いた説明文が多く見られる。段落相互の関係を読み、文章の構成をとらえる力を育むことが大切なこの時期の子どもにとって、「対比」という説明の仕方は学習材として用いやすいという背景があるのだろう。

また、着目したいのは③段落の効果である。それぞれの部屋の良さを対比して述べる前に、その良さが生まれる部屋の違いについて述べている段落である。この前提となる説明があるために、それぞれの部屋の過ごし方や使い方の良さについて読者は納得しながら読み進めることができるようになっている。③段落は、筆者の巧みな文章構成の工夫ということができるだろう。

よって、まずは、対比関係や③段落の役割に着目しながら文章構成をとらえていく。そして、その筆者の述べ方の良さを実感するためにも、「真似て書く」という活動に発展させていきたい。身の回りを見渡してみると、「対比」できるものは、和と洋に限らずたくさんある。鉛筆とシャープペンシル、海とプール、テレビ番組とネット映像などである。『前提として重なる点があるが、それぞれの特徴が違いとして表われるもの』は、本教材の対比的な述べ方を真似て説明することができる。また対比することで、物事に対する新たな発見もあるだろう。よって「対比」は、大切な読みの着眼点であるとともに、子どものものの見方・考え方にも通じる重要な学習内容である。

2　単元で目指す子どもの姿

◎読みの力：対比関係や段落の役割に着目しながら、文章の構成を読み取ることができる。
○学びに向かう力：読み取った筆者の述べ方を真似しながら、自分の見付けた対比関係にあるものを進んで説明しようとする。

3　単元計画（全9時間）

第一次【「どちらもすごい！」ミニ説明文を書く見通しをもとう】
①「○○と△△、どっちがよいでショー」と題してミニ討論を数回行いながら、「どちらもすばらしく甲乙つけがたい」と感じるもの（対比して説明できるテーマ）をたくさん見付け、「どちらもすごい」と感じるミニ説明文を書く単元計画を立てる。
②自分が説明文を書くテーマを決めてミニ説明文を試しに書き、困ったことや難しさを交流する。

第二次【「くらしの中の和と洋」から説明のコツを見付けよう】
③教材文を読み、筆者の述べ方のよいところを見付ける。
④文章を序論部・本論部・結論部に分け、頭括型・尾括型・双括型のどれか分析する。
⑤対比関係にある言葉や文章を見付けて、対比を使って文章を書くことの良さを考える。
本時 ⑥③段落の必要性について考え、文章構成をとらえる。

第三次【「くらしの中の和と洋」を真似してミニ説明文を書こう】
⑦自分が書くテーマについて、筆者の文章構成を真似て、自分の文章の構成図を考える。
⑧文章構成図をもとに、筆者の述べ方の良さを真似てミニ説明文を書く。
⑨書いたミニ説明文を友達と交流しながら、単元で身に付いた力を振り返る。

4 授業の実際（第6時）

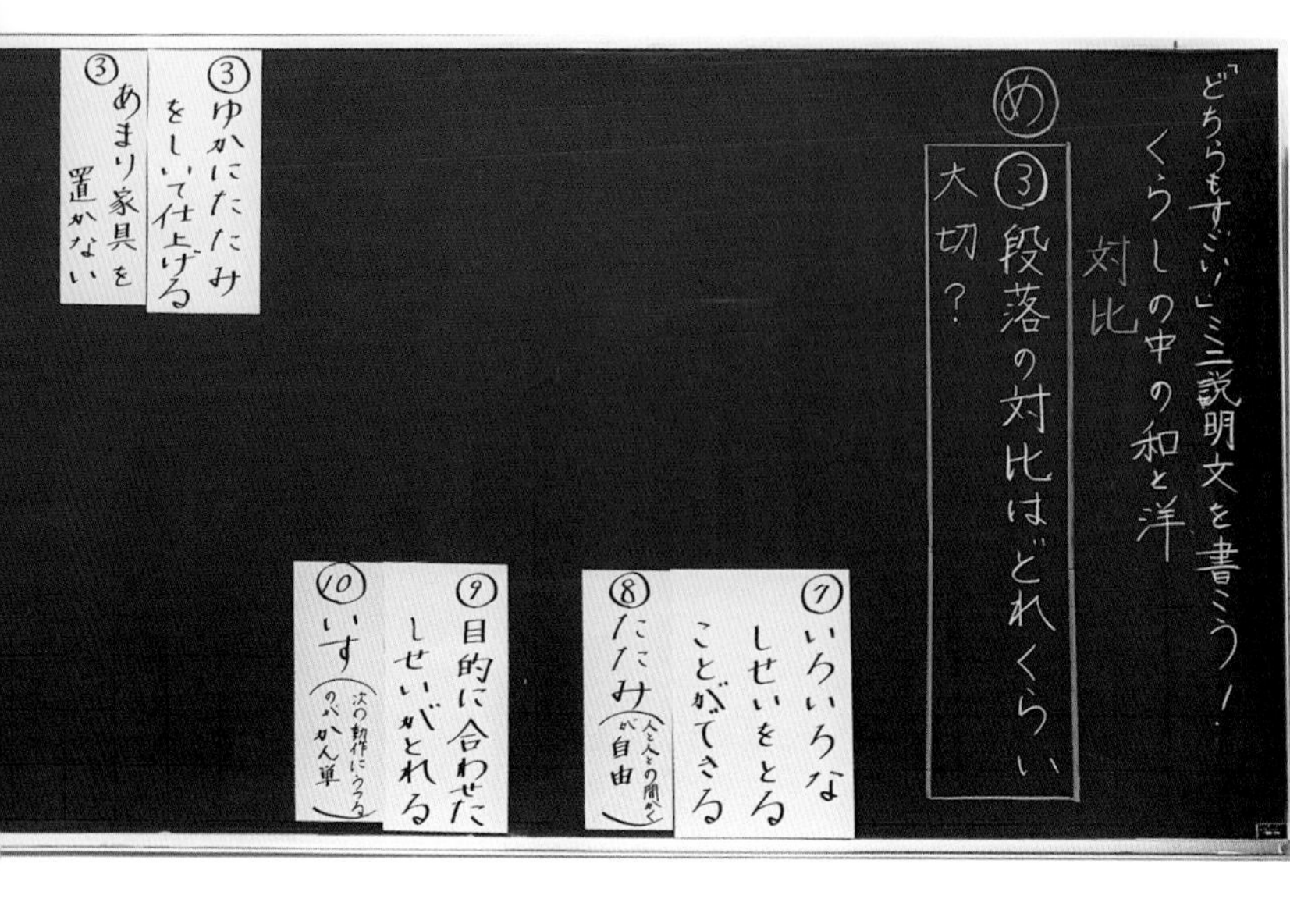

導入

前時の学習を振り返りながら③段落に着目し、課題を設定する

T：前回は、たくさんの「対比」を見付けましたね。どのような対比を見付けましたか。

C：和室の「いろいろなしせいをとることができる」と、洋室の「目的に合わせたしせいがとれる」です。

C：和室の「いろいろな目的につかうことができる」と、洋室の「何をするかが部屋かはっきりしていて、そのために使いやすい」です。…

指導のポイント

前時に読み取った対比のキーワードを短冊にしておき、テンポよく展開する。また、細かな例がたくさん出された場合は、「すこしまとめられないかな」と問い返して整理しておく。

T：なるほど。このような「対比」を使って筆者は何を伝えたかったのかな。

C：和室と洋室のそれぞれの良いところです。

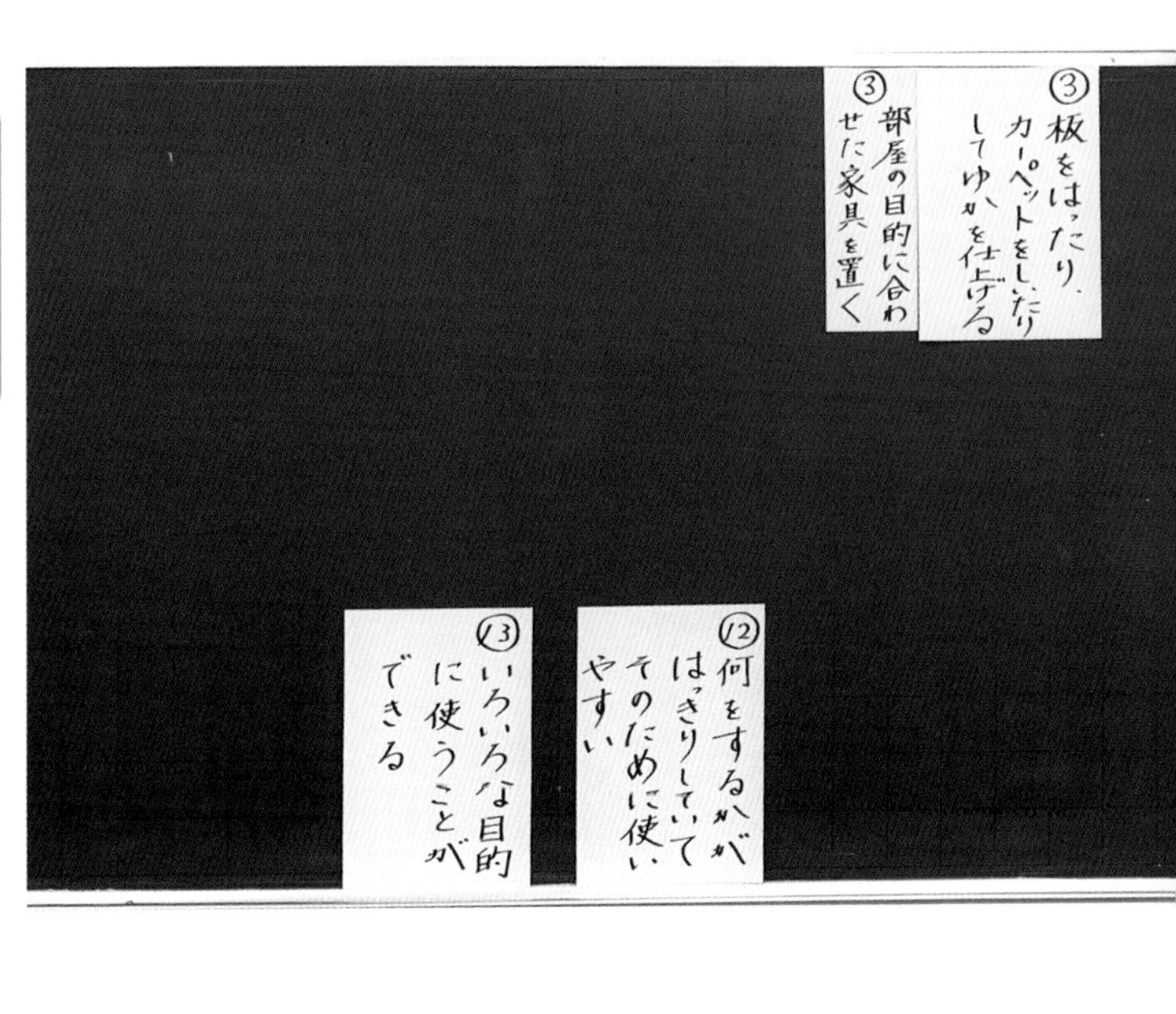

T：そうか。だとすると、黒板の中に仲間はずれの対比があると思うんだけど…。

C：え…どれだろう…。

指導のポイント

ペアで相談させたり、気付いた子どもにヒントを出させたりするのもよいだろう。「良さって、『○○ができる』『○○しやすい』ということだよね」などとゆさぶってもよい。

C：あ！「ゆかにたたみをしいて仕上げる」と「板をはったり、カーペットをしいたりしてゆかを仕上げる」だ。

C：あと、「あまり家具を置かない」と「部屋の目的にあわせた家具を置く」です。

C：ほかは良いところ（できること）だけど、この二つは和室と洋室の違いです。

T：それぞれの良いところが伝えたかったんだよね？　だとしたら、③段落の「ちがい」の説明は大切かな？

板書のポイント

①まずは短冊を子どもから発表されたものからどんどんと黒板に貼っていく。そして、仲間はずれを考えさせた後に、黒板上部に③段落の内容を、その他を黒板の下へ固めて整理する。

②黒板中央はスペースを空けておき、この後図に変化するときに活かしていく。

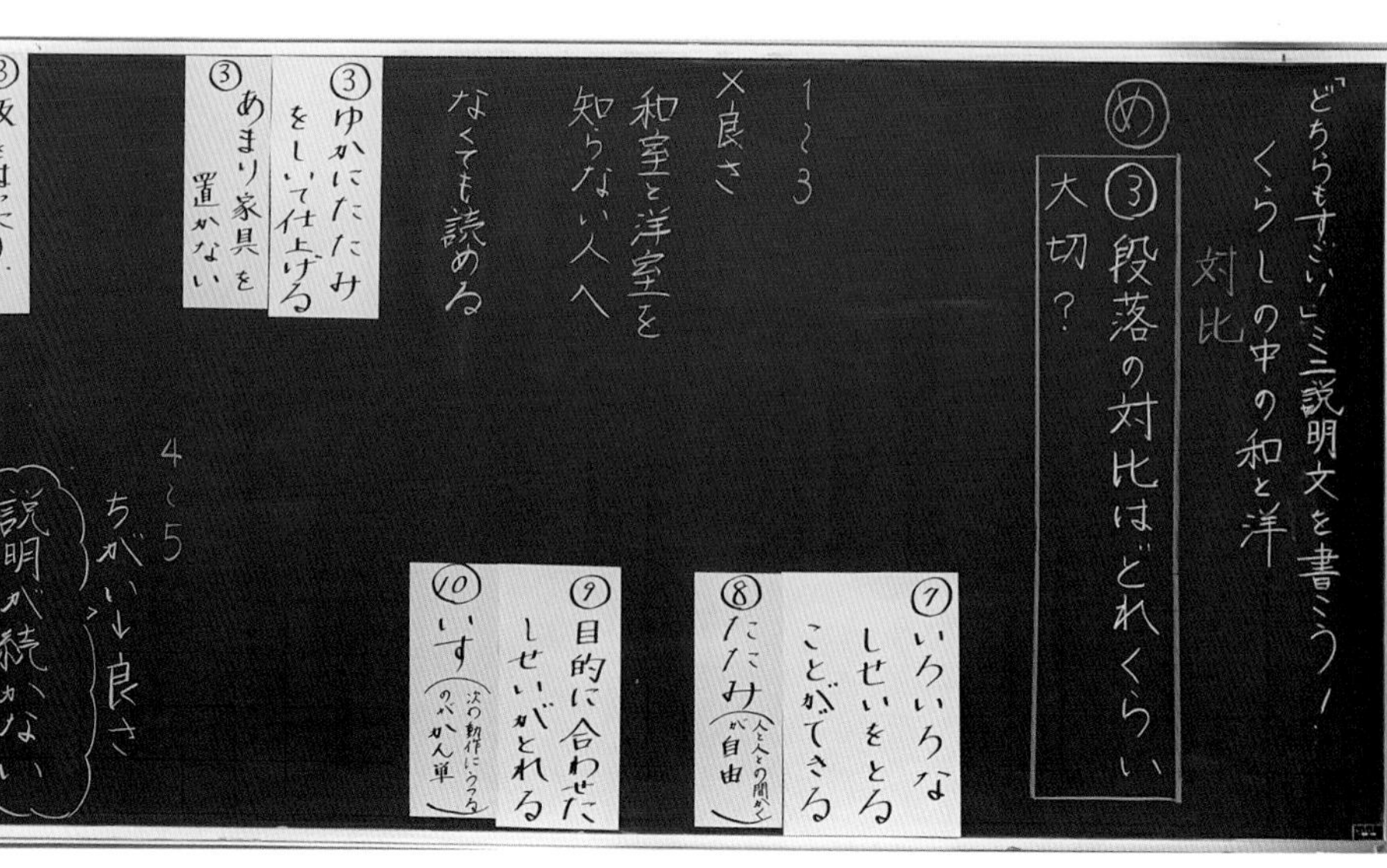

展開 2 ③段落の役割について考える

T：では、③段落の「ちがい」の説明はどれくらい大切か、1から5で考えて、理由を付けてみよう。

C：ぼくは1だと思うな。だって、それぞれの良さを伝えたいんだから、「ちがい」の説明はなくても大丈夫だから。

C：わたしは2です。なくてもいいんだけど、ある方が和室と洋室について詳しく知らない人はよく分かるから、ある方が助かる人もいると思います。

T：さらに、あまり大切ではないと考えた人はいますか。

C：わたしも2です。わたしは、②段落から④段落まで、③段落をとばして読んでみました。それでも大丈夫だったので、そんなに大切な内容が③段落にはないってことだと思います。

T：なるほど。するどい意見ですね。では、反対にとても大切だと考えた人はいますか？

指導のポイント

意図的に、大切ではないと考えた子どもから、大切だと考える子どもへと指名することで、考えを深めていきたい。

カーペットをしたりしてゆかを仕上げる
③部屋の目的に合わせた家具を置く
⑫何をするかがはっきりしていてそのために使いやすい
⑬いろいろな目的に使うことができる

C：わたしは、4と考えました。たしかに、なくても読めるけど、この③段落がないと部屋の様子の差がよく分からないから、もしなかったら、それぞれの部屋の良さを説明されても納得できないと思います。

C：ぼくも似ていて、5にしました。「このちがいが、…差を生み出すと考えられます。」と筆者の考えが書いてあって、この差が、他の段落の良さにつながっていくっていうか…この段落がないとほかの段落の説明に続かないというか…。

T：○○くんの言った「説明が続かない」っていうのは、どういう意味だろう？　他の人で○○くんの気持ちが分かる人はいる？

指導のポイント

段落相互の関係に着目した発言は、全体に問い返し、子ども全員で思考させていきたい。

板書のポイント

①空けておいた黒板上部に③段落を大切ではないと考えている意見を、黒板中央に③段落を大切だと考えている意見を板書する。後に、図にしたときに子どもの考えが関連付くようにするためである。

②段落相互の関係に着目している子どもの発言が出てきたら、枠で囲み、強調しておくようにする。

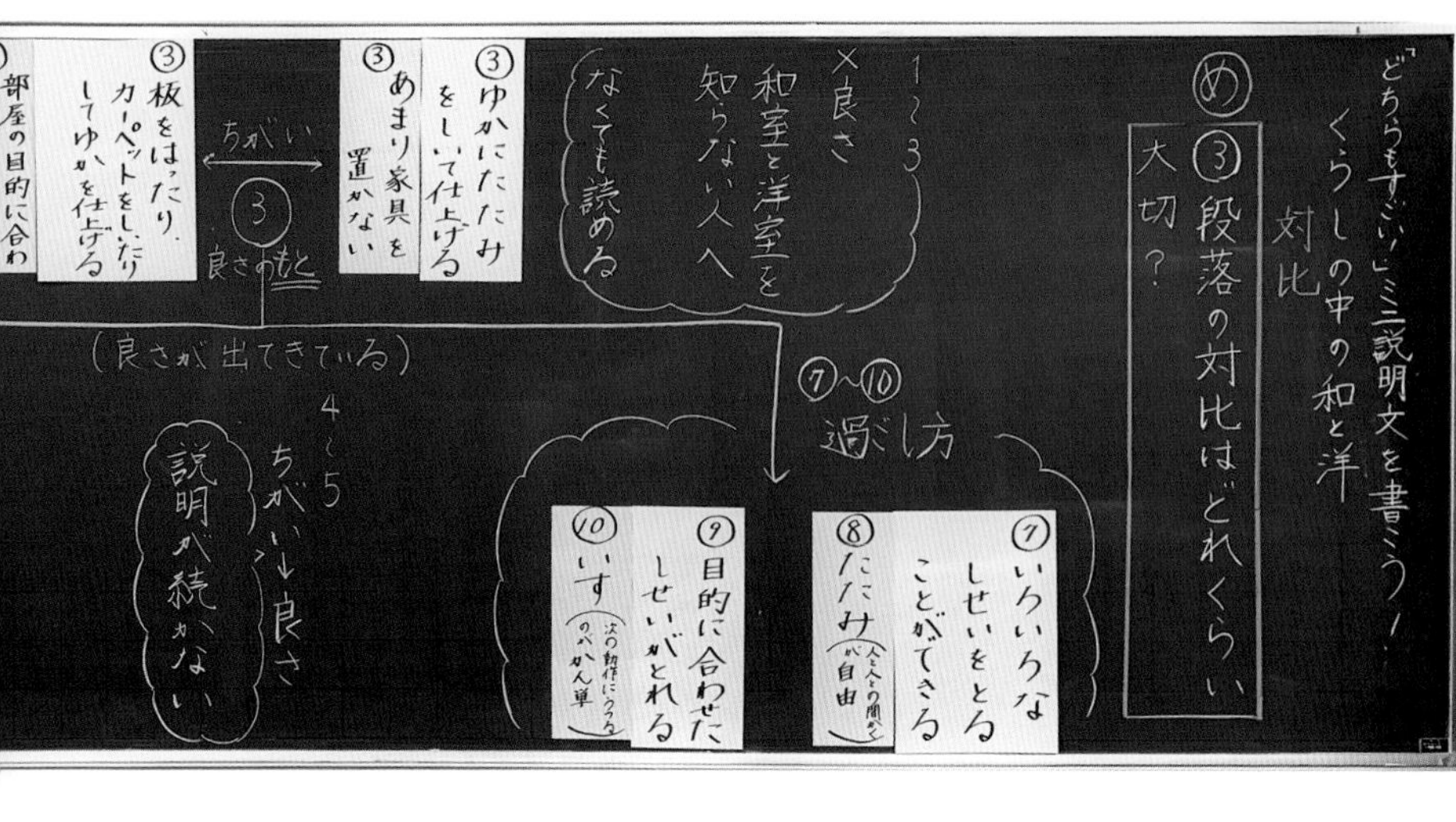

終末

3 ③段落の役割を図で表し、筆者の述べ方の工夫をまとめる

C：分かります。この床の仕上げ方とそこに置かれる家具という違いがあるから、和室、洋室それぞれの良さがあるっていうことです。

C：そして、「過ごし方」と「使い方」っていうことに注目して読めばいいって分かります。

C：だから、この③段落から「過ごし方」と「使い方」の良さが出てきているということで…。

T：みんなが言ってくれていることを、この黒板に何か書き込むことで分かりやすく表せないかな？

指導のポイント

ペアで、黒板を指さしながら話し合うよう指示をする。

C：③段落から、それぞれの良さが出ているようにすればいいから…。

C：③段落から二つの「良さ」が出てきているように表すと良さそうだね…。

T：誰か、前に来て話しながら書いてくれますか？

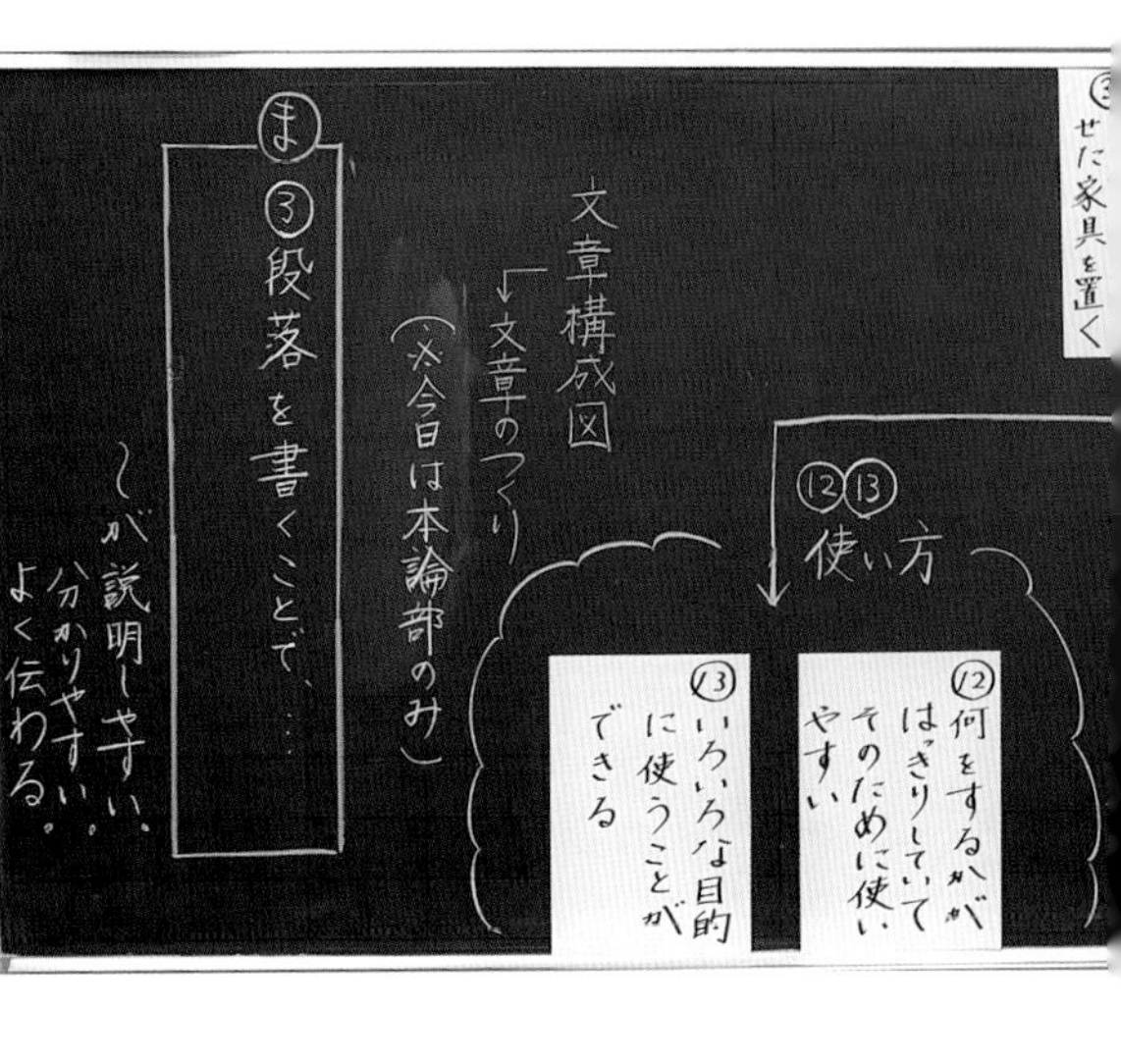

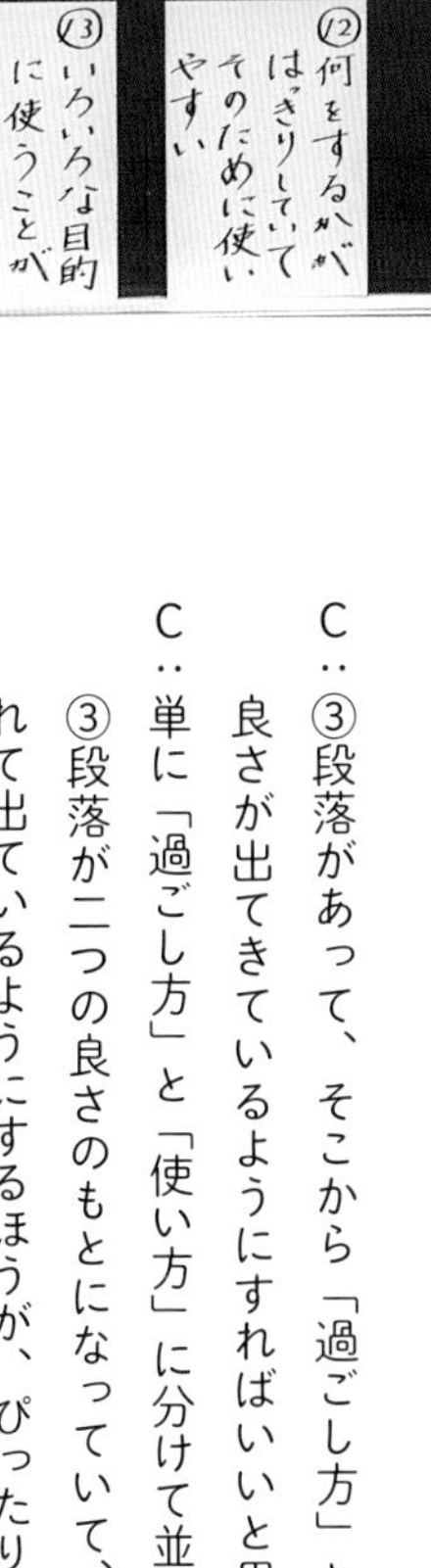

C：③段落があって、そこから「過ごし方」と「使い方」の良さが出てきているようにすればいいと思います。

C：単に「過ごし方」と「使い方」に分けて並べるというより、③段落が二つの良さのもとになっていて、そこから分かれて出ているようにするほうが、ぴったりだと思います。

指導のポイント

「訂正したいところはある?」と全体に問いかけ、確かめながら図を完成させていく。

T：すごい！　みんなの力で本論部の文章のつくりが図になったね。こういう図を文章構成図といいます。では、話し合ったことを踏まえて、筆者が③段落の書いた理由をまとめてみよう。

板書のポイント

①スペースを空けておいたところへ子どもに線などを引かせ、だんだんと文章構成図になっていくようにする。多くの子どもに描かせることによって分かりづらくなったときは、まとめとして教師が赤チョークで線を引くなどして、整理するとよい。

②まとめは、書き出しを与えて書きやすくさせておく。まとめが書けた子どもから、黒板の図をノートに簡単に記録しておくよう指示するとよい。

本時で目指す子どもの姿

文章の構成をとらえながら、③段落が書かれている意味を見いだし、まとめている。

「ちいちゃんのかげおくり」（光村図書・第三学年）

1 教材の特性

本教材は、小さな女の子のちいちゃんが、空襲によって家族から離れて一人ぼっちとなり、最後には亡くなってしまう戦争を題材とした物語である。家族の幸せな思い出であり、つながりの象徴である「かげおくり」という遊びを思い起こしながらちいちゃんが亡くなる場面は、胸に迫るものがある。

本教材は、大きく分けて五つの場面で構成されている。「①かげおくりを家族でする場面」「②空襲により、ちいちゃんが家族と離れ離れになる場面」「③焼け落ちてなくなった家にちいちゃんが帰ってくる場面」「④ちいちゃんが亡くなる場面」「⑤平和になった今の様子を描いた場面」である。特に本教材は、登場人物の気持ちの変化について、場面の移り変わりと結び付けて想像しながら読む学習に適していると考えられる。場面を比較・関連付けながら、中心人物であるちいちゃんの思いに同化して読むことが学習の中心となるだろう。

それを踏まえた上で、特に着目したい場面が二つある。一つ目は、「⑤平和になった今の様子を描いた場面」である。なぜ四文しかないこの場面が描かれているのか、その効果について考えることが本作品の読後感を深めていく。二つ目は、「④ちいちゃんが亡くなる場面」である。この場面は、ちいちゃんにとっては、うれしい場面である。別れていた家族と空の上で再会するからである。しかし、読み手はそのうれしそうにしているちいちゃんの姿を通して、悲しみが膨らむ場面である。つまり、この場面は中心人物に同化すれば「うれしい場面」となり、読み手としてとらえるならば「悲しい場面」となる。この違いに気付くことで、「読み手」という存在を意識化することができる。

このように、これまで中心人物と同化しながら読むことが基本であった低学年からの読み方をもとにしながら、読み手として場面の様子や登場人物をどうとらえるのかという客観的な読み方へと広げていくことができる教材である。

2　単元で目指す子どもの姿

◎読みの力：中心人物の心情について場面の移り変わりと結び付けて想像したり、物語における場面の効果を読み取ったりすることができる。
○学びに向かう力：戦争について書かれた本を進んで読み、心に響いた場面を理由付けて紹介しようとする。

3　単元計画（全12時間）

第一次【感想を交流し、分析しよう】
①「ちいちゃんのかげおくり」を読んで初発の感想を書き、交流する。
②いくつかの感想を分類することで、人によって心に響いたところが違うことをとらえ、「ちいちゃんのかげおくり」を読んだことのない人に対してこの作品を紹介するにはどうしたらよいか話し合う。

第二次【「ちいちゃんのかげおくり」を紹介するための場面を選ぼう】
③場面が分かれるところを考え、それぞれの場面に名前を付ける。
④第一場面から第五場面は「明るい場面」と「暗い場面」どちらなのかをスケーリングで比較し、問いを立てる。
⑤第一場面の明るさと暗さを考える。　⑥第二場面、第三場面の暗さは同じか違うか話し合う。
本時 ⑦第四場面は明るい場面なのか、暗い場面なのか話し合う。
⑧明るい第五場面はいるか、なくてもよいか話し合う。
⑨自分ならどの場面を通して「ちいちゃんのかげおくり」を紹介したいか考え、第三次の学習計画を立てる。

第三次【戦争について書かれた本を紹介し合おう】
⑩⑪戦争について書かれた本を読み、場面を通して本を紹介する準備をする。
⑫本の紹介交流会をするとともに、単元で身に付いた力を振り返る。

4 授業の実際（第7時）

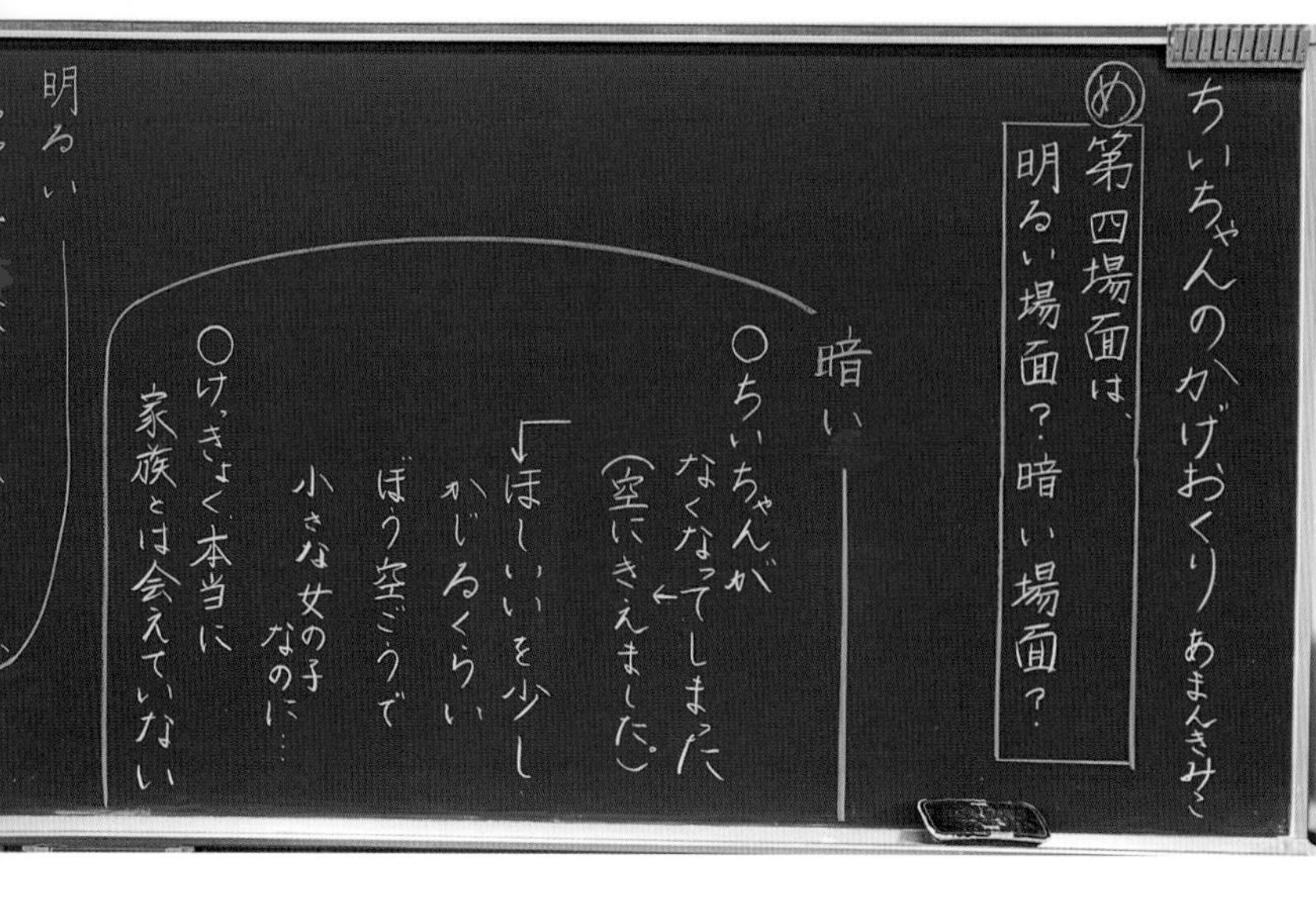

① 第四場面が明るい場面なのか、暗い場面なのか考えを出し合う

T：今日、みんなで考えたいのは第四場面ですね。前に明るい場面なのか、暗い場面なのか考えたときに一番意見が分かれた場面でした。今日は、そのことについて話し合いながら、分かれることになった原因を探っていきましょう。

では、第四場面が明るい場面か暗い場面か、みんなの考えを改めて教えてください。

C：明るい場面です。だって、やっと家族のみんなに会えた場面だから。

C：ぼくもそう思います。ずっと一人ぼっちで、みんなの帰りを待っていたちいちゃんが、お父さん、お母さん、お兄ちゃんに会えたのだから。

C：そう。しかも、みんなで家族の思い出であるかげおくりがまたできたんだからね。

C：そうかな。わたしは、暗い場面だと思う。だって、ちい

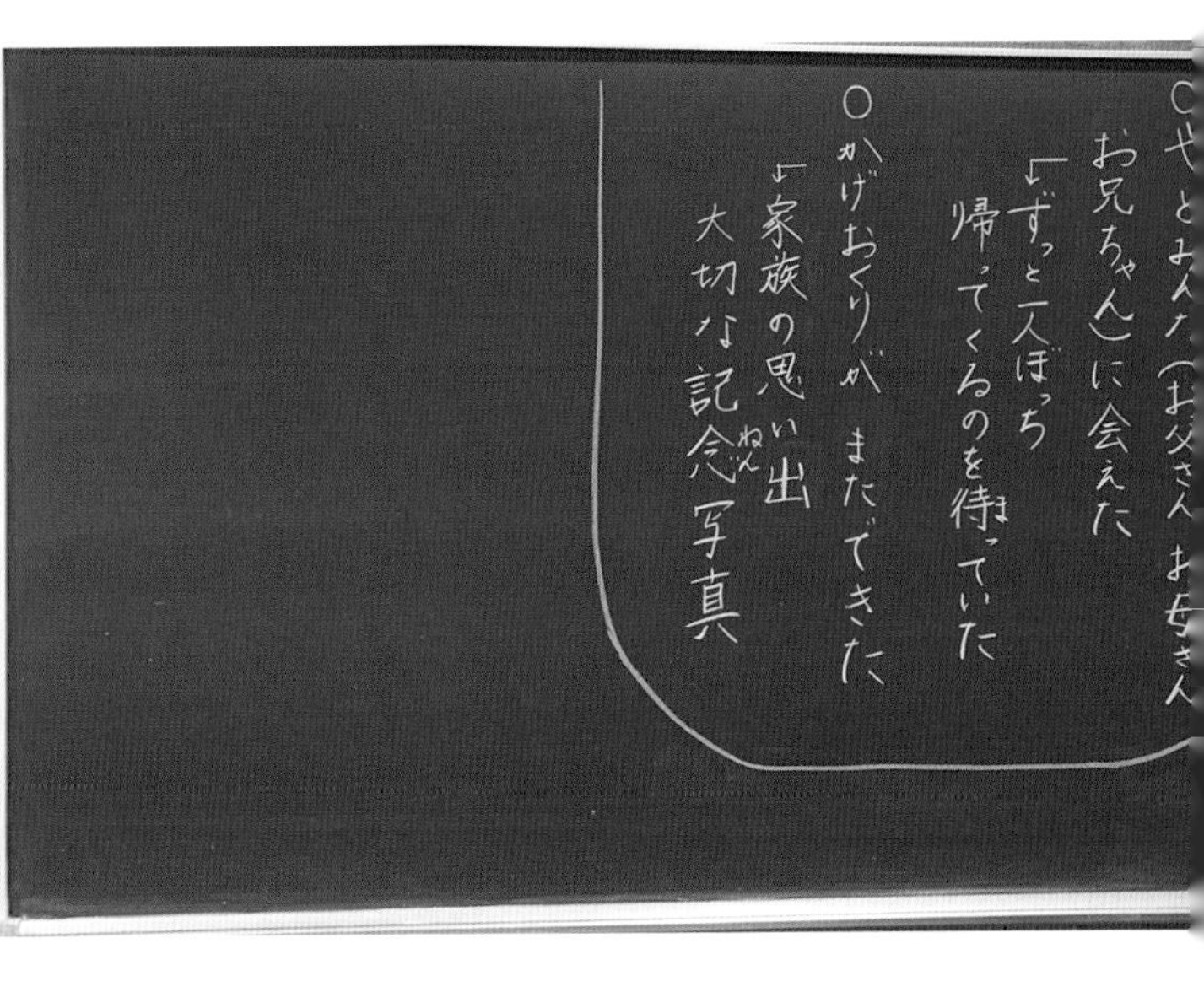

ちゃんはこの場面で亡くなってしまったんだよ。

T：それは、なぜ分かった？

C：「小さな女の子の命が、空にきえました」って書いてあるのは、亡くなったっていうことだよ。

指導のポイント
必要に応じて、叙述を確かめるよう促す。

C：そう。だって「ほしいい」を少しかじるくらいしかご飯も食べられず、防空壕で一人ぼっちで亡くなったのだから暗いよ。

C：結局、本当に家族には会えていないんだしね。

指導のポイント
まずは、多様な読みを出させていくようにする。

板書のポイント
①明るい場面ととらえている意見を黒板中央に、暗い場面ととらえている意見を黒板右下方に板書し、図式化するための布石にする。
②明るい場面は赤、暗い場面は青のチョークで出された考えを囲み、とらえやすくする。

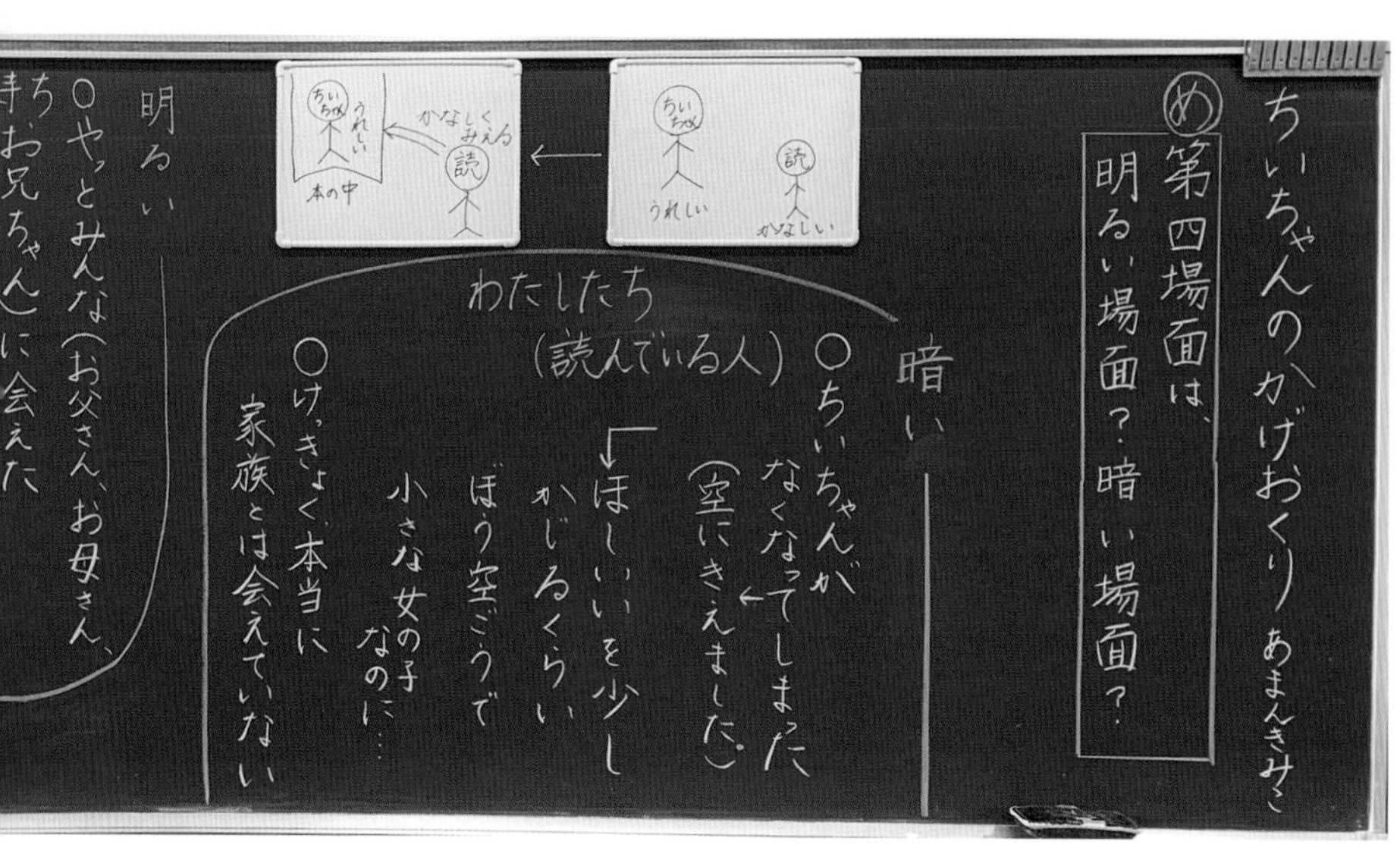

展開
2 場面のとらえ方に違いが生まれている原因を考える

T：ここまでの話し合いについて、黒板を見ながら考え直してみよう。明るいと考えた人たち、暗いと考えた人たちはそれぞれ何を大切に考えているんだろう。

C：明るいと考えている人たちはちいちゃんのことを考えています。

C：そう。ちいちゃんの心の中、つまり気持ちについて考えているよ。

C：暗いと考えている人は、自分たちの気持ちだね。

C：そう。わたしたち。

T：わたしたちって、このクラスの人たちということ？

C：はい。そうです。

C：もっというと、それだけじゃなくて、この物語を読んでいる人たちっていうことかな。

T：なるほど。それぞれ、誰の立場になって考えるかによってこの場面のとらえ方が変わるのだね。だったら、今話し合ったことを図にするとどうなるだろう。この場面の「ちいちゃん」と「読んでいる人」の関係はどうなるかな？

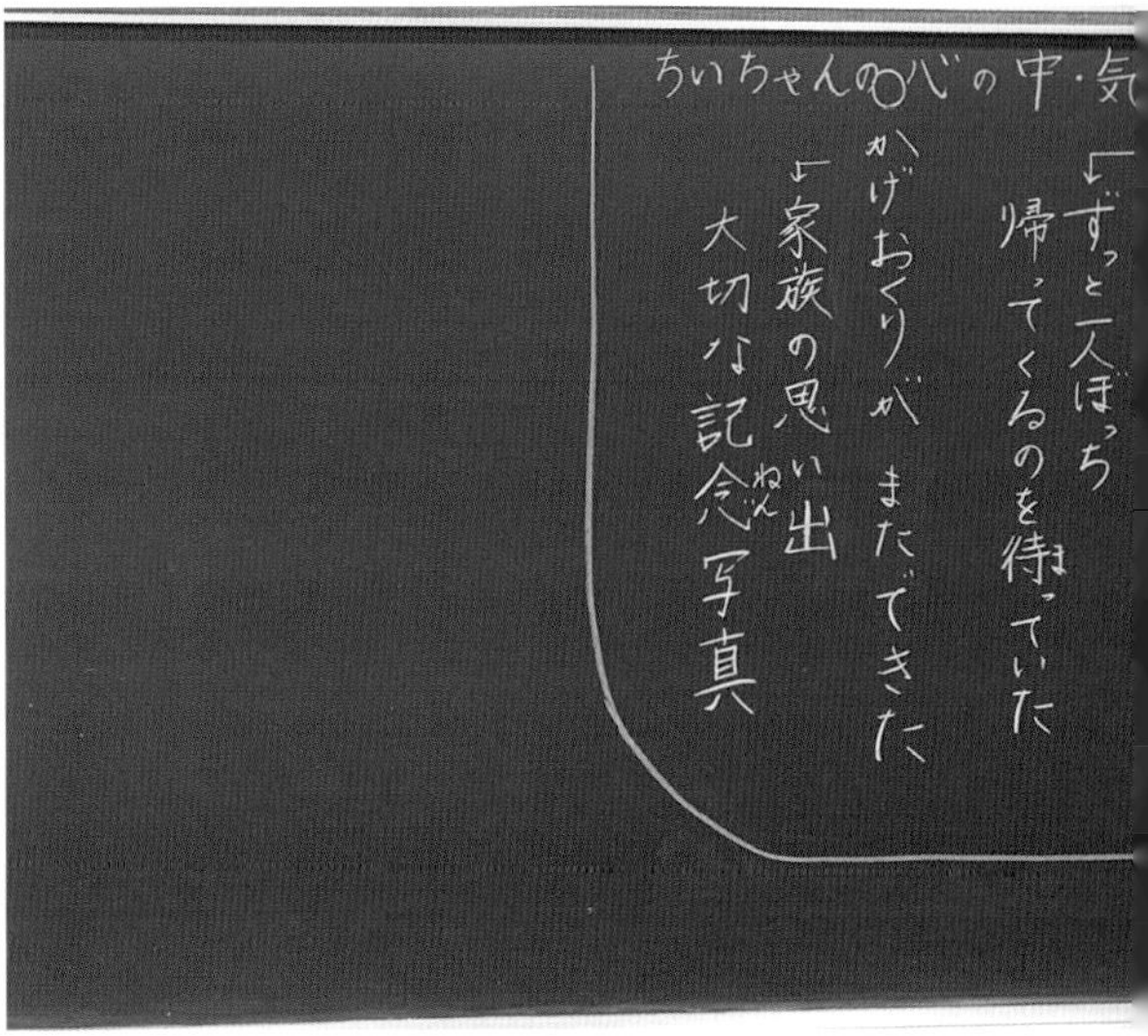

指導のポイント

ペアで一枚ホワイトボードなどを配布し、話し合いながら図に表すよう促す。先にちいちゃんと読み手は図の中に配置しておき、そこに言葉や記号などを書き込ませる方法も考えられる。

C：ちいちゃんがうれしくて、自分たちが悲しいという風にしました。

C：ぼくたちは、本の中にちいちゃんがいて、それを見ている自分たちが悲しく感じるという風にしてみました。

C：分かります。うれしいちいちゃんを見ると、悲しくなるっていう感じだから。

板書のポイント

①黄色のチョークなどで、明るい場面ととらえている人は中心人物であるちいちゃんに、暗い場面ととらえている人は読み手に寄り添っていることを強調して板書する。

②黒板の空いているスペースに、子どもが考えた図をいくつか提示し、交流させていくようにする。

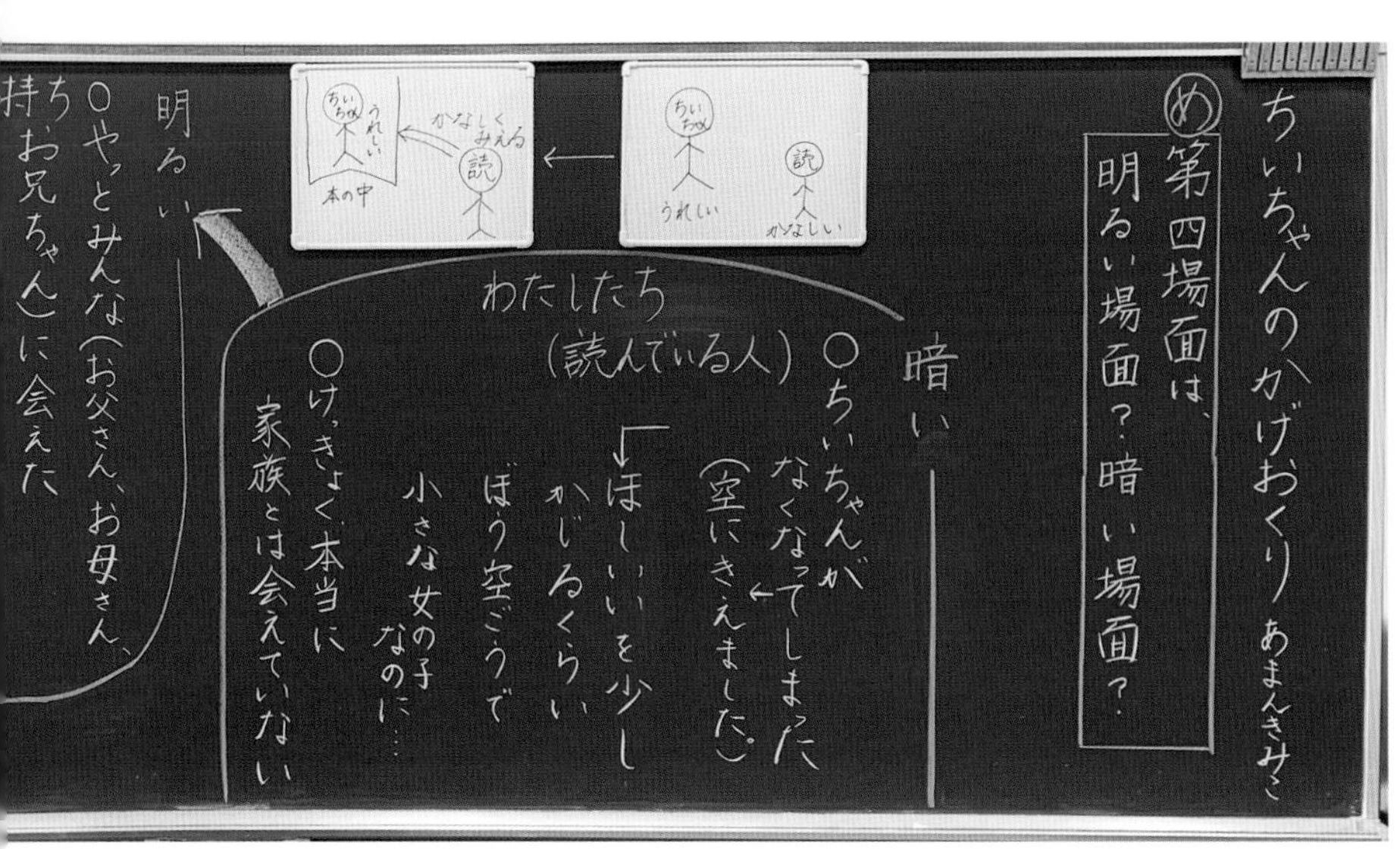

終末

3 第四場面の特徴についてまとめる

T：今、みんなが話してくれたことは、この黒板のどこかに何かを書き込めば分かりやすくなるかな。

指導のポイント
「矢印をどこかに書き込めば分かりやすくならないかな」と、さらに具体的に考えさせてもよい。

C：暗い方から明るい方へ矢印を書いたら分かりやすいと思います。

T：今、矢印を書くことを提案してくれた〇〇さんのアイデアは分かりますか？

指導のポイント
友達の意見について思考させ、考えの共有化を図る。

C：分かります。暗いと思っている自分たちが、空へと消えていくちいちゃんを見ている感じだね。

C：ちいちゃんがとてもうれしそうで、だからこそ自分たちがそれをみて悲しく感じているっていうことが、矢印で分かりやすくなると思います。

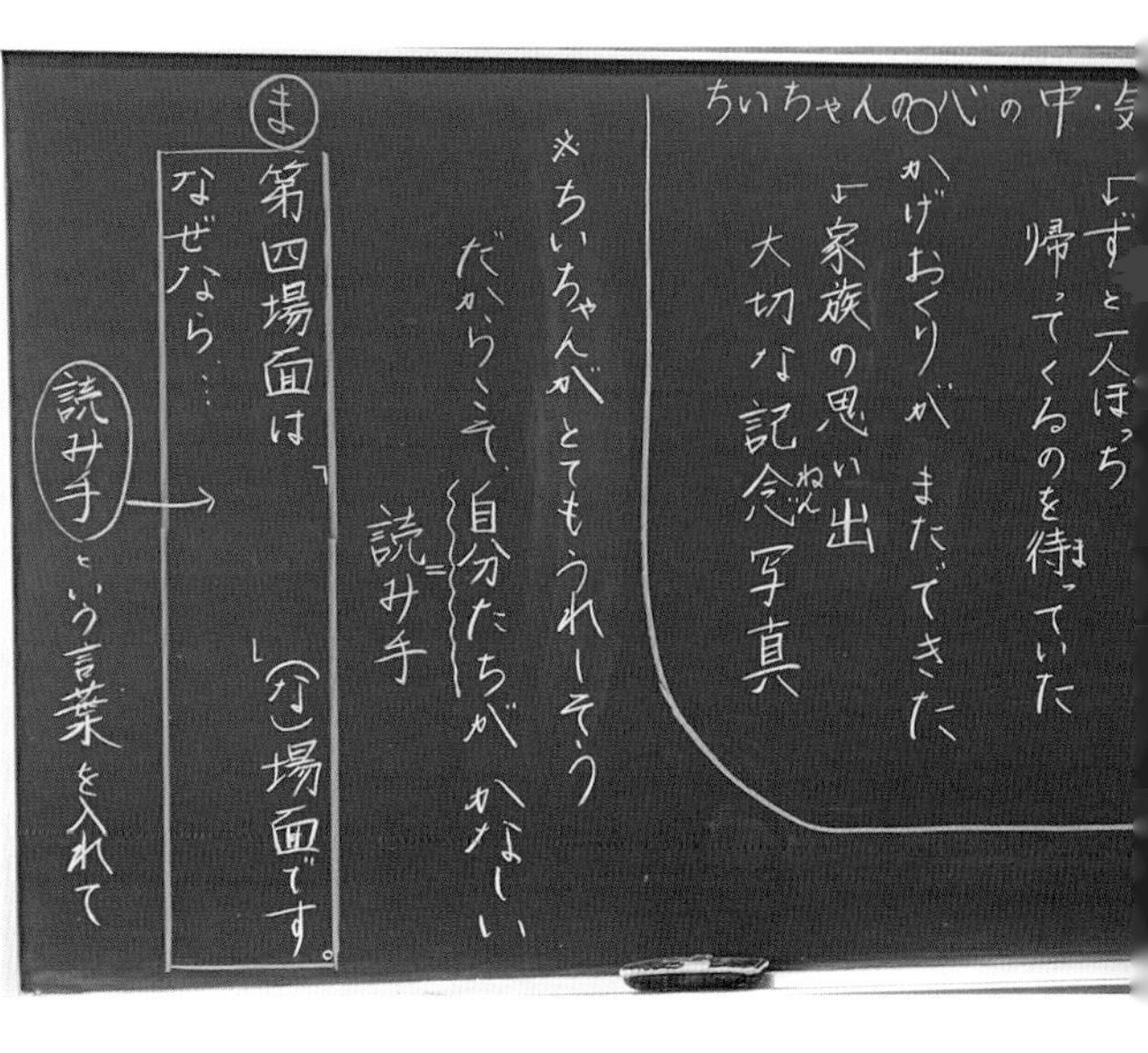

T：なるほど。だから、暗い方から明るい方へ矢印を向けるとよいのだね。

C：読んでいる人の「目」のような感じです。

T：そういうことなんだね。みんなのおかげで、この場面を、読んでいる人がどう感じるかが分かりやすく整理できました。では、第四場面がどのような場面といえるのか、今日は「読み手」という言葉をどこかに入れてまとめてみましょう。

C：第四場面は悲しい場面です。なぜなら、ちいちゃんが家族に会えたとうれしく思っているけど、読み手にはそれが本当ではないと分かっていて悲しくなるからです。

指導のポイント

数名に自分のまとめを発表させ、学習の成果を実感させていきたい。

板書のポイント

①「暗い」から「明るい」への矢印は太く大きく表し、読み手と作品の関係を図としてとらえやすくする。

②「読み手」という言葉を黄色で板書しながら、これまでの中心人物に同化する読み方はもちろん、読み手として物語をどうとらえるのかという読み方も大切であると本時で発見できたことを価値付けたい。

本時で目指す子どもの姿

中心人物の心情について、場面のえがき方や読み手の感じ方と関連付けながら読み取り、まとめることができる。

「歯がぬけたらどうするの」（東京書籍・第一学年）※平成27年度版

1　教材の特性

本教材は、世界の様々な国で歯が抜けたときにどのようなことをするのかについて紹介した文章である。本教材の大きな特徴は、典型的な説明文の形とは異なり、序論の役割として日本を紹介し、その後、中国・イギリス・メキシコ・レバノン・バングラデシュと羅列されて紹介されている点である。このように掲載されている理由は出典である絵本が、数多くの国を地域別に羅列的に紹介しているためであると考えられるが、各国の歯が抜けたときに行うことについて「比較しながら読む」学習を意図していると考えられる。

だからといって、授業において「比較しましょう」とそれ自体を目的にしては、ただの思考方法の学習となり、読みの力の育成にはならない。そこで着目したいのが、各国の歯が抜けたときに行う行為の「わけ」である。各国の歯が抜けたときにすることとその「わけ」を整理すると、次のようになる。

〔中国〕上の歯はベッドやふとんの下に置き、下の歯は屋根に乗せる→新しい歯が早く生えてくるから。

〔イギリス〕枕の下に抜けた歯を置く→夜中に歯の妖精が来るから。

〔メキシコ〕抜けた歯を箱の中に入れてベッドの脇のテーブルに置く
　→エル・ラトンが歯を持っていってお金を置いていくから。

〔レバノン〕海か野原に歯を投げる→「金の歯をくださいな」と頼むため。

〔バングラデシュ〕ネズミの巣穴に歯を落とす→丈夫で白い歯とプレゼントがもらえるから。

このようにみると、これらの「わけ」の中には、「なぜだろう？」と素朴に感じるところがないだろうか。例えば、次のようなものである。

・なぜ、メキシコのエル・ラトンはお金を置いていくの？
・イギリスの妖精は何をしに来るの？

・レバノンではなぜ「金の歯をくださいな」というの？　・バングラデシュではなぜプレゼントがもらえるの？

これらの疑問の答えはもちろん叙述には書かれていない。しかし、日本を含むそれぞれの国に関する叙述や子ども自身の体験等を関連付けることで、「たぶん…なのではないか」と読むことはできる。よって、一年生という発達段階においても、叙述を根拠に「推論しながら読む」力を育成できる教材だと考えられる。

2　単元で目指す子どもの姿

◎読みの力：文章の情報同士や自分自身の経験を関連付けながら、文章について想像を広げて読むことができる。

〇学びに向かう力：教材文や出典となる絵本を進んで読み、自分のお気に入りの国を選んで紹介しようとする。

3　単元計画（全7時間）

第一次【どの国の方法がお気に入りか交流しよう】

①自分自身が歯が抜けたときにそれをどのように扱ったか交流し、教材文に出合う。

②どの国の仕方が気に入ったのかランキングにして交流する。

第二次【不思議を見付け、解決してみよう】

③「なぜだろう？」と思った国がなかったか交流し、クラスで話し合いたい「なぜだろう？」を決める。

本時　④「なぜだろう？」の一つを話し合い、他の「なぜだろう？」の答えを推論する。

第三次【ほかの国についても調べて紹介しよう】

⑤出典となる絵本を読み、自分のお気に入りの国を選ぶ。

⑥⑦自分の選んだ国がどのように抜けた歯を扱っているのか、またその理由を「たぶん…」を使って紹介する準備をする。その後、交流会を開き、単元で身に付いた力を振り返る。

4　授業の実際（第4時）

歯がぬけたらどうするの
め「なぜだろう？」のこたえを自分たちでつくろう！
レバノン　なぜ"金の歯"なの？
イギリス　ようせいは何をしに来るの？

導入

1　これまでの学習を振り返りながら、本時の学習課題を設定する

T：歯が抜けたときに、国によっていろいろなことをしていたね。みんなはどの国の方法がお気に入りだった？
C：メキシコだよ。お金がもらえるなんてうらやましいな。
C：わたしはイギリス。妖精に会ってみたいです。
T：でも、「なぜだろう？」と思うこともあったよね？
C：イギリスの妖精はなぜ出てくるのだろう？　何かしてくれるのかな。
C：メキシコのエル・ラトンはなぜお金をくれるのだろう。
C：レバノンでは、なんで「金の歯をくださいな」と言うんだろう。
C：バングラデシュでは、プレゼントももらえるって書いてあったけど、なぜだろう。

指導のポイント

前時で出された「なぜだろう？」は短冊にして準備しておくようにする。なぜ疑問に思うのかを語れる子どもにはその思

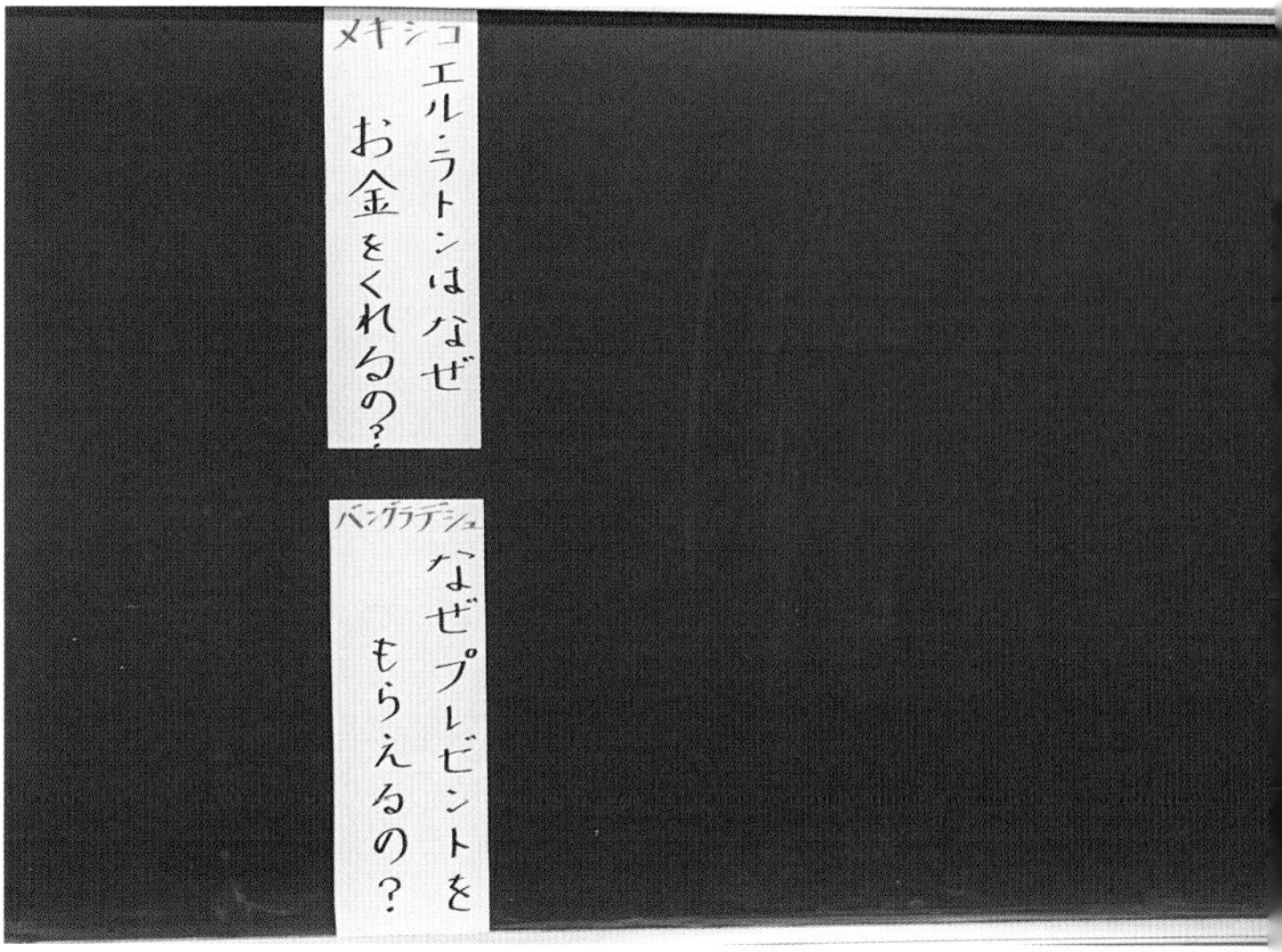

いを話させて、課題意識を共有していく。

T：この中で、一番のなぞはどれかな？

C：イギリスです。分からないことだらけだから。

C：そう。妖精に会えても、ぼくはうれしくないし。

T：そうだね。でも、これらの「なぜだろう？」の答えは文章には書かれていないね。だったら、今日は、みんなで「なぜだろう？」の答えを作ってみませんか？

指導のポイント

今回は、イギリスの事例を中心に扱う展開としたが、子どもの反応は学級によって違う。そのときの子どもたちが一番に考えたいものを中心に扱える教師でありたい。

板書のポイント

①教材文の「なぜだろう？」を出し合うときに短冊を使用する。はじめは中央に集めて貼っておく。

②その後、一番のなぞの短冊を中央に置き、その他の短冊を周りに広げておく（板書写真の状態）。

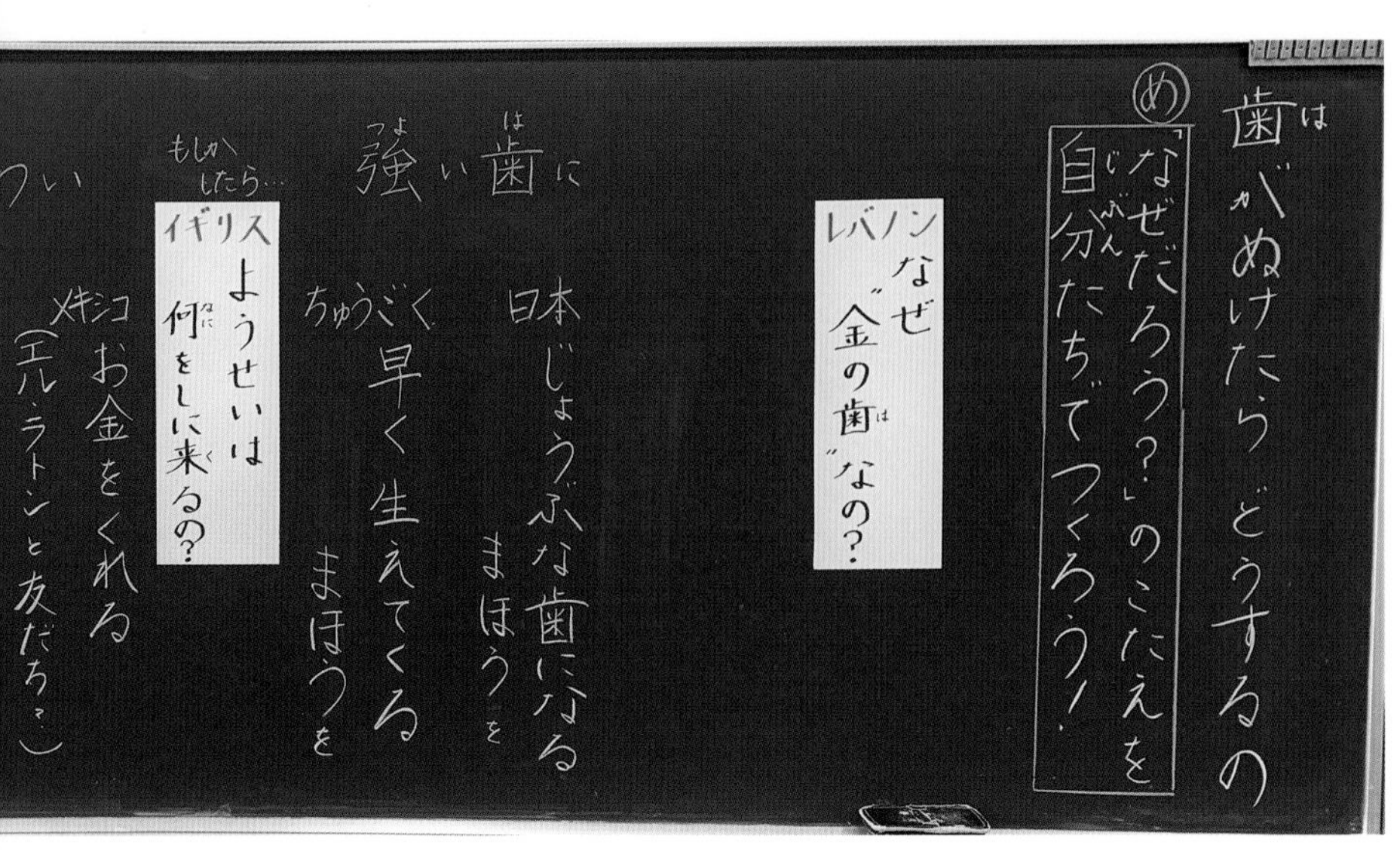

展開

2 選んだ「なぜだろう？」の答えを推論する

T：では、イギリスはなぜ妖精が来るのだろう？

> **指導のポイント**
> 抽象的な問いで答えがまとめづらい場合は、「『…の国みたいに…』と考えるとどうかな」など、考え方を提示してもよい。

C：メキシコの国みたいにお金をくれるんじゃないかな。だって、寝るまでにするところがメキシコと似ているから同じようなことが起こる気がする。

C：たしかにそうだね。もしかしたら、エル・ラトンと妖精は友達かもしれないよ。

C：もしかしたら中国みたいに早く生えてくるように妖精が魔法をかけてくれるのかもしれないよ。

T：なるほど。ほかにもこんな魔法をかけてくれるのかもしれないという考えがある人はいるかな？

C：それだったら、日本のように丈夫な歯が生えてくる魔法もあると思うよ。僕もお家の人と一緒におまじないをかけながら歯を投げたんだ。

T：そうなんだね。さらにほかの考えがある人はいますか？

C：バングラデシュのように、プレゼントを持ってきてくれるかもしれないよ。歯が抜けた記念として何かくれるんじゃないかな。

C：もしかしたら、そのときに「おめでとう」って言ってくれるかもしれないね。

C：でも、妖精は夜中に来るから、本当に会えるわけじゃないんだと思うよ。

C：だったらカードとかに「おめでとう」って書いてくれるかもね。

T：黒板を見てみて、みんなの考えで似ているところはある？

C：左側は、妖精がお祝いしてくれている感じだよ。

C：右側は、魔法の仲間だね。

T：どんな魔法かな？

C：いい歯になってほしい、歯が強くなってほしいっていう魔法です。

板書のポイント

①中央の短冊の周りに子どもの発言を書いていく。その際に、教師は意図的に「歯が抜けたことを祝うようなもの」と「よりよい歯に育ってほしいという願いに関するもの」とに分類しておく。

②おおむね意見が出された後に、板書を俯瞰させる。子どもの発想が二通りあることを確かめさせていく。必要に応じて、「今の○○さんの言いたいことってどういうこと？」などと切り返し、考えをシェアさせていく。

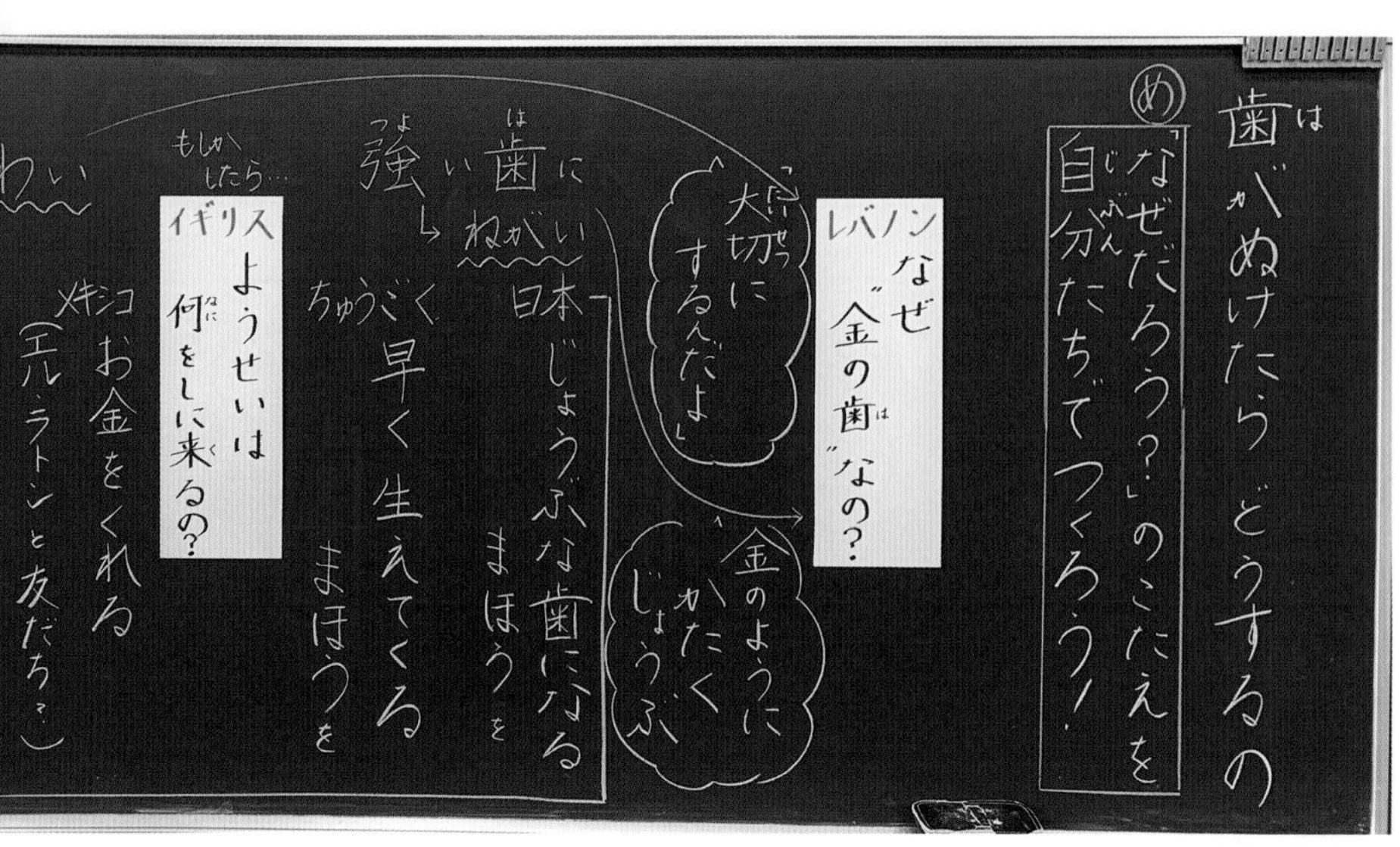

終末

3 これまでの考えを、他の「なぜだろう？」へと広げて推論する

T：なるほど。みんなの力で素敵な答えを作ることができたね。だったら、黒板の中で「あ！　今なら、この『なぜだろう？』の答えが分かる！」というものがあるかな？

C：あ！　バングラデシュの答えが分かります。プレゼントはお祝いなんだと思います。歯が抜けてうれしいっていう気持ちになれるから。

C：誕生日も大きくなったことをお祝いするでしょ。それと似ているんだと思います。

C：それだったら、エル・ラトンがお金をくれるのもお祝いだと思うよ。「大人になったね」っていうプレゼントなんだと思う。

T：そうか。「お祝い」とつなげて考えたのだね。では、レバノンはどうかな？

指導のポイント

教師は、子どもがどの考え方を関連付けて思考しているのかを聞き取り、価値付けていく。また必要に応じて問い返すようにする。

「歯がぬけたらどうするの」（東京書籍・第一学年）

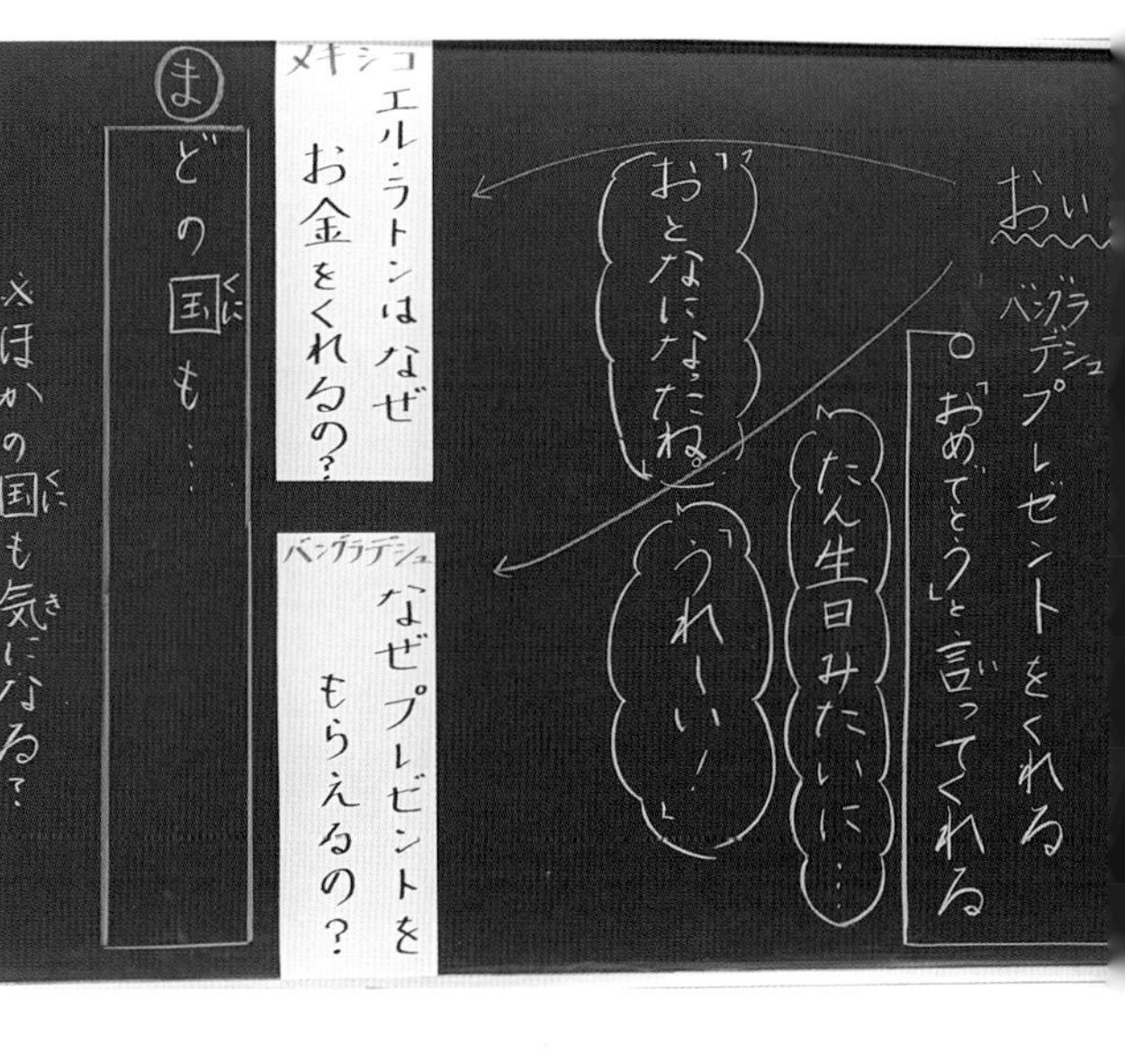

C：レバノンもお祝いをしているんだと思います。金ってとても高いものだから、歯を大切にするんだよっていう気持ちを込めて金の歯が生えてくるんだと思います。

C：でも、これって本当に金の歯が生えるわけじゃないと思う。

C：たしかに…あ！　金みたいに硬くて丈夫な歯ということじゃないかな。

C：強い歯の魔法みたいに、お願いごとしているんだね。

T：そうか。強い歯にというのは「願い」なんだね。

T：みんなの力ですべての国の「なぜだろう？」の答えを作ることができたね。では、今日の学習でよく分かったことを「どの国も…」の書き出しでまとめてみよう。

板書のポイント

①学習活動 2 で生まれた答えとどの短冊が関連付いているのか分かるように線でつなぎ、子どもの考えを整理していくようにする。

②子どもがまとめをしている間に、そっと左隅に「ほかの国も気になる？」と書いておく。その板書の刺激をもとに「他の国についても調べてみたい」という子どもの主体性を引き出し、次時へつなげていく。

本時で目指す子どもの姿

情報同士や自分自身の経験を関連付けて想像を広げ、読みの成果をまとめている。

「白いぼうし」（光村書籍・第三学年）

1 教材の特性

本教材は、タクシー運転手である松井さんが、白いぼうしから蝶を助けた後に、タクシーに乗ってきた女の子をお花畑まで送るが、到着するとその姿が消えてしまうという不思議な物語である。子どもは、その結末に素直に反応し、「女の子は何だったんだろう？」という素朴な問いが生まれるであろう。

では、その問いの答えは何だろうか。様々な伏線から判断して、「蝶」であると判断するのが妥当であろう。子どもも、実は初読の段階からそのようにとらえていることが多い。しかし、本教材には蝶であるととらえてよい決定的な叙述がないことも事実であり、実際に「変な話だな」と物語の文脈を意識せずに受け止めている子どもも少なからずいる。

そこで、本教材の出典作品である、あまんきみこ作「車のいろは空のいろ」シリーズに読み広げてみる。すると、掲載されている他の作品の中にも、クマやキツネなど、動物がタクシーに乗ってくるという話が存在していることに気が付く。それを踏まえると、「白いぼうし」の女の子も蝶であるととらえる妥当性がより高まり、子どもにとっても「蝶」という解が納得できるであろう。

また、本教材は中心人物である松井さんの人物像も大切なポイントとなる。「白いぼうし」の作中でもぼうしを拾ったり、夏みかんを置いてあげたりするなど、優しく純朴な人柄が描かれているが、他のシリーズ作品でもそれは同様である。他者の悲しみに共感したり、動物たちを信じたりする姿が描かれている。そう考えるならば、これらの不思議な出来事は、「松井さんだからこそ起きた」ともいえるだろう。

このように、本教材は、シリーズ作品を活用し、それらを関連付けながら読む活動によって、より文学を読む楽しさを実感することができる教材であると考えられる。

2 単元で目指す子どもの姿

◎読みの力：物語の中心人物の性格や作品の伏線について、シリーズ作品とも関連付けながら読み取ることができる。
○学びに向かう力：シリーズ作品を読むことに関心をもち、そのおもしろさをまとめようとする。

3 単元計画（全8時間）

第一次【「車のいろは空のいろ」を読んでみよう】
①「車のいろは空のいろ」の五編の題を示し、どれがおもしろそうか予想する。興味をもった二編を選んで読む。
②自分が読んだ作品のおもしろく感じたところを交流し、それらに共通点があるか考える。
第二次【「白いぼうし」にも、見付けたおもしろさがあるか探してみよう】
③「白いぼうし」を読み、おもしろいところと、不思議なところを見付け交流する。
本時 ④女の子が消えるという不思議な出来事について話し合う。
⑤中心人物である松井さんの性格について話し合う。
第三次【あまんきみこさんにお手紙を書こう】
⑥他の読んでいない三編を読み、「車のいろは空のいろ」シリーズのよさを考え、まとめる。
⑦これまでの学習を振り返りながら、あまんきみこさんへ手紙を書く。
⑧手紙を紹介し合いながら、単元で身に付いた力を振り返る。

4　授業の実際（第4時）

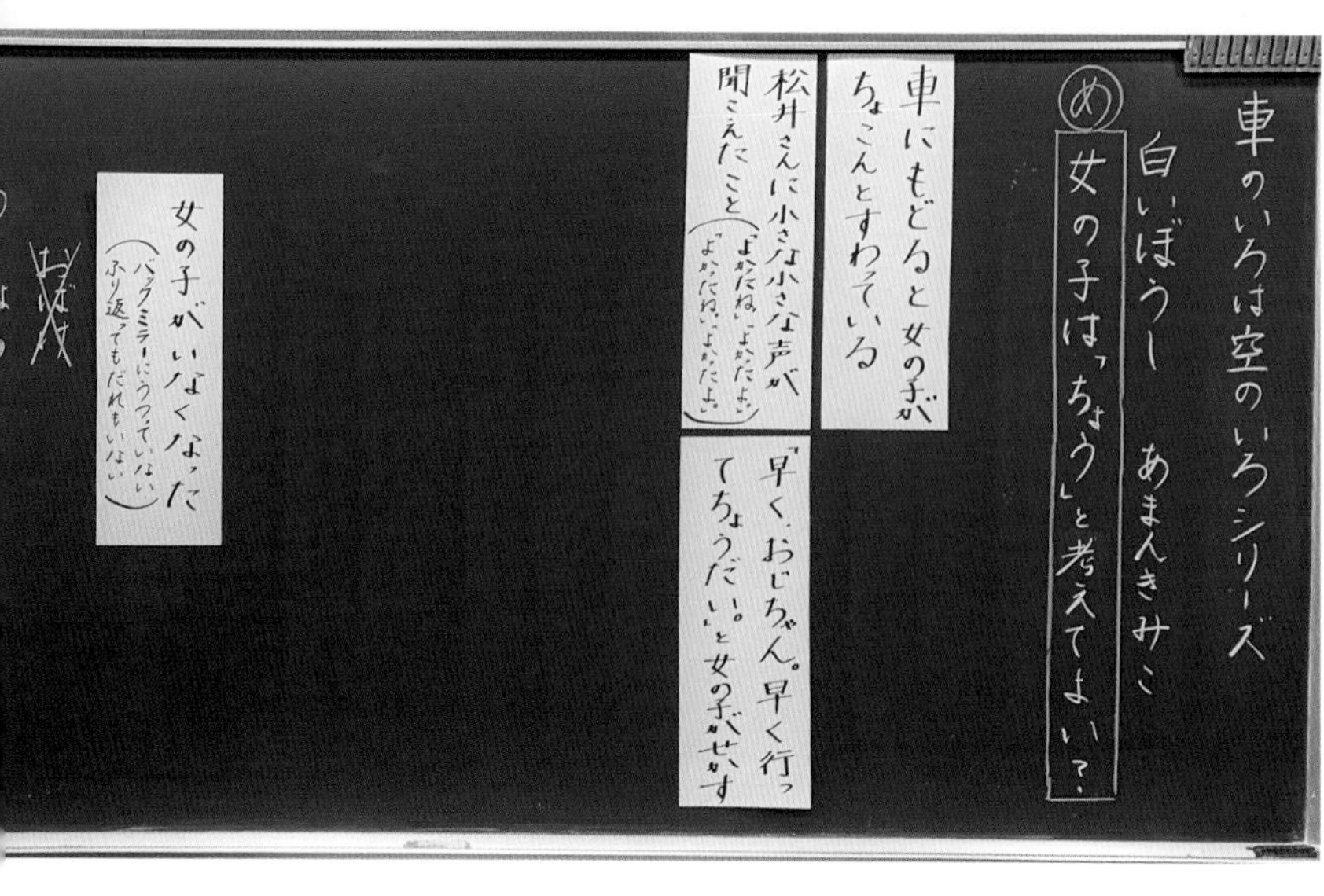

導入

1　前時の学習を振り返りながら読みの仮説を立て、学習課題を設定する

T：前回の学習では「白いぼうし」のおもしろいところと不思議なところを見付けました。不思議なところにはどのようなものがありましたか？

C：松井さんが車に戻ると女の子がちょこんと座っているところです。

C：最後に松井さんに「小さな小さな声」が聞こえたことです。

C：「早くおじちゃん。早く行ってちょうだい。」と女の子がせかすことです。

T：なるほど。では、この中で松井さんも一番不思議だと思っているのはどれだろう。

C：やっぱり、女の子が急にいなくなったことだと思うよ。バックミラーにも映っていないし、振り返ってもいないし…。

C：それだけ聞くとなんだか怖いね。

C：おばけみだいだ。

T：あ、そういうことなんだ！　女の子は「おばけ」だったんだね。

指導のポイント

子どもの素朴な反応を引き出し、それらにあえて共感的に対応することで、子どもを「むきに」させていきたい。

C：それは、違うよ。そんなお話ではないよ。

C：そうだよ。女の子は蝶だったんだよ。

T：え、そうだったの？　女の子が蝶だったなんて、この物語にはどこにも書いていないよ？　本当に？

C：そうだよ。そうとしか思えないところがあるし。

T：そうなの？　この「女の子＝蝶」説に、みんなは納得しますか？（子どもの反応を確かめながら）では、今日はその説にみんなが納得できるのか考えてみましょう。

板書のポイント

①黒板の中心に読みの仮説として「ちょう」と書き、色チョークで囲んで強調しておく（**2** 板書写真参照）。その読み方が他の文章にも適応できるのかどうか、読みを広げていけるように準備する。

②「ちょう」以外の仮説（例えば「おばけ」など）があるときはそれも板書に残しておくことで、学習をまとめるときの布石とする。

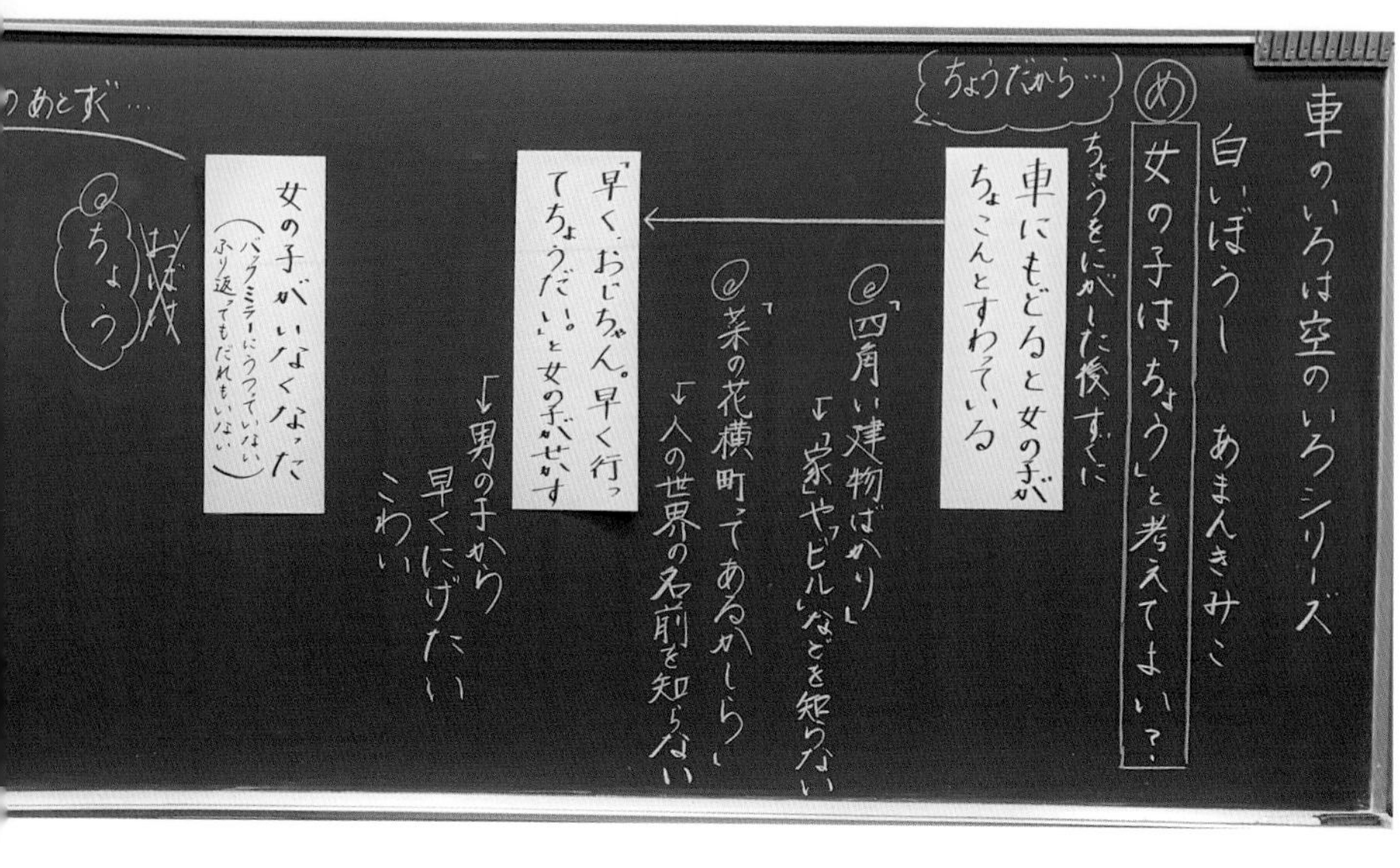

展開

2 「女の子＝蝶」説について検討する

T：では、「女の子がいなくなったのは蝶だったから」だとすると、黒板にあるみんなが「不思議だな」と感じた三つの短冊のうち、何枚がすっきり解決しますか？

C：あの短冊はすっきりするよ。

C：というか、全部解決すると思う。

指導のポイント

つぶやきがたくさん生まれたらペアトークを入れ、考えを交流させる。必要に応じてノートに考えをメモさせてもよい。

T：では、どのカードがすっきりと解決しますか。

C：「小さな小さな声」が解決します。蝶は体が小さいから、声もシャボン玉がはじけるように小さいんだと思います。

C：付け加えて、「よかったね。」「よかったよ。」っていうのも助かったことを家族と喜んでいる様子だと思う。

C：しかも、女の子がいなくなった後、すぐこのような声が聞こえたら、蝶だと考えるとすっきりつながります。

C：あと、「早く、おじちゃん。早くいってちょうだい。」と女の子が急かすのも、自分を捕まえた男の子が怖くて、

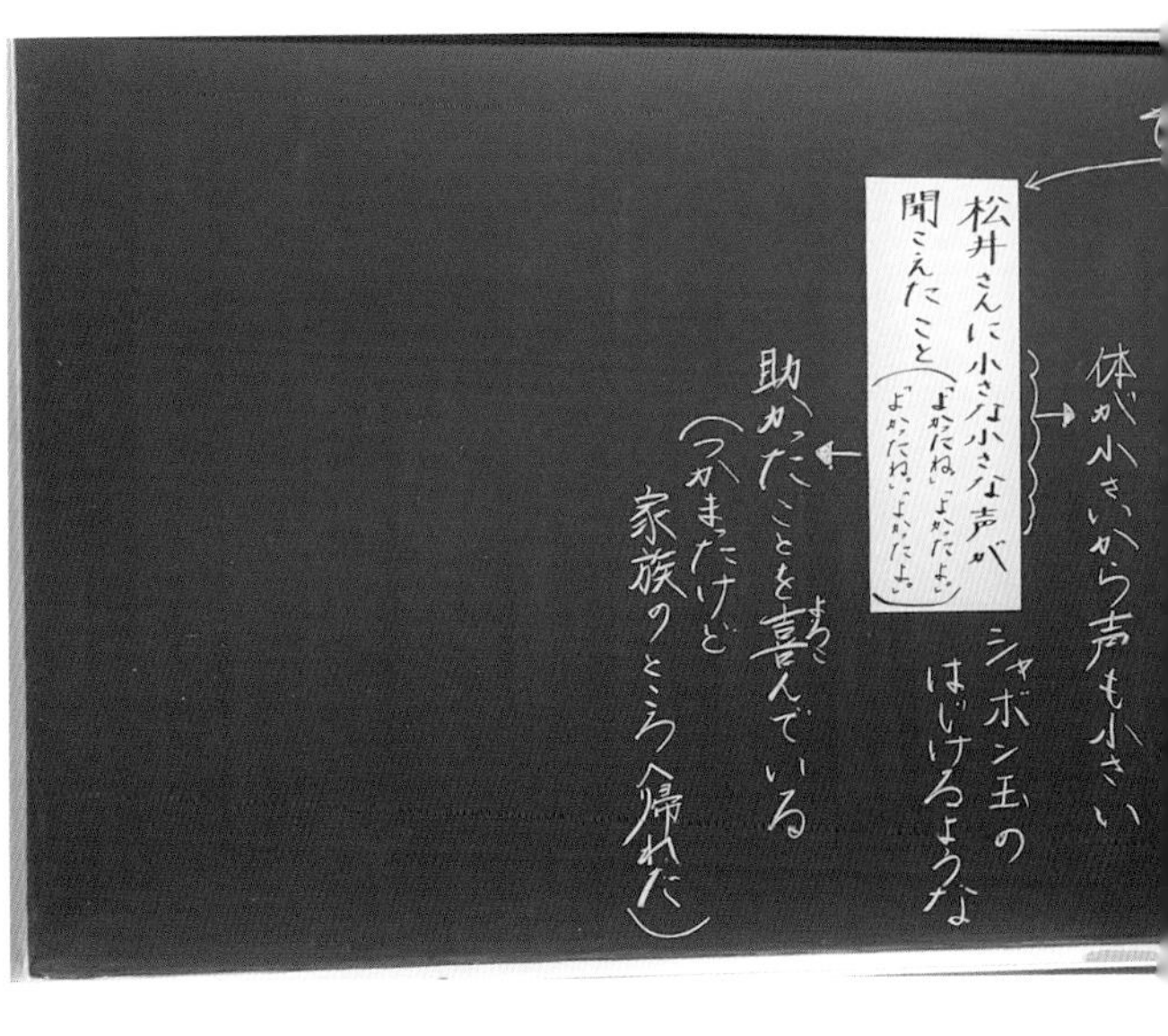

早く逃げたいってことだと思うよ。

T：なるほど。では、「車にもどると女の子がちょこんとすわっている」というのはどうですか。

C：これも、松井さんが蝶を逃がした後、すぐに乗っていたでしょ。だから、逃げた後、遠くまで行くためにタクシーに乗ったんだと思うよ。

C：しかも、その後「四角い建物ばかり」とか「菜の花横丁ってあるかしら」って言っていて、人の世界のことをよく知らないようなことも言っているから、やっぱり蝶だと考えるのが合っていると思います。

T：すごい！　この短冊以外のところにも蝶と読んでよい証拠が隠されていたんだね。

指導のポイント

黒板に示した短冊以外のところに読みを広げていく姿も評価し、多様に根拠を見いださせていく。

板書のポイント

①中心に示した「ちょう」という読みの仮説の周りに、他の短冊に適用して生まれた読みを板書していく。そのときに時系列に沿って整理することで、物語全体に「ちょう」と読めるところが隠されていたことをとらえられるようにする。

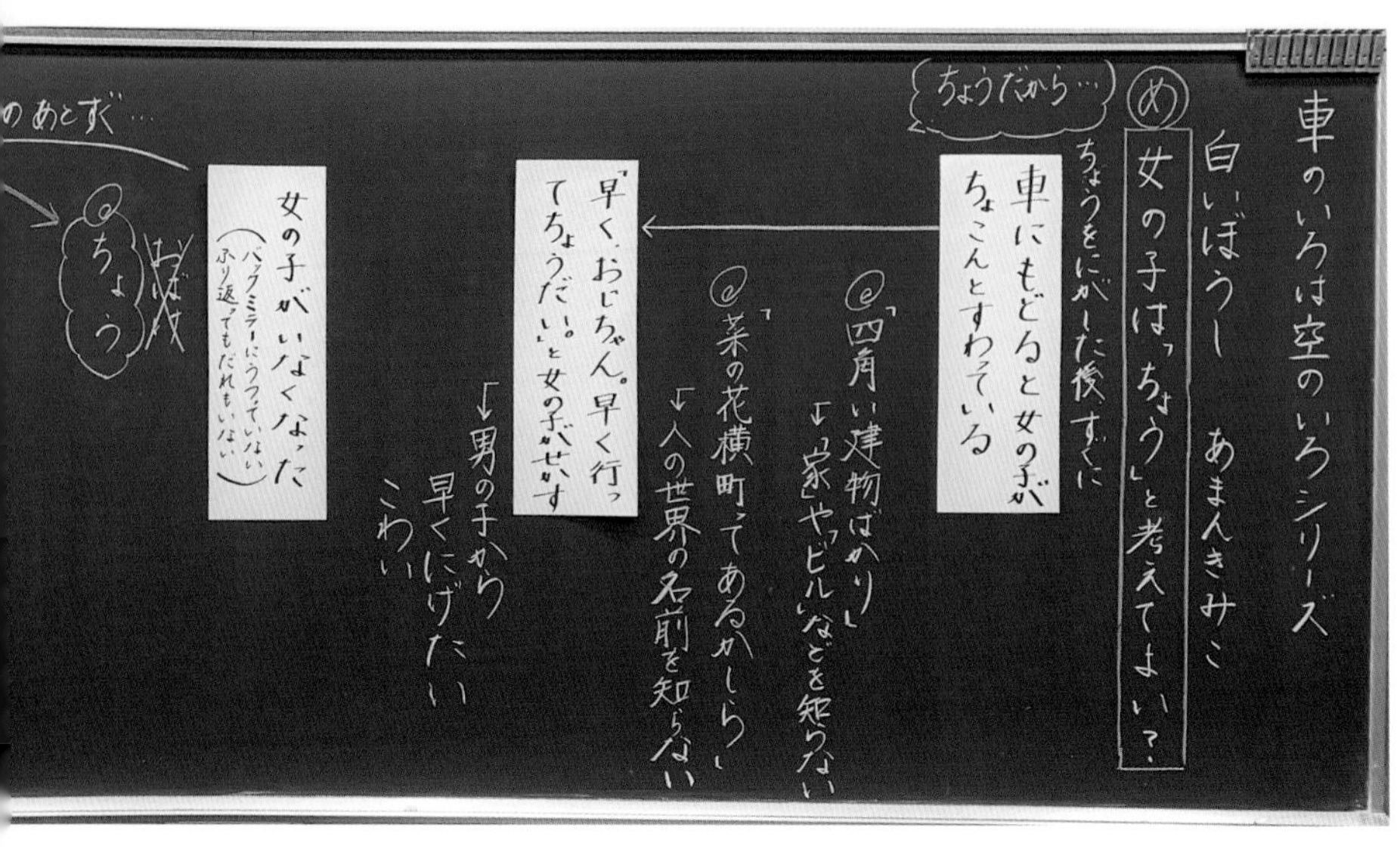

終末

3 他のシリーズ作品とも関連付けて読み、本時で学んだことをまとめる

T：黒板を見て気付くことはありますか。

C：自分が考えていた以上に、いろいろなところに女の子を蝶と考えてもよいわけが隠れていたんだなと思いました。

C：はじめの方から、最後までわけがあるんだと思いました。

T：だったら、これで「女の子＝蝶」という説はみんな納得ということでよいですか？

C：はい！　大丈夫です。

T：反対に、「おばけ」ではダメという証拠もあるかな？

C：おばけだったら、最後の「よかったね。」「よかったよ。」のところが合わなくなるよ。

C：あまんさんも怖い話にしたかったんじゃないと思う。

T：どういうこと？　詳しく教えて。

C：だって、物語全体を通してあったかい雰囲気だし、松井さんだって怖がっている感じではないし…。

C：そう。松井さんにとってはこういうことは初めてじゃないんだと思うよ。

T：今、〇〇くんは何とつなげて考えているか分かるかな？

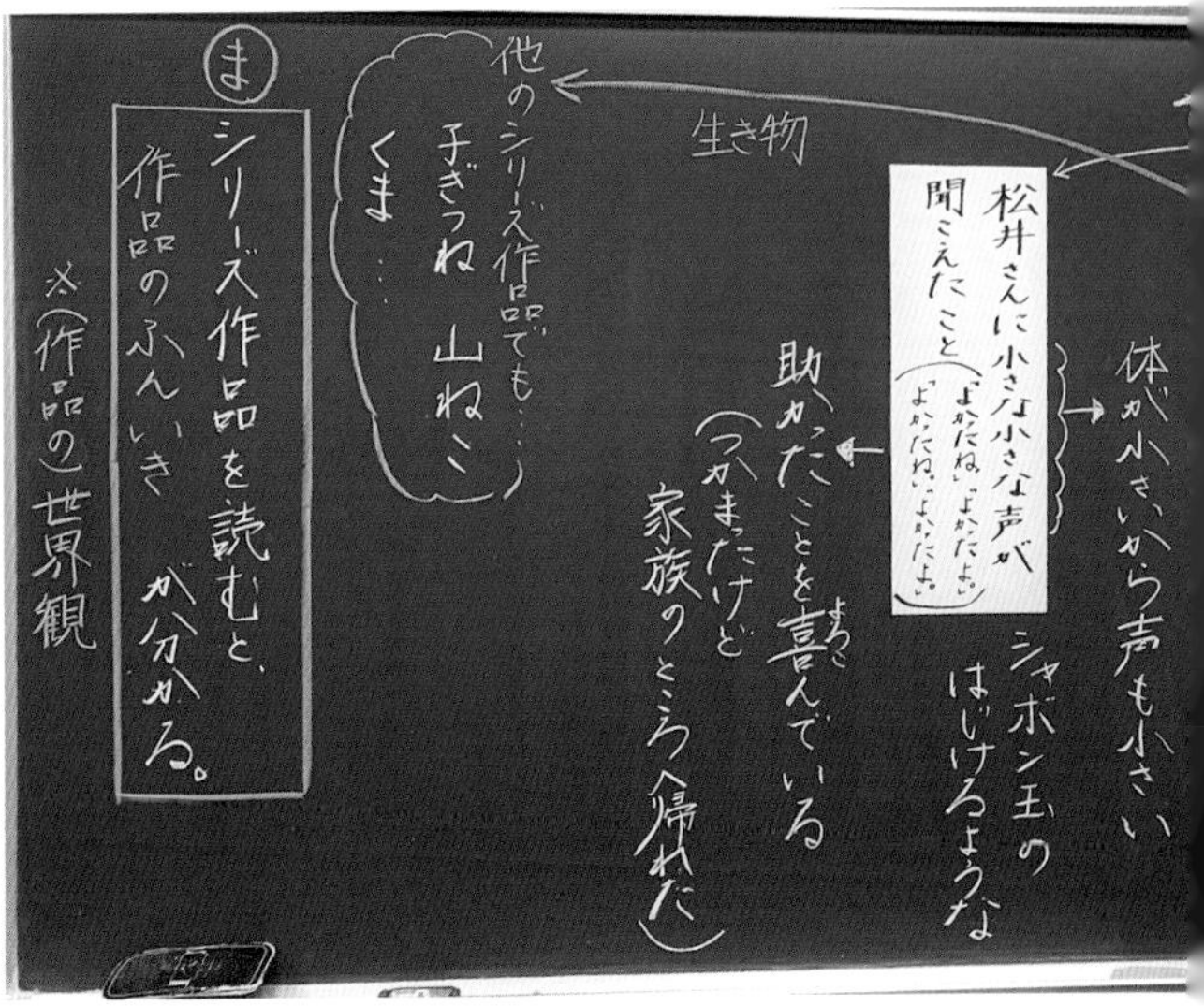

指導のポイント

他のシリーズ作品と関連付けた考えが子どもから出てきたところで、それについて周りの子どもにも考えてみるよう促す。

C：これまでに読んだ作品です。だって、ほかのお話でも子ぎつね、山ねこ、くまなど生き物をタクシーに乗せていたでしょ。

T：なるほど。ということは、蝶と考えてよい理由はシリーズ作品全体にもあるのだね。作品の「雰囲気」を感じて読むことはとても大切なのだね。では、それを学習のまとめとしましょう。

指導のポイント

作品の雰囲気のことを「世界観」ということを伝えてもよいだろう。

板書のポイント

①他のシリーズ作品とつなげた読みは赤チョークで書き、今回見付けだした読み方として強調しておく。

②まとめは、「シリーズ作品を読むと□が分かる」のようにあなうめ式で板書し、子どもにまとめさせていく方法も考えられる。

本時で目指す子どもの姿

物語の伏線に着目しながら、シリーズ作品を関連付けて読むおもしろさをまとめている。

「プロフェッショナルたち」（東京書籍・第六学年）

1 教材の特性

本教材は、海獣医師・勝俣悦子さん、板金職人・国村次郎さん、パティシエ・杉野英実さんの、仕事に就くまでの経緯や苦労、また仕事への取り組み方などについて述べられたノンフィクションである。出典は、NHKの人気ドキュメンタリー番組である「プロフェッショナル　仕事の流儀」である。六年生という、卒業を目前にして自分自身の将来についてより深く考える機会を迎えている子どもにとって、刺激の多い文章なのではないだろうか。

この教材は、教科書においては「説明文」の位置付けとなっている。しかし、この文章は、例えば、要旨の読み取りといったような説明的文章の読み方をすることには向いていないだろう。どちらかといえば、伝記の読み方のように「自分に引き付けて読む」ことで、文章に書いてあることを、自分の考え方に関連付けていくことが大切である。そして「読むことは自分にとって価値のある行為だ」ということを実感させ、生涯にわたって「読む」という行為を大切にしていく態度を育むことに適している教材なのではないだろうか。

それを踏まえ、本教材を活かすポイントを二点に整理したい。一つ目は、紹介された三名の比較である。三名の生き方や考え方の相違点を探り、自分自身の将来の夢や、自分自身の生き方と関連付けていく。それを通して「自分のもっている考え方と比較する・関連付ける」読み方を確かなものにするとともに、実際に自分自身の考えの深まりを体験させていきたい。二つ目は、三名の選定理由を推論することである。出典元である番組では、数多くのプロフェッショナルたち、例えばスポーツ選手やモデルなど華やかな仕事の人たちも紹介されている。しかし、その中からこの三名が選ばれている。それはなぜか。特に、板金職人というあまり目立たない身近な職につく人物を選んだのはなぜか。このような問いを抱き、編集者の意図を読むことで、「多面的・多角的な読み方」をさらに確かなものとしながら、自分自身の「ものの見方・考え方」を広げさせていきたい。

これらのポイントを活かし、文章を読むことが自分自身を高めることに結び付くと実感できる「深い学び」を実現していくことが大切である。

2　単元で目指す子どもの姿

◎読みの力：事例の相違点や編集者の意図について考えることを通して、自分の思いと文章の内容を関連付けながら読むことができる。

〇学びに向かう力：自分の読書体験と、単元での学習を振り返りながら、自分にとって文章を読むという行為の意味を考えようとする。

3　単元計画（全7時間）

第一次【自分にとって文章を読むことは大切なことかどうか振り返ろう】

①これまでに国語の学習の中で読んだ文章を振り返り、文章を読むことが自分自身のためになっているかどうか考え、交流する。

②「プロフェッショナルたち」を読み、自分のためになったかどうか交流する。

第二次【「プロフェッショナルたち」を自分のために読んでみよう】

③三人のうち、どの人物の生き方に一番心惹かれたのか選び、交流する。

④なぜこの三名が、たくさんいるプロフェッショナルたちの中から選ばれたのか話し合う。

⑤三人の人物を比較し、相違点を見付ける。

本時 ⑥三人の共通点と自分自身の夢を関連付け、文章を読むよさを見いだす。

第三次【自分にとっての文章を読む意味をまとめ、記録しよう】

⑦将来の自分にあてて、自分にとっての文章を読む意味を手紙形式でまとめる。単元で身に付いた力を振り返る。

4　授業の実際（第6時）

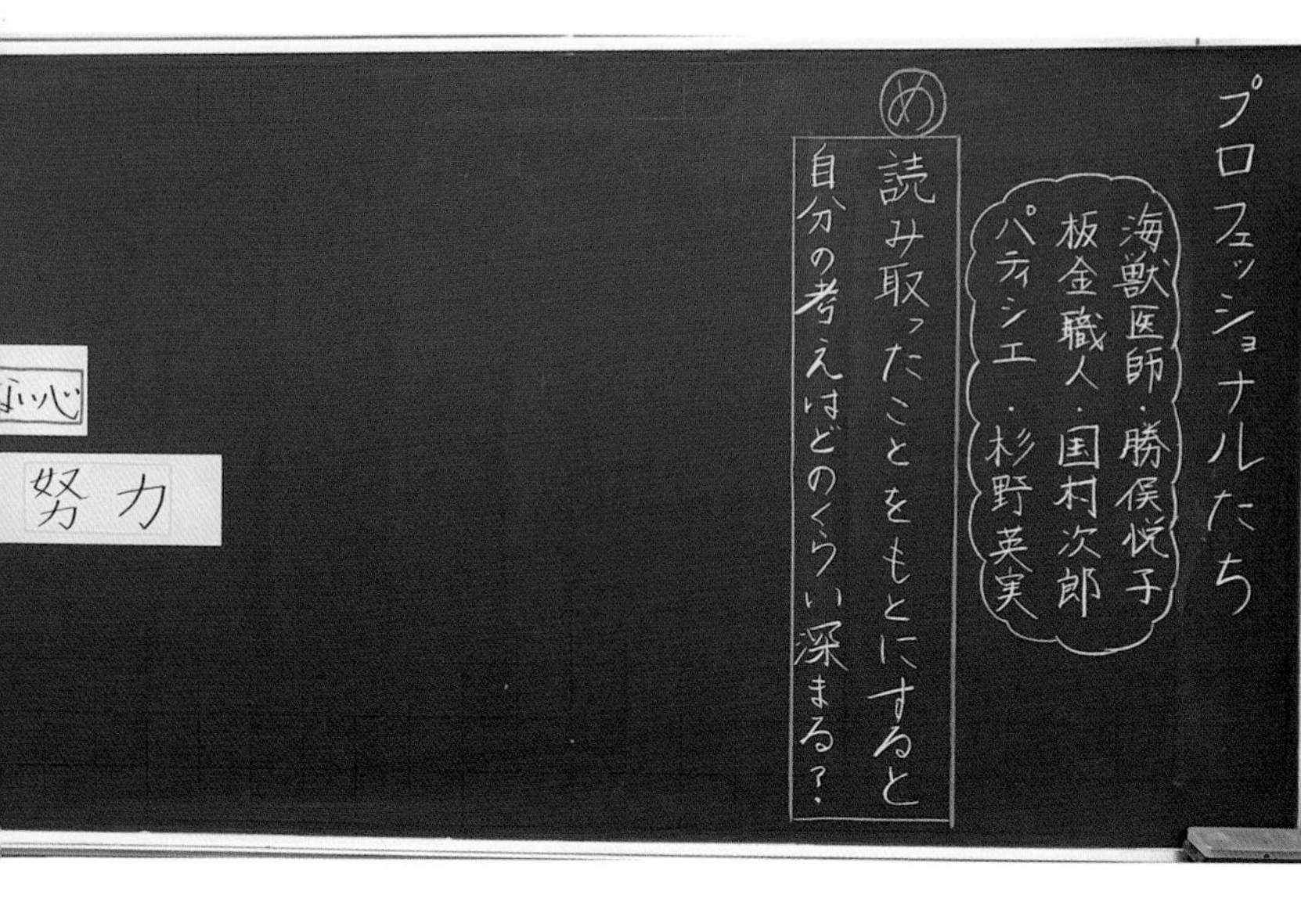

1　前時の読みの結果を振り返りながら、本時の学習課題を設定していく

T：前の授業では、「プロフェッショナルたち」で紹介されている三人を比べてみましたね。比べてみてどうでしたか？

C：似ているところがたくさんあったよ。

T：例えばどんなところですか？

C：三人ともどんなに辛くても「あきらめない心」をもっていました。

C：不可能といわれたことを可能にするなど、「チャレンジ」する気持ちをもっていました。

C：みんな「努力」を積み重ねていました。そして、新しいことや、すごいことをやり遂げていました。

T：なるほど。このクラスで見付けた共通点は、「あきらめない心」「チャレンジ」「努力」の三つにまとまるのだね。

指導のポイント

この共通点の言葉は、学級によって変化するであろう。大切

なのは、クラスの読みの結果として生まれた言葉として子どもが実感をもてているかどうかである。

T：だったら、みんなが「プロフェッショナルたち」の文章から読み取ったことと、それぞれの「将来の夢」をつなげると、考えは深まるのかな。

C：深まりそうです！　ぼくの夢はゲーム作成者で、パティシエなどのように何かを作る仕事だから。

C：わたしの夢は薬剤師だから、あまり関係ないような気がするけど…。よく分からないな…。

T：では、今日は読み取ったことを自分自身につなげて考えると、自分の考えがどのくらい深まるのか試してみよう。

指導のポイント

自由な雰囲気で語らせながら、学習課題を設定していきたい。

板書のポイント

①前時に生まれた読みの結果（プロフェッショナルたちに共通する点）をキーワード化して短冊に書き、黒板の中心に貼って、周辺に考えを広げていく学習イメージをもたせていく。

②キーワードは色分け（例えば赤、黄、青など）をしておき、この後で考えを拡散・整理していく上で視覚化しやすいようにしておく。

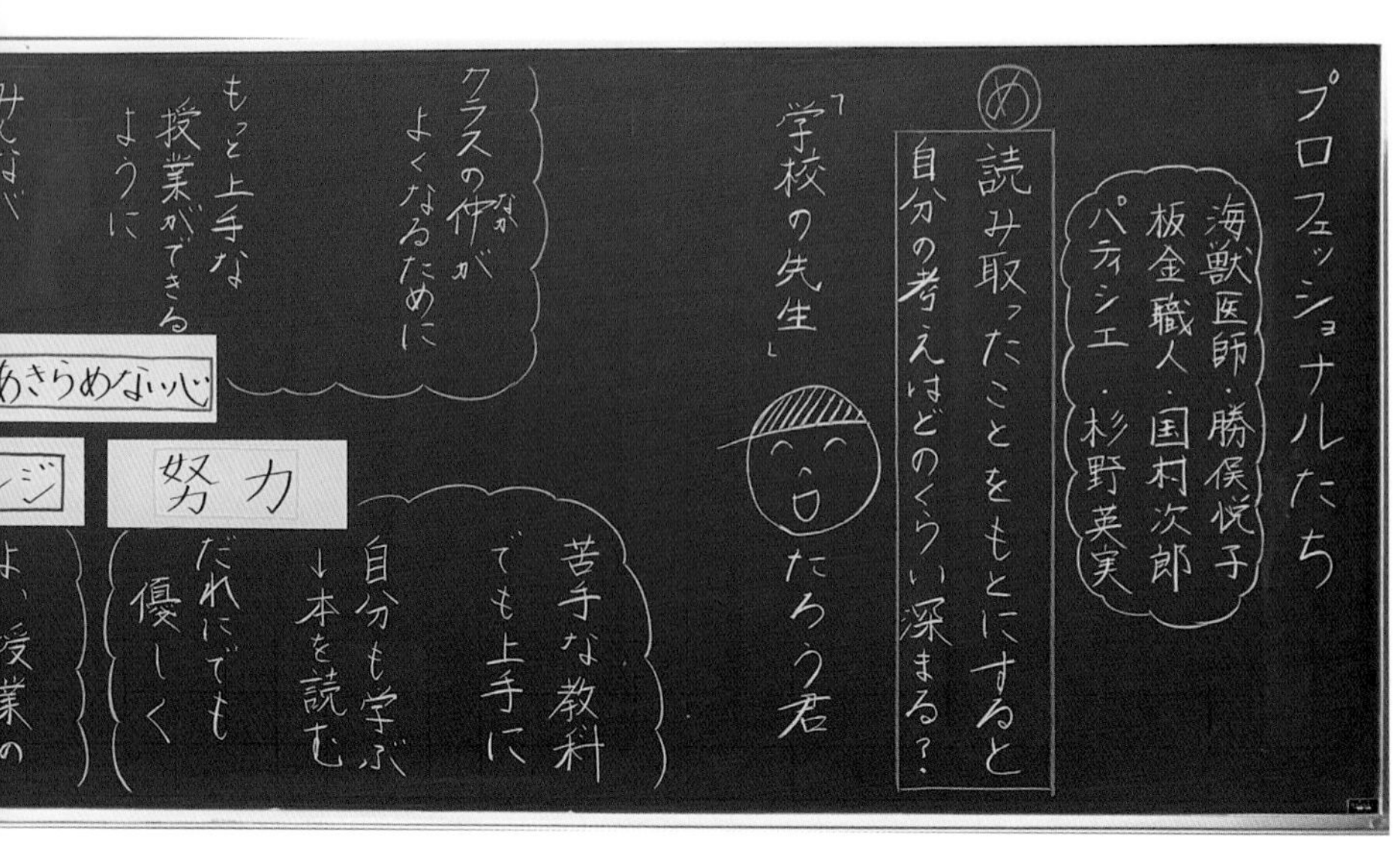

展開

② クラス全体で考えが深まるか試してみる

T：じゃあ、まずはクラスのみんなで試してみよう。この「たろう君」（架空の人物）の将来の夢は、「学校の先生」なんだって！

C：え〜！　そうなんだ！

指導のポイント
ここでは架空の人物を使って仕掛ける展開としたが、学級の実態によってはクラスの誰かの夢を取り上げてもよいだろう。

T：「学校の先生」という夢と、「あきらめない心」「チャレンジ」「努力」という言葉はつながるかな？

指導のポイント
ペアで相談させた後に、全体で交流を図るとよい。

C：「あきらめない心」とつながると思います。なぜなら、「もっと上手に授業ができるようになりたい」ってあきらめずに頑張ることが大切だと思うからです。

C：例えば、鉄棒で逆上がりがみんなできるようにあきらめずに教えるっていうこともあると思います。

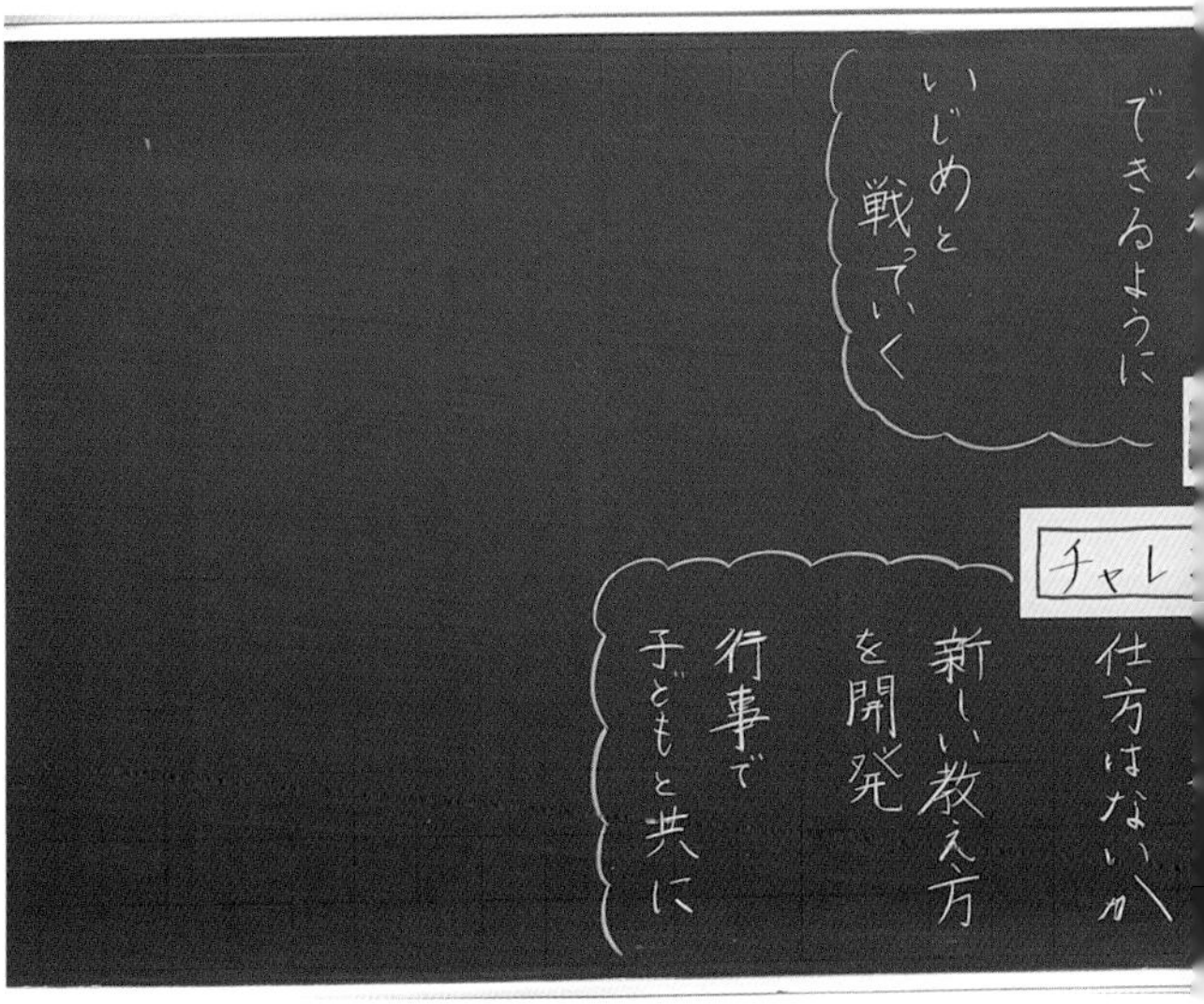

C：「チャレンジ」もつながると思います。もっといい授業の仕方はないかなって挑戦していくと思うから。

C：「努力」もつながるよ。だって、苦手な教科でも上手に授業できるように頑張らないといけないから。

指導のポイント

ここでは、あまり教師が口を挟まず、たくさん発言させ、読み取ったことをもとに思考が広がっていくことを経験させたい。反対に、どうしても発言が広がらない場合は、教師が準備しておいた言葉（今回の授業展開の場合は「新しい教え方の開発」）を短冊として提示し、「黒板のどこに貼ればいいかな？」と問いかけ、考え方を体験させていくとよい。

板書のポイント

①中心に貼ったキーワードと関連付け、分類しながら板書していくようにする。また、その際に、中心から広がるように書いていくことで、読んだことをもとにして考えが広がっていく過程を「見える化」させていく。

②子どもの考えがおおむね出されたら、それぞれを色で囲み、板書で読みの広がりがとらえやすいようにしておく。

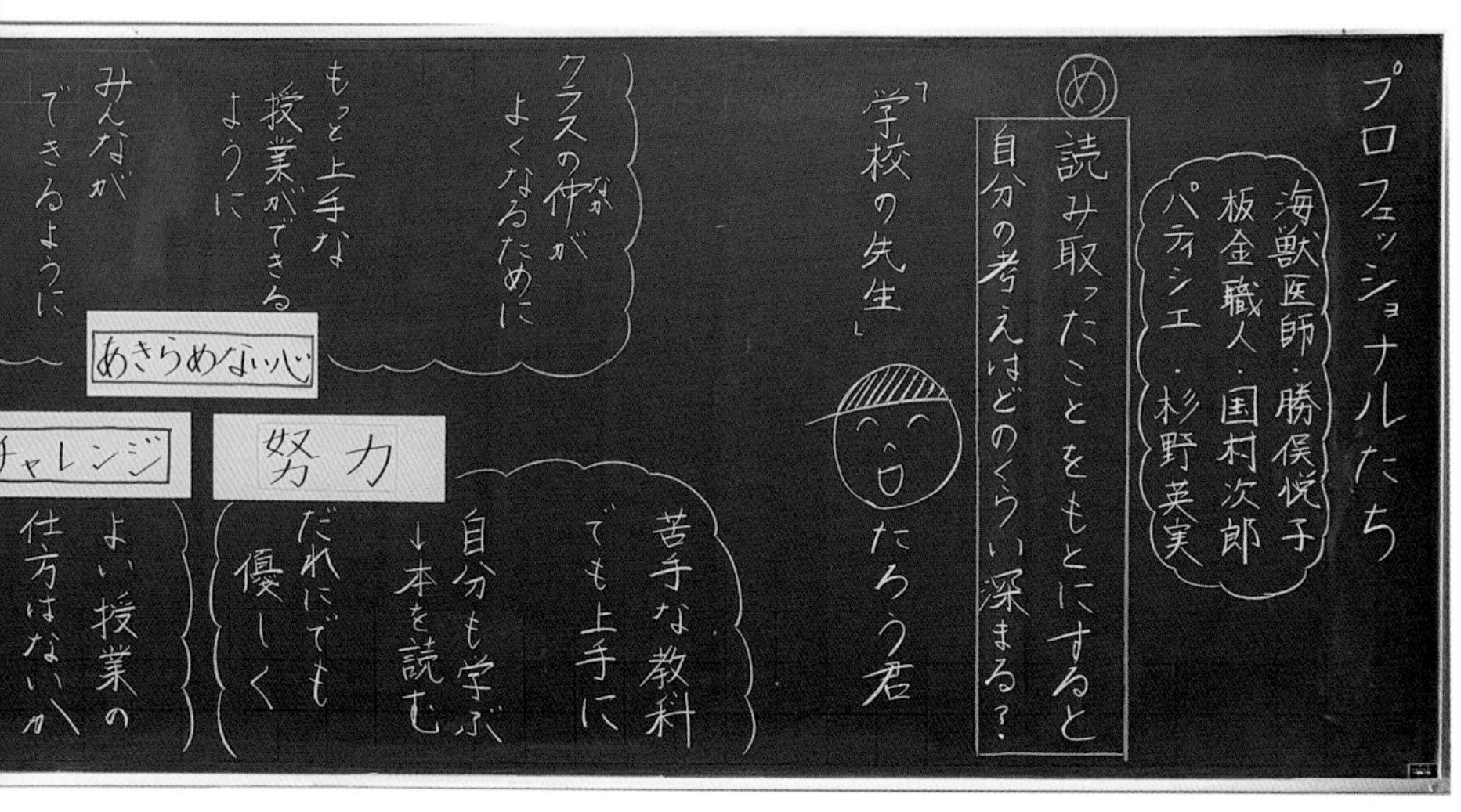

終末

3 自分の考えを深めるとともに、文章を読むよさを見付ける

T：黒板を見て、どう思いますか？

C：どんな先生になりたいのかという理由が広がっています。

C：読んだこととつなげてみると、思いつかなかったような考えも出てきました。

T：では、自分の将来の夢でも同じことができそうですか？

C：できそうです！　やってみたい。

T：では、黒板を真似しながらノートに自分の将来の夢に対する考えを深めてみよう。

指導のポイント

できる限り、このノートを書く時間を確保し、子どもに考えが深まる過程を実感させていきたい。また、途中でノートの状況を交流する時間を設定し、他の子どもの学習状況を参考にできる時間を設定するのもよいだろう。

T：どうですか？　考えは深まりましたか？

C：深まりました！　自分のなりたいイメージを詳しくすることができました。

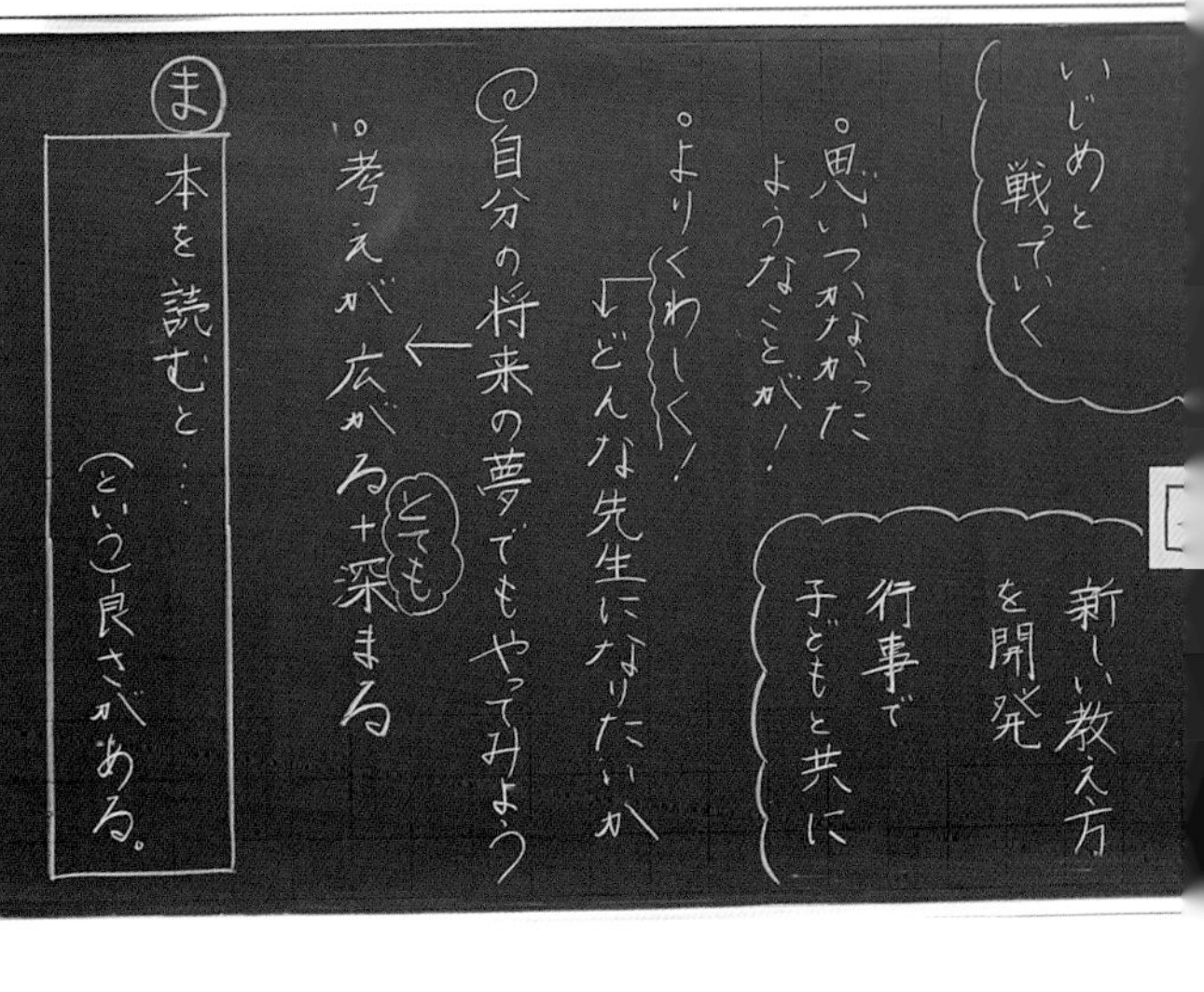

T：じゃあ、それを確かめるために、今日の授業で、「プロフェッショナルたち」を読んで見付けたキーワードと自分の夢とをつなげて考えたからこそ、新発見できたことを赤で囲んでみよう。文章から読み取ったことをもとにすると、自分の考えはどのように深まると感じましたか？黒板やノートをもとに振り返ってみよう。

C：これまで考えつかなかったようなことにとても考えが広がりました。

C：自分の今までもっていた考えが、もっと具体的ではっきりしたものになりました。

C：わたしは物語が好きだったけど、こういう違うジャンルの本も読むことが大切だと思いました。

T：では、自分が感じた「本を読むよさ」をまとめてみましょう。

板書のポイント

①ノートに自分の考えを書く活動では、板書自体が「モデル」となる。ここでは黒板から離れて積極的に子どもの中へ入っていき、黒板を指さすなどしながら個別の支援を行っていきたい。

②まとめが難しく感じる子どもが多い場合は、まとめに関係するキーワードを数名の子どもに発表させ、黒板左の空いたスペースに示してもよい。皆が学びの実感をもてるようにしていきたい。

本時で目指す子どもの姿

自分の学習過程を振り返りながら、自分にとって文章を読むことの意味を考え、まとめることができる。

「俳句を作ろう」（オリジナル教材・第三学年以上）

1　教材の特性

俳句について学習指導要領（平成二十九年度告示）では、第三、四学年の(3)我が国の言語文化に関する事項における伝統的な言語文化の「ア　易しい文語調の短歌や俳句を音読したり暗唱したりするなどして、言葉の響きやリズムに親しむこと。」や、第五・六学年「B　書くこと」の言語活動例の「イ　短歌や俳句をつくるなど、感じたことや想像したことを書く活動。」において扱われている。また、低学年の時期から、言葉の学びとして俳句作りに取り組んでいる学校も多い。

俳句は十七音という、短い言葉の響き合いでその世界を表現している。つまり、「言葉と言葉の関係」が解釈する上でのキーであり、これはそのまま「言葉による見方・考え方」に直結する。よって俳句を作る・解釈することは、子どもの言葉の力を育む重要な学習活動になりうるだろう。

しかし、俳句作りの指導は、「感じたことをそのまま表現すればいいのだよ」や、「イメージしたことを言葉にすればよいよ」などといった、あいまいなものが多く、子どもが「思いつかない…」と頭を抱えるシーンは学年が上がるほど増えてくる傾向にある。低学年のときは、純粋に思ったことを書けば「子どもらしい、みずみずしい」などと評価されていた俳句が、高学年になると「幼い、ひねりがない」などとされてしまうこともある。

そこで着目したいのは、「取り合わせ」という俳句の作り方である。これは十二音の「表現したいこと」と五音の「季語」という二つの内容で作る俳句の作り方である（反対に、一つの内容だけでできた俳句は「一物仕立て」という）[1]。「取り合わせ」で作る俳句は、季語と十二音で表したことの、言葉の響き合いがとてもおもしろく、子どもの俳句での表現力を大きく広げるものとなる。また子ども同士で作品を解釈し合う場も設定でき、その中で俳句を味わう力を育むこともできる。だが、この作り方でも「では、十二音に合う季語を選んでみよう」というだけでは、どのように季語を選べばよいか難しく感じる子どももいるだろう。そこで、私は、この「取り合わせ」をより子どもがとらえやすいように「気持ち↕季語法」と名付け、指導をしている。十二音の言いたいことに対して、自分の感情がプラスなのかマイナスなのか考え、その気持ちのイメージにあった季語を選ぶという方法である。こうすることによって、季語をプラス・マイナスイメージでとらえ、十二音に合わせる視点をもつことができる。

今回は、俳句作りの学習として、そのような「取り合わせ」の作り方のよさを見いだす授業を提案したい。季語と十二音の関係によって、言葉へのとらえ方が広がり、拡張していく様を板書で示すことで、子どもが言葉のつながりを考える楽しさを実感し、俳句の楽しみ方の一つとして学んでいけるようにしたい。

2　単元で目指す子どもの姿

◎読みの力：「取り合わせ」の俳句の作り方とそのよさを理解し、自らの作品作りに活かすことができる。
○学びに向かう力：俳句を作ることに興味をもち、言葉のつながりを考えながら進んで創作しようとする。

3　単元計画（全3時間）

①「取り合わせ」の俳句の作り方とそのよさを理解する。
②季語をプラスイメージとマイナスイメージに分類しながら、「取り合わせ」の俳句を作る。
③クラス句会を開き、友達の作品を解釈する。俳句を作ったり、読んだりするよさを振り返る。

〈参考文献〉

1　「俳句でみがこう　言葉の力」一～四巻、二〇一七年、学研プラス

また、第六十四回広島県国語教育大会における、夏井いつき氏の講演内容や資料も参考にしている。

4 授業の実際（第1時）

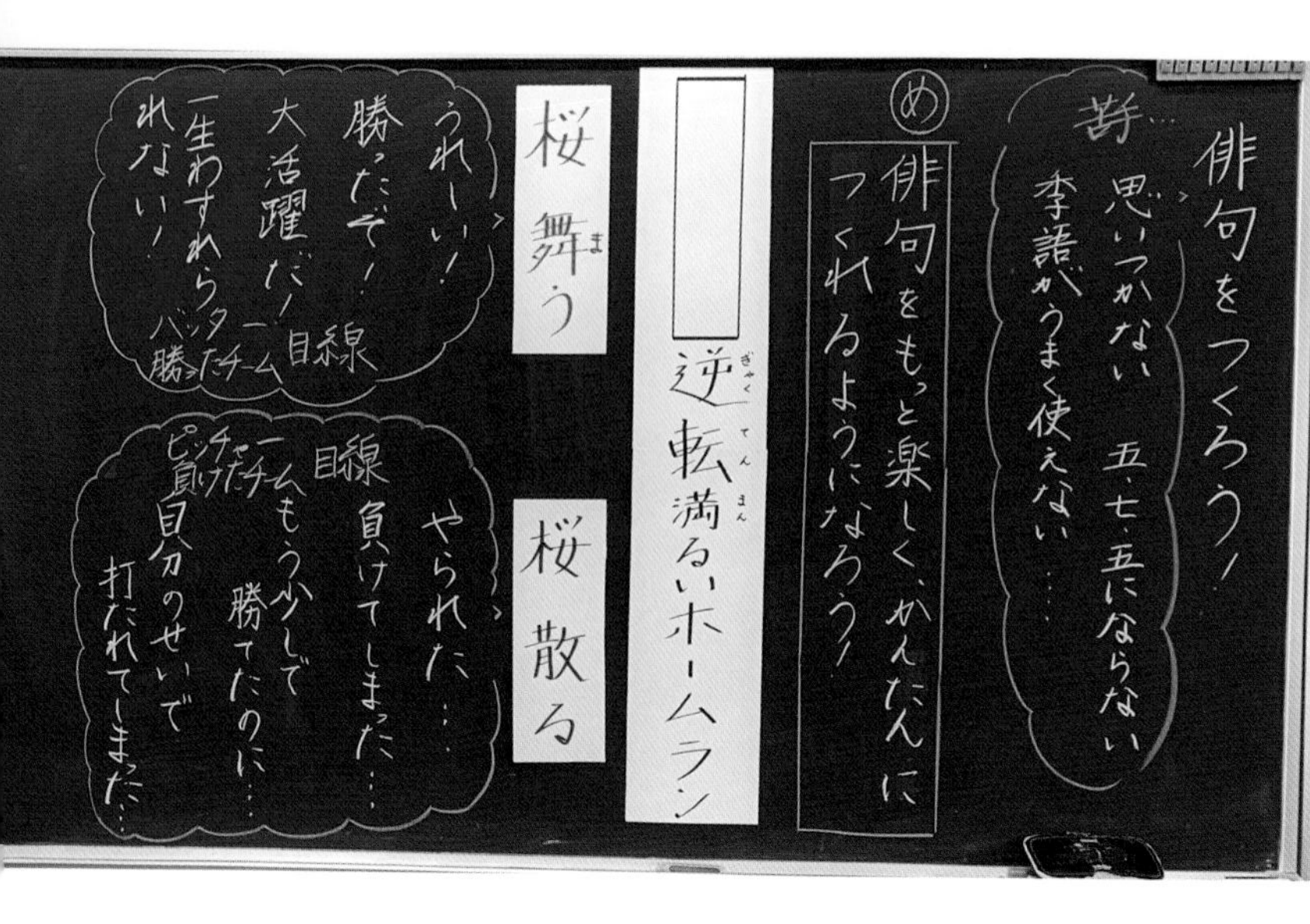

導入

1 これまでの俳句作りの経験を振り返りながら、本時の学習課題を作り、空所に入る季語について考える

T：今日は俳句を作ってみましょう。俳句作りが苦手な人はいますか？　どんなところが苦手と感じますか？

C：言葉が思い付かなかったり、五・七・五にならなかったりするよ。

C：季語がうまく使えないこともあります。

T：では、今日は俳句の新しい作り方を見つけて、もっと楽しく簡単に俳句が作れるようになろう。

指導のポイント

子どもの俳句作りに対する率直な思いを引き出して、めあてを設定していき、学びの必然性を高めておく。

T：では、これから一つの俳句を紹介します。

C：空白があるよ。あ、季語もない。

T：そうだね。では、この空白にはどちらの季語がぴったりですか？（短冊を二枚貼る）

「俳句を作ろう」（オリジナル教材・第三学年以上）

C：「桜舞う」のほうがぴったりだと思います。「うれしい」、「勝ったぞ！」という感じがするからです。

C：わたしも同じです。だって、大活躍しているし、一生忘れられないような出来事だから、「桜舞う」の方が合っていると思う。

C：ぼくは「桜散る」だと思ったよ。「やられた、負けてしまった…」って考えたから。

C：わたしも「桜散る」。もう少しで勝てたのに、自分のせいで負けてしまったっていう感じが伝わるからです。

T：なぜ、全く反対の意見が出てくるのかな？

C：「桜舞う」の人は勝ったチームやバッターの立場になって考えています。

C：「桜散る」の人は、反対に負けたチームやピッチャーの立場になって考えているんだと思います。

T：そうだね。季語が一つ変わるだけで、全く違う意味の俳句になるんだね。

板書のポイント

①子どもの俳句への苦手意識を板書に残しておき、学習を振り返るときの視点にする。
②季語である「桜舞う」「桜散る」は、これからの学習展開に合わせて移動できるように短冊にしておく。

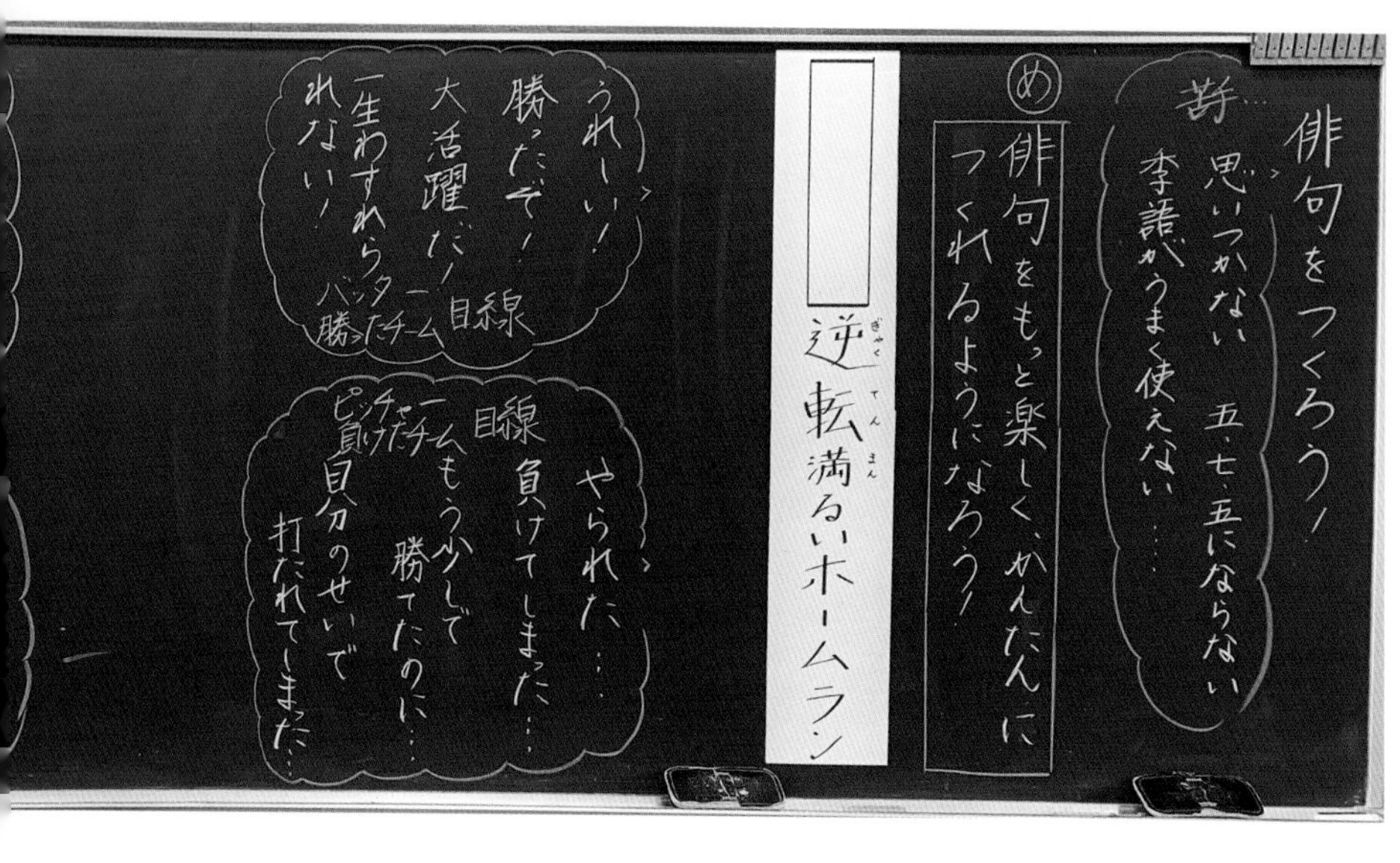

展開 ② さらに、空所に入る季語について考える

T：では、もう一つ俳句を紹介します。

C：また、空白があるし、季語もない。

T：この俳句は「桜舞う」「桜散る」のどちらがぴったり？

C：これは簡単。「桜舞う」のほうです。自由に動けてうれしいという気持ちが伝わるからです。

C：同じだよ。やっと治ったから外で遊べるっていう感じもします。

C：そう。自分も経験したことがあるから分かる。すごいルンルンな気分だよね。

指導のポイント

ここでは、子どもは「桜舞う」に考えが偏ると考えられる。それをそのまま受け止めて授業を展開しながら、ゆさぶりをかけていく。

T：なるほど。「桜舞う」がぴったりなんだね。では、「桜散る」が入る可能性は０％かな？

C：うーん、０％ではないような…。

C：あ！「桜散る」でも考えられるよ。

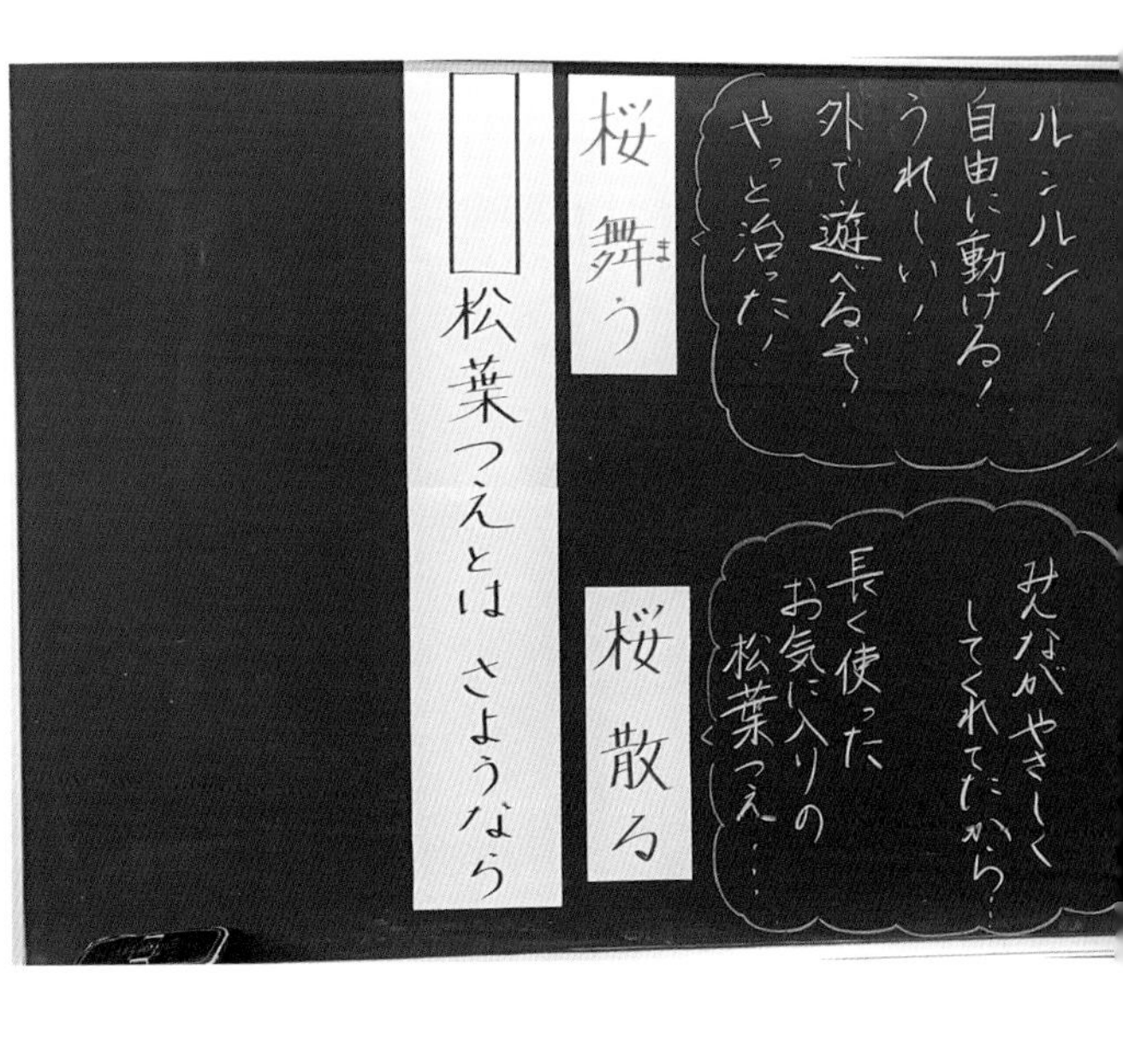

T：「桜散る」も考えられるという声も聞こえるね。なぜだろう？　ペアで話し合ってみよう。

指導のポイント

新たな視点で言葉の関係について考えさせていき、季語とその他の十二音との関係で俳句が成り立っていることを実感させていくようにする。

T：では、考えを教えてください。

C：長く使っていた松葉づえだから、別れるのが悲しいんだと思う。

C：もしかしたら、松葉づえを使っていたから、みんながとても優しくしてくれたんじゃないかな。それがなくなるかもしれないと思うと寂しくなっているのかもしれないよ。

板書のポイント

①二つ目の俳句は、まとめを書くところを左端に残した上で黒板の左側に貼り、黒板中央にも板書できるスペースを残しておくようにする。

②一つ目の俳句と同じ構造（上段に「桜舞う」、下段に「桜散る」に関すること）で板書し、それぞれの季語の効果を可視化していく。

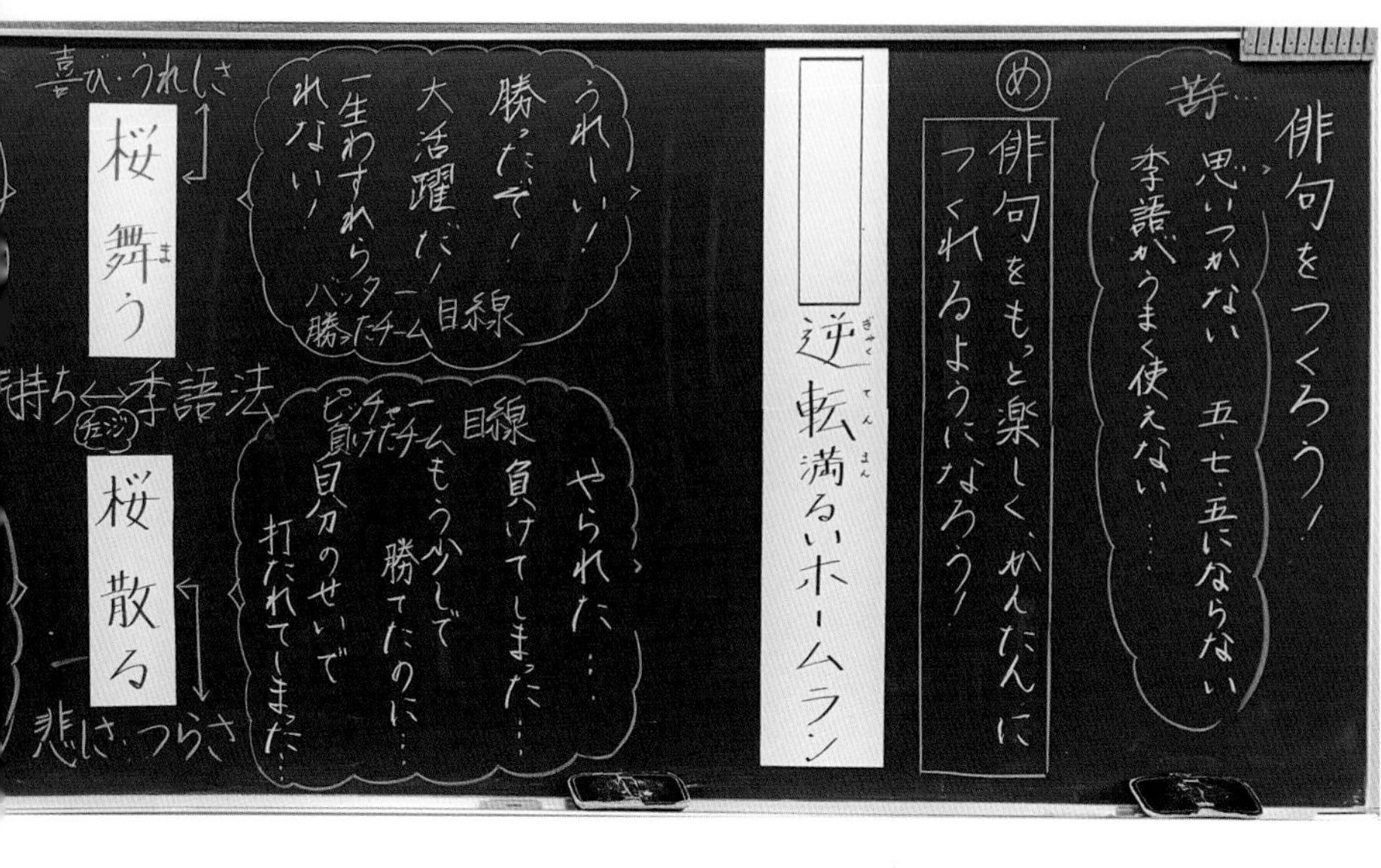

終末 ③ 季語の効果について話し合い、自分自身の創作に活かす

T：二つの俳句とぴったりあてはまる季語について考えてきたけれど、「桜舞う」と「桜散る」の使い方について黒板を見て気付いたことはある？

C：「桜舞う」のほうは、喜んでいるときに使っています。

C：似ていて、「桜舞う」のほうが、うれしい感じのときの俳句で使っている。

C：「桜散る」はその反対で悲しいときに使っています。

C：悲しいときや辛いときに「桜散る」はぴったりです。

T：つまり、季語で何が伝わってくるということかな？

C：気持ちです。

C：そう。作った人の気持ちや考えが伝わってくるよ。

T：なるほど。季語でも作った人の気持ちが伝わってくるんだね。そして、その他の十二音のつながりで作った人の気持ちだけでなく様子もイメージが広がるんだね。

このような俳句の作り方を「取り合わせ」、特に気持ちと季語を入れ替える作り方を、私は「気持ち↔季語法」と名付けているよ。この方法だと、どんなことでも俳句

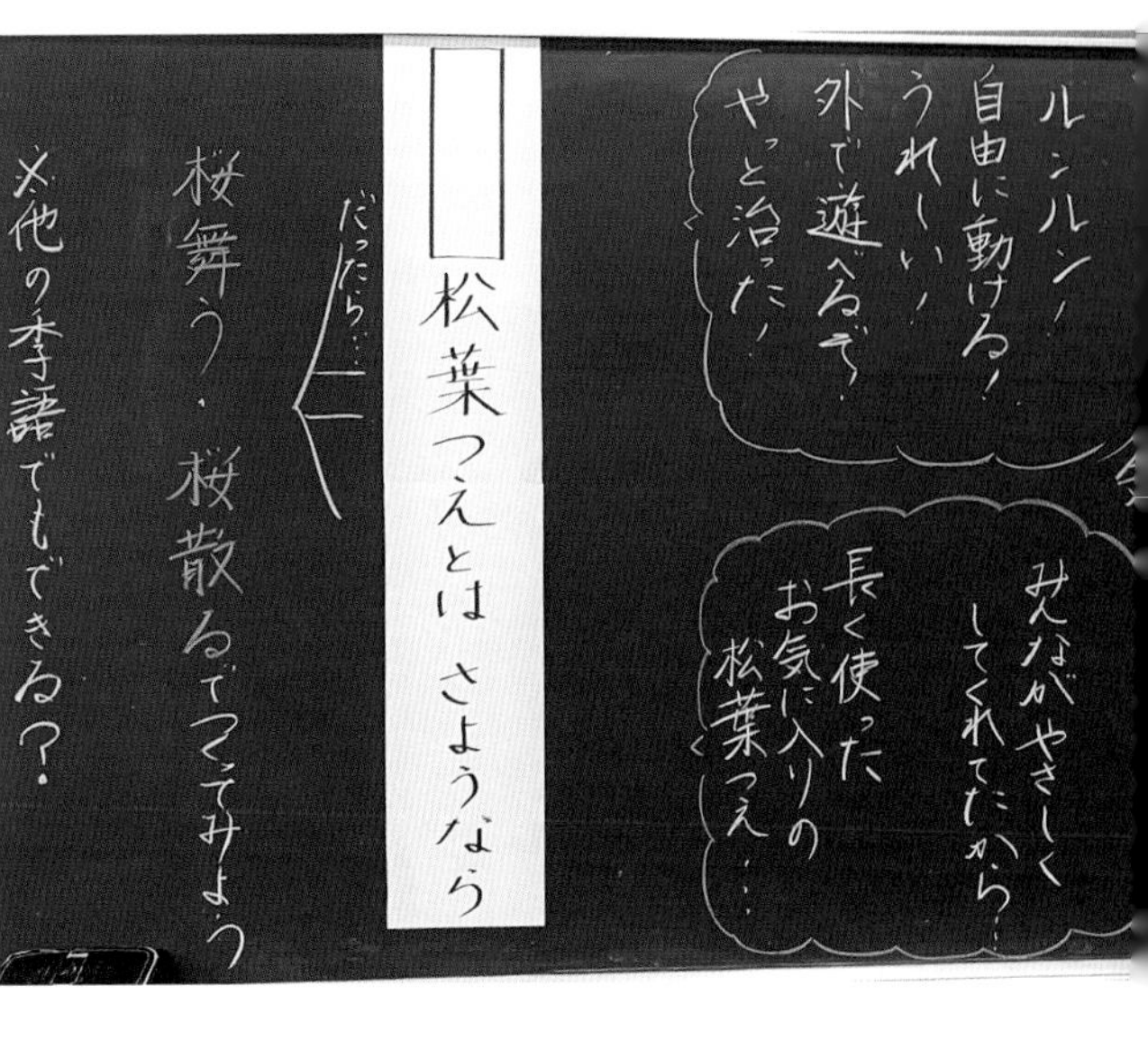

にできるよ。例えば…「今日は宿題　一つもなし」に
ぴったりなのは？

C：「桜舞う」！

指導のポイント

数点、教師から例示を示すことで「それなら、自分たちでも作れそう」と学びを拡張していく。

C：これならぼくたちでも作れるよ。

T：では、「桜舞う」、または「桜散る」を使って、最近あったうれしいことや悲しいことを俳句にしてみよう。作れた人は、今日の学習の感想を振り返ってみよう。

板書のポイント

①空けておいた中央のスペースに、季語の効果をまとめ、学習内容の一般化を図り、色チョークで強調する。

②教師が数点例示を示す中で、そっと板書に矢印を書いておく。そして、子どもから「自分たちでも作れる」という声や雰囲気が生まれてきたら、創作を促す板書をする。左端に「他の季語でもできる？」と板書し、次時を予告していく。

本時で目指す子どもの姿

「取り合わせ」の俳句の作り方を理解し、そのよさについてまとめている。

おわりに

　この「おわりに」を書いている現在、世界は新型コロナウイルスの問題に直面しています。そして、この新型コロナウイルスは教育界にも大きな影響を及ぼしました。学校の中で長らく当たり前であったことができなくなったり、見直したりする必要性に迫られる中で、「教育が目指すべきものとは何か？」「学校の存在意義とは？」といった、私たちの教育『観』が揺さぶられているように思います。

　では、国語科ではどうでしょうか。コミュニケーション力を育むという面では大きな制約がかかり、四苦八苦しながら授業を行う必要がありました。しかし、そのような負の面だけでなく、例えば「読むこと」においては改めて「他者と読む」ことの意味を深く感じるなど、子どもも教師も自らのもっている国語科に対する教科『観』や授業『観』を見直すきっかけになりました。

　また、オンラインでの学習も大きく進歩しました。オンラインにおける指導技術や工夫の仕方がたくさん開発され、学びの可能性が大きく広がりました。しかし、実際にオンラインで学習を進めれば進めるほど、改めて子どもたちと対面し、子どもたちの声や反応を全身で受けながら授業を行う素晴らしさも痛感しました。そして、子どもたちが根源的にもっている学ぶ力の強さを感じる中で、自らの子ども『観』をアップデートしてきました。

　このように、今、私たち教師の『観』は強く刺激され、その変化が大きく求められているように思います。そして、今一度「何のため」を自らに問う必要があると感じています。

　本書でも、これまでの板書の在り方を「何のため」に行うのかと問い直し、新たな側面として「？型板書」として提案しました。もしかしたら、本書で紹介した実践例は、今、目の前にいる子どもたちを想定したときに違和感を覚えることがあるかもしれません。しかし、板書の大きな可能性と、子どもたちと学びを創っていきたいという思いが伝わっていれば幸いです。

本書は、これまで私に多くのことを教えてくださった皆様のおかげでできています。中国・国語教育探究の会の方々、授業研究サークル「ＳＴＯＲＹ」のメンバー、尾道市立高須小学校でともに勤務した先生方。また、「日本の教育を変えよう」と私たちゼミ生に常々語り、私の心に国語科教育に対する情熱の炎を灯してくださった創価大学の故・長崎伸仁先生。そして、私自身の中学校での入学式に際して「どんな人のなかにも、その人ならではの個性輝く〝力〟がひそんでいる。それを引き出すのが、〈読む力〉〈書く力〉であり〈考える力〉です」とメッセージを贈ってくださり、言葉の力を育んでいくことの重要性を教えてくださった本校・創立者に心から感謝を申し上げます。大変にありがとうございます。

本書を書くことが決まった時、私は広島県の公立校の小学校教員でした。そして、現在は東京都の私立校の中学校教員をしています。環境は全く違っていても、目の前にいる子どもたちの、人生を切り開く「価値を創造する力」を伸ばしていきたいという願いと決意は変わりません。これからも「教師こそ最大の教育環境である」と自覚し、子どもたちに楽しく力の付く授業づくりを目指して励んでいきます。

二〇二一年二月

創価中学校　槙原宏樹

おわり

著者紹介

槙原　宏樹
（まきはら・こうき）

1985年生まれ。創価大学教育学部を卒業後、広島県三原市立船木小学校、同県尾道市立高須小学校勤務を経て、2020年より創価中学校教諭。広島県尾道市立高須小学校在籍中の2018年に、第20回全国国語授業研究大会及び株式会社東洋館出版社創業70周年の記念事業「教育書新人賞」にて小学校国語部門の最優秀賞を受賞。本書は同賞の受賞により刊行されたものである。東京・国語教育探究の会、授業研究サークル「STORY」に所属。

子どもに「問い」と「気付き」がうまれる「？型板書」の国語授業

2021（令和3）年3月16日　初版第1刷発行

著　者：槙原　宏樹
発行者：錦織圭之介
発行所：株式会社 東洋館出版社
〒113-0021　東京都文京区本駒込5-16-7
営業部　TEL 03-3823-9206 ／ FAX 03-3823-9208
編集部　TEL 03-3823-9207 ／ FAX 03-3823-9209
振　替　00180-7-96823
URL　http://www.toyokan.co.jp

印刷・製本：藤原印刷株式会社
装丁：中濱健治

ISBN978-4-491-03757-8　　Printed in Japan